中小学
教育戏剧的
理论与实践研究

付钰 著

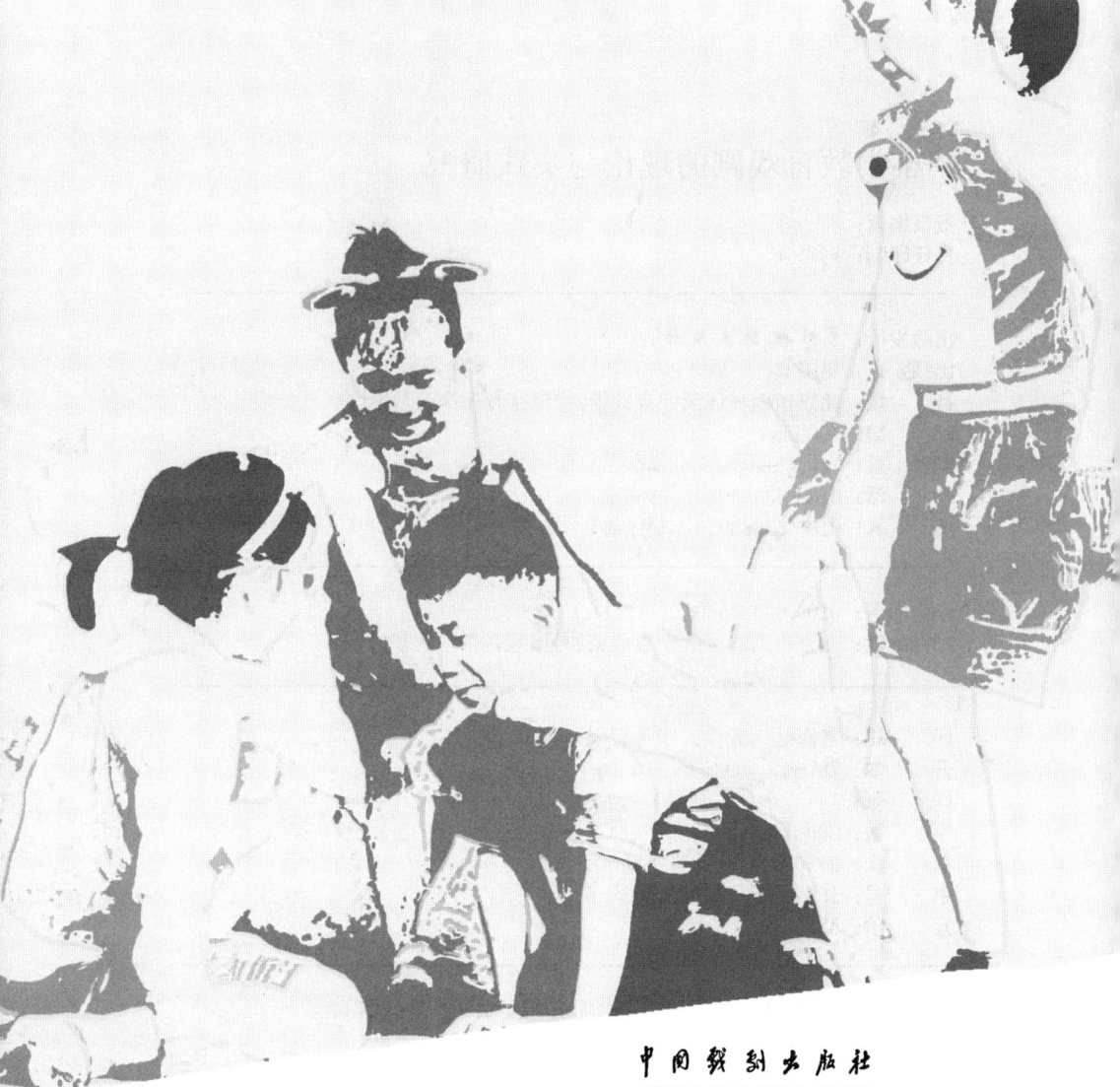

中国戏剧出版社
CHINA THEATRE PRESS

图书在版编目（CIP）数据

中小学教育戏剧的理论与实践研究 / 付钰著. -- 北京：中国戏剧出版社，2020.4
ISBN 978-7-104-04939-5

Ⅰ. ①中… Ⅱ. ①付… Ⅲ. ①戏剧教育－教学研究－中小学 Ⅳ. ①G633.951.2

中国版本图书馆CIP数据核字(2020)第065057号

中小学教育戏剧的理论与实践研究

责任编辑： 郭　峰
责任印制： 冯志强

出版发行：中国戏剧出版社
出　版　人：樊国宾
社　　　址：北京市西城区天宁寺前街2号国家音乐产业基地L座
邮　　　编：100055
网　　　址：www.theatrebook.cn
电　　　话：010-63385980（总编室）
传　　　真：010-63383910（发行部）

读者服务：010-63381560
邮购地址：北京市西城区天宁寺前街2号国家音乐产业基地L座

印　　刷：鑫海达（天津）印务有限公司
开　　本：787mm×1092mm　1/16
印　　张：14
字　　数：200千字
版　　次：2020年4月　北京第1版第1次印刷
书　　号：ISBN 978-7-104-04939-5
定　　价：68.00元

版权专有，违者必究；如有质量问题，请与出版社联系调换。

序

  我不是研究教育戏剧的,但为什么付钰要让我来为他即将出版的著作写序呢?原因很简单,因为他在山西师范大学攻读博士期间,我受时任山西师范大学校长武海顺教授之托,为其在北京师范大学访学提供支持,因此我有机会与付钰交往,交往中逐渐建立了学术关系。2018年他博士毕业后就申请了北京师范大学博士后研究,合作导师是我,他开始步入教育学和教师教育研究领域,我与他的交往更加频繁,更深入地了解了他对教育戏剧的研究,认真阅读了他的这部书稿,我也经历了一个教学相长的体验过程。这就是写这个序言的缘由。

  教育戏剧作为一种将戏剧引入教育领域的新型教育形态与教学方式,既保留了戏剧艺术的特征,更体现了以学生为中心,促进学生认知发展与社会性发展的教育学价值。近年来,随着教育戏剧在中国的引进和推广,教育戏剧也得到了众多中小学一线教师和学生家长的认可。伴随着大量西方的教育戏剧理论涌入中国,如何在系统梳理西方教育戏剧思想发展的基础上,立足于中国本土实际探索中国教育戏剧理论和发展模式,特别是如何在教师教育领域增强教师的人文艺术素养,培养适合中国的教育戏剧教师是需要我们系统思考的问题。付钰的这本书在本土化教育戏剧的理论建构和实践探索方面取得了一定的成果,这是十分令人欣慰的。

教育戏剧既是理论课题也是实践课题，既是历史课题也是实践课题。本书对迄今为止国内外中小学教育戏剧的研究学术史进行了相当细致的梳理，对教育戏剧的本体论、方法论和价值论进行了较为新颖的理论探讨，尤其是综合运用符号互动论、具身认知论及沉浸式戏剧理论，提出"生活即戏剧""教室即舞台""师生即演员"这一教育戏剧理论体系，体现了作者的理论创新精神。作者一方面对英美等国教育戏剧课程标准、评价标准和教师培养模式进行了清晰的介绍，为我国教育戏剧的实践开展提供了丰富的国外经验；另一方面通过大量的田野调查，以戏剧教学法、校本戏剧课、戏剧社团三种教育戏剧样态为切入点，深入思考中小学教育戏剧实践中教师角色的独特特征和现实困境。在此基础上，作者提出未来构建教育戏剧学科、师范生培养过程中普遍开设教育戏剧课程和为中小学教师提供专业化的教育戏剧培训的建议，具有较强的针对性与可行性。

教育戏剧在中国本土健康发展，在学科建设方面，既需要有强大的学术组织和师资队伍作为建设主体，同时也要在教育戏剧学研究的本体论、价值论、认识论、方法论、实践论等维度上建立完善的学科内在逻辑体系，最后还要建设规范完善的学科制度体系和人才培养体系作为有力的保障。在实践教学方面，需要规范中小学教育戏剧的课程体系、教材体系、教学体系、教研体系、评价体系建设，需要教育戏剧领域的同仁进行扎实的探索与推进。本书在教育戏剧的理论和实践探索领域只是进行了初步的探讨，在认识论、方法论、实践论等层面还需要进一步的深入研究，在教育戏剧课程体系、教学体系等方面也还需要长期的探索。希望作者在以后的研究中，不断深化对于教育戏剧各层面的认识，取得更多的研究成果。

本书是付钰在其博士阶段研究基础上形成的成果，付钰在山西师范大学戏剧与影视学院完成了扎实的戏剧学学习，同时在北京师范大学访学期间跟随我进行了教育学学习并接受了系统的学术规范训练，在教育戏剧这一教育学和戏剧学的交叉领域进行了系统的梳理和探索性的研究。作为一名青年学人，他能够在重重压力下潜心投入学术研究，没有受到社会中浮躁的风气感染是十分难能可贵的。希望他能继续保持学术热情，在教育戏剧学术研究与推广的道路上取得更为优异的成绩。

朱旭东

2020 年 3 月于北京师范大学

前言

　　教育戏剧是一种于20世纪初兴起于英美国家的应用戏剧形式，近年来在我国中小学正逐渐掀起一股热潮。本书以中小学教育戏剧的理论构建、中小学教师的实践探索以及未来中小学教育戏剧的课程与评价标准、师资培养路径为关注重点，通过文献分析法、质性研究法等研究方法，实地调研了北京市石景山区、海淀区和朝阳区的5所中小学，深度访谈了多位在上述中小学开展教育戏剧活动的一线教师，初步展现了教育戏剧当前在我国中小学的存在样态。

　　教育戏剧在西方大致经历了前研究阶段（古希腊时期至1911年）、理论初创阶段（1912~1969年）、理论成熟阶段（1970~2005年）和蓬勃发展阶段（2006年至今）四个时期，研究热点主要集中于教育戏剧概念、功能和教学方式三大研究领域。教育戏剧在我国起步较晚，但也大致经历了前研究阶段（1984~1996年）、萌芽阶段（1997~2004年）、探索成长阶段（2005~2013年）和蓬勃发展阶段（2014年至今）四个时期，研究热点主要集中于教育戏剧理论探讨、教育戏剧在我国中小学教育实践现状和西方教育戏剧发展经验三大研究领域。

　　教育戏剧概念是在戏剧概念基础上延伸出的一种专业概念，在西方和我国研究界均呈现狭义取向和整合取向两大流派，理论界尚存在一定争议。本研究认为，教育戏剧是指在普通中小学中由具备戏剧素养的教师面向全体学生开展的，以学科知识和社会性认知为主要内容的一种培养全面发展的个体的教育方式。本书提出生活即戏剧、教室即舞台、师生即演员，教育戏剧与中小学学校生活具有极大契合性。

由于教育戏剧充分尊重知识的具身性，符合华人大脑基于动作而非声音建构意义的认知特点，并且在戏剧观演过程中生发自我意识，促进个体社会化，以审美意象引领学生学习生活，在实践的过程中教育戏剧可以有效促进学生的认知发展、社会性发展与审美发展。

我国中小学教师当前对教育戏剧的实践探索以戏剧教学法、校本戏剧课、戏剧社团三种教育样态为主要载体，教师在其中呈现"互动中的执行者""囚笼中的精灵"和"无力的打工仔"三种角色样态。由于专业的教育戏剧教师和规范的教育戏剧课程及评价标准的缺乏，我国中小学教师运用教育戏剧还存在一定的困难。

当前英国和美国均已在国家层面出台了较为完善的中小学教育戏剧课程与评价标准，英国有《中学戏剧课程纲要》，美国出台的《国家核心艺术课程标准》有专门的戏剧课程标准，为幼儿园到高中不同年级的学生进行戏剧课程学习提供了12个表现标准和基石评估模型，我国可结合本土经验加以借鉴和完善。此外，由于戏剧院校培养的教育戏剧教师存在"数量少"和"留不住"两大缺陷，未来教育戏剧师资培养重心应从戏剧院校转移到师范院校，从建立教育戏剧学科、普遍开设教育戏剧课程和为中小学教师提供专业化培训三方面进行进一步探索。

目 录

第一章 导 论 ... 1

第一节 研究背景 ... 1
一、选题缘由 ... 1
二、问题提出 ... 4
三、研究意义 ... 6

第二节 文献综述 ... 7
一、国内学者对中小学教育戏剧的研究 ... 7
二、国外学者对中小学教育戏剧的研究 ... 24

第三节 研究设计 ... 33
一、研究问题 ... 33
二、理论基础 ... 34
三、研究方法 ... 40
四、研究思路及其框架 ... 41

第二章 中小学教育戏剧发展脉络 ... 48

第一节 西方中小学教育戏剧发展简史 ... 48
一、前研究阶段（古希腊时期至1911年） ... 49
二、理论初创阶段（1912~1969年） ... 50

  三、理论成熟阶段（1970~2005年）……………………………… 53

  四、蓬勃发展阶段（2006年至今）……………………………… 56

 第二节 我国中小学教育戏剧发展简史…………………………… 60

  一、前研究阶段（1984~1996年）……………………………… 61

  二、萌芽阶段（1997~2004年）………………………………… 63

  三、探索成长阶段（2005~2013年）…………………………… 64

  四、蓬勃发展阶段（2014年至今）……………………………… 68

第三章 中小学教育戏剧理论探讨……………………………………… 70

 第一节 概念内涵……………………………………………………… 70

  一、戏剧………………………………………………………………… 70

  二、教育戏剧………………………………………………………… 74

 第二节 运用依据……………………………………………………… 86

  一、为戏剧祛魅——生活即戏剧…………………………………… 86

  二、空间的转移——教室即舞台…………………………………… 91

  三、角色的共生——师生即演员…………………………………… 96

 第三节 运用价值……………………………………………………… 99

  一、促进学生认知发展……………………………………………… 99

  二、促进学生社会性发展…………………………………………… 104

  三、促进学生审美发展……………………………………………… 107

第四章 我国中小学教师开展教育戏剧的实践探索…………………… 112

 第一节 学科渗透，整校推进——探索中的戏剧教学法…………… 112

  一、开展方式：以戏剧教学法开展学科教学……………………… 113

  二、教师角色：互动中的执行者…………………………………… 118

  三、教师改变：重新理解教学……………………………………… 121

四、存在问题：缺乏教学支架 ······ 123

第二节 表演先行，独立课程——异彩纷呈的校本戏剧课 ······ 125
　一、开展方式：开设独立的校本戏剧课 ······ 125
　二、教师角色：囚笼中的精灵 ······ 131
　三、教师改变：重新理解戏剧 ······ 132
　四、存在问题：缺乏专业的教育戏剧教师 ······ 135

第三节 社团补充，可有可无——挣扎中的戏剧社团 ······ 136
　一、开展方式：组织课后戏剧兴趣社团 ······ 136
　二、教师角色：无力的打工仔 ······ 140
　三、教师改变：重新理解学校 ······ 142
　四、存在问题：缺乏规范的课程标准与评价标准 ······ 143

第五章 我国未来中小学教育戏剧发展 ······ 145

第一节 教育戏剧的课程标准与评价方式 ······ 145
　一、英国中学戏剧课程纲要中的戏剧课程评价 ······ 145
　二、美国《国家核心艺术课程标准》中的戏剧课程评价 ······ 149
　三、我国中小学教育戏剧课程和评价方式的探索性尝试 ······ 155

第二节 教育戏剧的师资培养 ······ 158
　一、我国教育戏剧师资培养的现状 ······ 158
　二、师资培养从戏剧院校转向师范院校 ······ 167
　三、未来师范高校培养教育戏剧师资的可行性路径 ······ 174

第六章 结语 ······ 179
　一、研究主要结论 ······ 179
　二、研究局限及展望 ······ 180

参考文献 ··· 182

附　录 ··· 188

　　附录一：美国《国家核心艺术课程标准》戏剧课程标准 ············ 188

　　附录二：美国《国家核心艺术课程标准》戏剧课基石评估 ············ 200

　　附录三：英国《普通中等教育证书》戏剧课程纲要 ·················· 204

　　附录四：访谈提纲 ··· 207

　　附录五：访谈摘要单（节选） ·· 208

后　记 ··· 209

第一章 导 论

第一节 研究背景

一、选题缘由

戏剧在国民中小学阶段的学习已成为世界教育潮流的大趋势。[①]而教育戏剧作为一个人文主义理念下的跨学科研究领域,其在中小学的应用也日益得到学术界的广泛关注。信息化技术飞速发展的今天,全世界之间的联系日益紧密,日新月异的环境也造就了当今个性鲜明的学生群体。我们常说人生如戏,当有史以来最明智、最活跃、连接最密切和流动性最强的一代学生登上教育以及未来社会舞台的时候,功利化、科学主义的学校教育时常显得捉襟见肘。学生在纷繁复杂的社会环境中遇到的自我迷失、角色冲突等问题很难在传统的学校教育中得到有效解答。这就迫使我们反思教育的本质,是否能够通过戏剧来应对当前教育中的问题?本书之所以聚焦于"中小学教育戏剧的理论与实践研究"这一选题,主要缘于以下主客观两个方面的原因。

(一)主观而言,源于笔者对于中小学教育生活的长期反思

自从 2008 年开启大学生活以来,笔者本科、硕士均就读于教育学专业,硕士期间更是有幸作为一名英语教师和助理班主任,用将近一年的时间全程参与了山西省一所重点初中一年级某班的班级教学与管理工作。在长期的教

---

① 张晓华:《教育戏剧理论与发展》,台北,心理出版社 2004 年版,第 32 页。

育学理论学习与教学实践探索过程中，笔者深感当前功利化的中小学教育缺乏对学生生命的尊重。当面对学生入学初期满心期待的眼神变成临近期末身心俱疲满脸倦容的时候，当见到一些老教师简单粗暴地逼学生死记硬背单词而导致师生关系紧张的时候，笔者也曾怀疑所学的教育学理论在面对真实教学情境时的可行性与适用性，也在思考当今中小学学校教育问题的根源在何处？令人庆幸的是，当在组织全班学生分组表演课本剧的时候，突然听到学生们久违的爽朗笑声；当通过肢体动作来带领学生背单词、学语法的时候，笔者又从死气沉沉的课堂之中找回了自信、看到了鲜活的生命个体。将艺术融入日常教学，让学生身体参与学习，在艺术中帮助学生寻找角色存在感逐渐成为笔者的研究兴趣点。

教育学是一门研究"人"的学问，无论是教师还是学生，首先要将他们作为充满生命力的个体来对待。因此，如何摆脱功利主义的束缚，以审美来引领教育活动，在艺术中助力生命成长就成为笔者长期思考的问题。2015年，笔者有幸考取了山西师范大学戏剧与影视学专业艺术教育方向的博士研究生。在导师的指导下，笔者开始尝试跳出教育学单一学科的范围，从哲学、艺术学、心理学、社会学与美学的多学科视角来看待教育生活并研究教育问题。加之笔者长期以来阅读了大量的中外教育戏剧相关人文社会学科领域文献，多次参与中小学教育戏剧学术研讨会议，这些阅读与学术思考也为笔者的研究提供了一定的基础。在长期与中小学一线教育戏剧教师接触的过程中，他们的喜怒哀乐常常使笔者受到极大的触动。这些都是笔者选择"中小学教育戏剧的理论与实践研究"这一主题作为研究方向的主观层面的原因。

（二）客观而言，源于我国加强和改进中小学美育和艺术教育工作的现实需要

党和国家不断加大对中小学美育和艺术教育工作的重视程度，这成为我国中小学教育戏剧实证研究的宏观背景。教育戏剧是学校开展美育和艺术教育工作的重要环节。作为当前及今后一个时期指导我国教育改革和发展的纲领性文件，2010年颁布的《国家中长期教育改革和发展规划纲要（2010~2020年）》明确提出要"加强美育，培养学生良好的审美情趣和人文素养"。在这一过程中，教师需要"以人格魅力和学识魅力教育感染学生，做学生健康成长的指导者和引路人"。这意味着教师不仅承担着知识传授者的角色，更需要在育人的过程中引导学生"主动、生动活泼地发展"，使之能够较好地适应社会，承担相应的社会角色。2014年，教育部在《关于推进学校艺术教育发展的若干意见》中提道，"艺术教育能够培养学生感受美、表现美、鉴赏美、创造美的能力，引领学生树立正确的审美观念，陶冶高尚的道德情操，培养深厚的民族情感，激发想象力和创新意识，促进学生的全面发展和健康成长"。2014年，教育部在《关于全面深化课程改革、落实立德树人根本任务的意见》中明确指出，全面深化课程改革的工作目标之一就是"着力培养学生高尚的道德情操、扎实的科学文化素质、健康的身心、良好的审美情趣"。2015年，国务院办公厅出台的《关于全面加强和改进学校美育工作的意见》中更是明确指出，"学校美育课程建设要以艺术课程为主体，各学科相互渗透融合，重视美育基础知识学习，增强课程综合性，加强实践活动环节"，在这一过程中，"义务教育阶段学校美育课程要注重激发学生艺术兴趣，传授必备的基础知识与技能，发展艺术想象力和创新意识""有条件的要增设舞蹈、戏剧、戏曲等地方课程""培养学生健康向上的审美趣味、审美格调、审美理想"。教育戏剧作为一种能够整合语文、心理、音乐、美术、舞蹈等多种学科的人文科学，在学校开展美育和艺术教育的过程中发挥着不可替代的作用。教育戏剧既是当前我国加强和改进中小学美育和艺术教育工作的重要手段，同时也是培养身心和谐发展的未来公民的重要渠道。然而，教育戏剧作为一种较为新颖的教学方式和育人学科，其师资队伍十分薄弱，该学科的教师培育与质量提升也得到了中华人民共和国成立以来党中央、国务院出台的第一个面向教师队伍建设的文件《中共中央 国务院关于全面深化新时代教师队伍建设改革的意见》的高度关注。

基于上述两个方面的原因，本书将研究主题聚焦于"中小学教育戏剧的理论与实践研究"。在前期的文献收集、阅读和分析中，笔者发现，教育戏剧是一门涉及教育学与戏剧学的跨学科的新兴研究领域。教育戏剧的研究与实践在欧美国家以及我国港台地区已经进行了多年的探索，我国大陆地区刚刚处于起步阶段。然而，作为一个新兴的研究领域，中外现有的研究成果中对于教育戏剧概念的准确定义尚未有公认的结论，主要仅是将其作为戏剧教学法的研究，而将教育戏剧作为从戏剧学的视角来审视教育生活的本体论研究尚不多见。教师作为中小学教育戏剧课堂中的主导性关键因素，在教育戏剧实践过程中发挥着难以替代的作用，对于教育戏剧中教师地位与作用的研究具有较高的理论与实践价值。在此基础上，结合笔者的戏剧与影视学的专业研究方向以及本科与硕士阶段教育学的学术专业背景，将研究主题进一步确定为"中小学教育戏剧的理论与实践研究"。

二、问题提出

"问题"是研究的逻辑起点。当研究中小学教师运用教育戏剧的方式的时候，我们会发现单纯从概念出发，研究界就有英国教育界的戏剧教学法（Drama in Education）、教育剧场（Theatre in Education）、教育性戏剧（Educational Drama）、开发性戏剧（Development Drama）、戏剧化课程（Dramatic Curriculum）、学校戏剧（School Drama）、戏剧教学（Drama Teaching）以及美国教育界的创造性戏剧（Creative Drama）、非正式戏剧（Informal Drama）、过程戏剧（Process Drama）[1]等多种混用的概念。我国国内也时常将"教育戏剧"和"戏剧教育"混为一谈。[2]那么教育戏剧在学理

---

[1] 徐俊：《教育戏剧的定义："教育戏剧学"的概念基石》，《湖南师范大学教育科学学报》2014年第6期。

[2] 徐俊：《教育戏剧——基础教育的明日之星》，《基础教育》2011年第3期。

上究竟应该如何进行明确的阐释是我们必须要正面回答的一个问题。

把丰富复杂、变动不居的课堂教学过程简括为特殊的认识活动，把它从整体的生命活动中抽象、隔离出来，是传统课堂教学观的最根本缺陷。① 对艺术与生命的忽视是当前中小学教学活动中普遍存在的问题，一些中外教育名家也曾对此问题有过探索。20 世纪初，美国著名教育家杜威（John Dewey）在其一手创办的芝加哥大学实验学校中尝试将"教育"与"戏剧"有效"结缘"，② 让学生在戏剧体验中开展学习活动，在具体经验中感受艺术、学习知识。此后诸多进步主义教育家对此也有尝试。③ 这就促使我们思考教育生活与戏剧表演有何共通之处？个体的鲜活生命在教育活动中又将以何种"角色"自居？

"所谓遇上这个问题，并不仅仅意味着这个问题作为问句被说出来让人听见和读到，而是说，对此问题提问，亦即：使问题得以成立，使问题得以提出，迫使自己进入这一发问状态中。"④ 当我们对于中小学教师教育戏剧运用的理论与实践进行一系列发问的时候，我们必须将理论与现实中的种种困境（problem）明确为一系列具体的研究问题（question）。因为"真正的提问总是包含着一种对于可能性的揭示和保持，从而悬置了文本和读者当前观点的假定的最终确定性"，⑤ 对一系列具体问题的揭示也将使我们直达理论与现实中困境产生的根基，让问题的解决能够冲破种种遮蔽而展现在我们眼前。基于此，本书将直面以下几个明确的研究问题：教育戏剧究竟指的是什么？我国中小学为何要开展教育戏剧？中小学开展教育戏剧何以可能？以及当前我国中小学教师如何开展教育戏剧实践教学活动？中小学教师在教育戏剧实践过程中遇到了哪些问题？还需要得到哪些帮助？未来我国中小学开展教育

---

① 叶澜：《让课堂焕发出生命活力——论中小学教学改革的深化》，《教育研究》1997 年第 9 期。
② 肖晓玛：《杜威学校的教育戏剧特色探略》，《教育评论》2014 年第 11 期。
③ G.Bolton, "Drama as education: an argument for placing drama at the centre of the curriculum", *Drama Contact* Vol. 15, 1984, p.45.
④ [德] 海德格尔：《形而上学导论》，熊伟、王庆节译，北京，商务印书馆 1996 年版，第 3 页。
⑤ [德] 伽达默尔：《哲学解释学》，夏镇平、宋建平译，上海，上海译文出版社 1994 年版，第 12 页。

戏剧的路在何方？

三、研究意义

（一）理论意义

教育戏剧作为一门横跨教育学与戏剧学的新兴研究领域，中外学术界依然处于百家争鸣的探索时期，国内一些学者（徐俊[①]、周倩雯[②]等）也开始为未来创立教育戏剧学而尝试开展一些基础理论研究工作。虽然我国港台地区已经开展了多年的实践探索，近年来，北京、上海、广东、浙江等地区也有不少学校对教育戏剧进行了有益的尝试，然而对于教育戏剧较为系统的理论研究还较为缺乏，尚未形成较为系统的学术理论框架。本书立足于从戏剧学的视角对中小学教育生活进行跨学科的考察，通过对"教育戏剧"概念进行重新建构，尝试对教育戏剧的理论体系进行初步构建。因此本书对于充分发挥理论研究的解释性功能、规范性功能、批判性功能和理想性功能，[③]打通戏剧学与教育学的学科界限，丰富戏剧学与教育学的研究范畴，拓展学界对于教育戏剧这一新兴学科领域的认识，乃至对于未来建立教育戏剧学这一新兴学科都具有一定的学术与理论价值。

（二）实践意义

教育戏剧是中小学开展美育工作的重要实践形式。国务院办公厅出台的《关于全面加强和改进学校美育工作的意见》中明确指出，要"大力开展以美育为主题的跨学科教育教学和课外校外实践活动，将相关学科的美育内容有机整合，发挥各个学科教师的优势，围绕美育目标，形成课堂教学、课外

[①] 徐俊：《教育戏剧的定义："教育戏剧学"的概念基石》，《湖南师范大学教育科学学报》2014年第6期。

[②] 周倩雯：《教育戏剧学新探——二十世纪戏剧理论对教育学的研究价值》，上海戏剧学院硕士学位论文，2006年。

[③] 孙正聿：《哲学通论》，复旦大学出版社2010年版，第59~60页。

活动、校园文化的育人合力"。而教育戏剧在以学科整合为手段的学校美育教学中发挥着其他学科难以替代的作用，中小学教育戏剧的运用研究更是对于中小学美育实践工作有着较强的实践指导意义。对于不同的主体和实践领域而言，中小学教育戏剧的运用研究具有不同的实践意义。首先，对于学校而言，有助于学校美育工作借助教育戏剧而真正"落地"，让戏剧等艺术教育形式真正融入学校日常的教育生活。其次，对于教师而言，有益于教师个体明确自身的审美教育义务与工作价值，以人文主义教育观超越周围的功利主义环境，实现联合国教科文组织所提出的"尊重生命和人格尊严，权利平等和社会正义，文化和社会多样性，以及为建设我们共同的未来而实现团结和共担责任的意识"的教育目的。最后，对于学生而言，有利于学生在教育戏剧中明确自我认知和自我角色定位，促进自我社会性的发展，使学生在学习与未来的生活工作中能够与自然、社会以及自己的内心和谐相处。

第二节 文献综述

本部分以中小学教育戏剧相关研究的知识图谱和研究问题为主线，以文献计量统计法和内容分析法为研究方法，就国内学者和国外学者关于中小学教育戏剧这一主题的相关文献进行综述，以期最大限度地把握当前学界针对该研究主题的整体研究发展脉络与研究现状，并以此为基础对本研究进行科学合理的设计。

一、国内学者对中小学教育戏剧的研究

在我国，对中小学教育戏剧的研究处于刚刚兴起的阶段。这一领域的相关研究起步于20世纪80年代，但直到21世纪初才逐渐被我国学界广泛关注，此后相关文献量呈稳步上升的态势，研究成果也不断丰富。下面将从我

国中小学教育戏剧相关研究的知识图谱和研究问题两个方面对国内学者的相关研究文献进行综述。

（一）我国教育戏剧研究的知识图谱

科学知识图谱(mapping knowledge domains)是以知识域(knowledge domain)为对象，显示科学知识的发展进程与结构关系的一种图像。[①] 为了更直观地揭示我国近年来中小学教育戏剧研究的总体状况，本书选用了目前学术界较为广泛使用的 CiteSpace 知识图谱分析软件和百度学术网络平台作为研究工具，利用文献计量学和数据可视化分析的方法，对国内中小学教育戏剧研究的关键词、研究机构及所属作者群体分布等相关情况进行知识图谱的可视化分析。

1. 数据来源

本书以中国知网（CNKI）中期刊和硕博士论文两个数据库为基础数据源，以"教育戏剧""戏剧教学法""教育剧场""创造性戏剧"和"戏剧教育"为关键词进行检索，检索时间为 2016 年 10 月 3 日，全库检索共获得文献 535 篇，通过对文献摘要进行筛选，剔除高校戏剧教育、戏剧专业人才培养、军旅戏剧教育等本质上与本研究主题无关的文献记录，剩余文献记录共 360 篇。每条记录均按 RefWorks 格式规范地列有 AU（来源作者）、CL（机构名称）、DE（主题词）、SO（来源期刊）、PY（出版年代）等字段，将检索结果保存为 UTF-8 格式的 txt 纯文本文件，以供 CiteSpace 软件进行进一步处理。

2. 研究工具与研究方法

利用知识图谱来分析研究某一主题相关研究者与研究机构的发文数量与合作关系是近年来新兴的研究方法。本文使用的 CiteSpace 软件是由美国德雷塞尔大学(Drexel University)华人学者陈超美基于 Java 语言开发的一款可视化文献分析软件，[②] 能够显示某一学科或知识域在一定时期发展的趋势与动

[①] 陈悦，陈超美，刘则渊，胡志刚，王贤文：《CiteSpace 知识图谱的方法论功能》，《科学学研究》2015 年第 2 期。

[②] 陈超美：《CiteSpace Ⅱ：科学文献中新趋势与新动态的识别与可视化》，《情报学报》2009 年第 3 期。

向,形成研究前沿的演进历程,在知识图谱可视化领域取得了广泛应用。中小学教育戏剧研究相较于其他领域的研究,高水平论文数量总体偏少,为最大限度地避免漏掉相关作者和机构信息,研究需要适当降低筛选标准以保证数据的完整性。本研究在CiteSpace软件的参数设置中将时间跨度选择为"1984~2016",每个时间切片的跨度为1年。精简和合并网络(Pruning)策略为网络导址定位(Pathfinder Network Scaling)算法,展示可视化(Visualization)为静态聚类模式(Cluster View),并进一步适当降低了系统所默认的阈值,将其选择为(2,2,10)、(2,2,20)和(2,2,20),选择最小生成树(Minimum Spanning Tree)算法以简化混合共现网络。

3. 教育戏剧研究的空间分布知识图谱

借助CiteSpace提供的视图数据,可以归纳出我国教育戏剧研究机构、期刊及其所属作者群体的以下特征。

(1)从机构发文数量上看,南京师范大学以10篇位居榜首;上海师范大学和上海戏剧学院同以9篇并列第二;北京师范大学和杭州师范大学以8篇并列第四(见图1-1)。

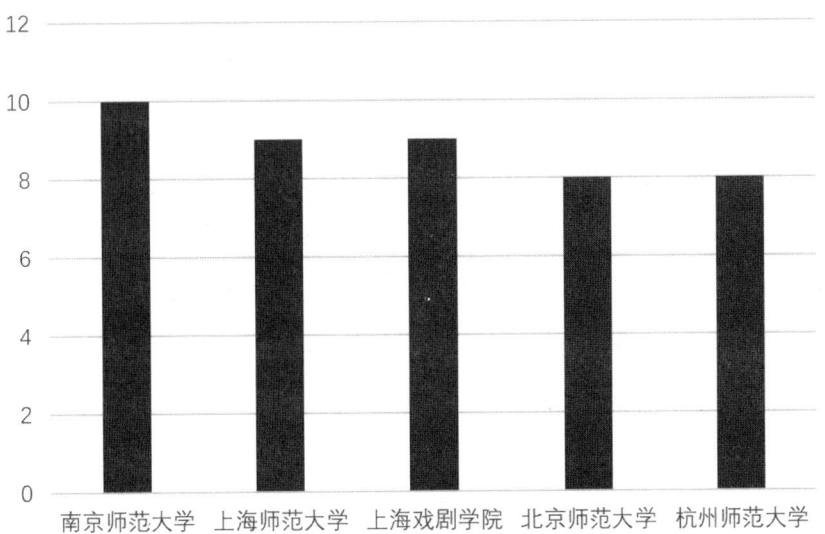

图1-1 "教育戏剧"研究的高产机构统计

（2）从作者发文数量上看，来自香港明日艺术教育机构的王添强以9篇论文排名第一；杭州师范大学的黄爱华教授以8篇论文排名第二；北京师范大学的马利文教授以7篇论文排名第三；南京师范大学的张金梅教授以6篇论文排名第四；海南热带海洋学院甘维老师以4篇论文排名第五（见图1-2）。

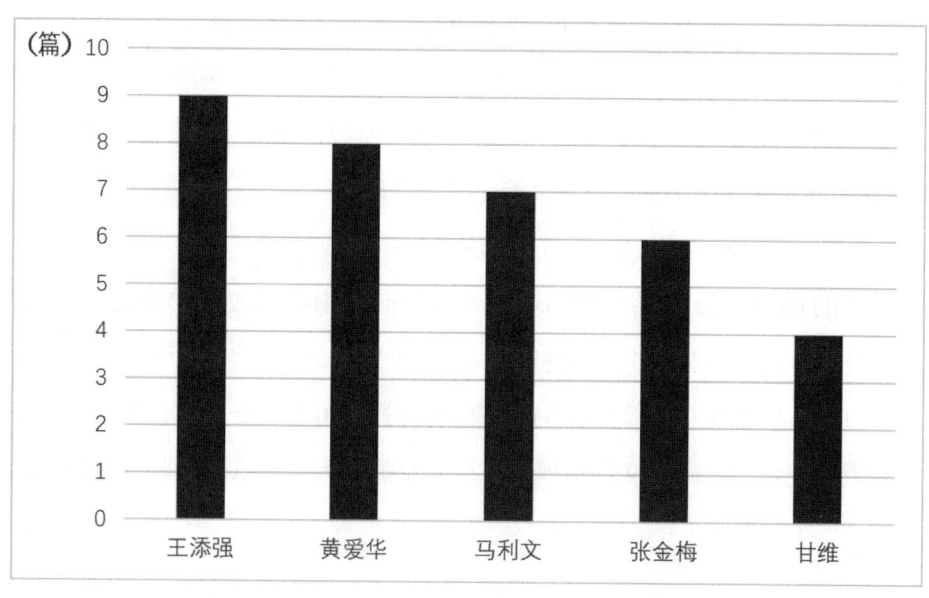

图1-2 "教育戏剧"研究的高产作者统计

（3）从期刊载文数量来看，《幼儿教育》以14篇文章名列第一；《艺术教育》以10篇文章名列第二；《上海教育》以9篇文章名列第三；《中国教师》和《当代教育家》共同以7篇文章并列第四。由此可见，国内对于教育戏剧的研究以学前教育阶段的文章居多（见图1-3）。

（4）从发文单位的属性上看，上海戏剧学院、北京师范大学、上海师范大学、杭州师范大学和南京师范大学是国内研究艺术教育的五大机构，在发文量大于或等于2篇的所有机构中，师范类大学和艺术类高校占90%以上，而诸如上海市浦东新区华林小学、上海市第三女子中学、上海戏剧学院附属高级中学等中小学教师的学术文章仅占很小一部分。由此可见，中小学教育戏剧研究的中坚力量依然在高等教育研究机构，但广大的中小学实践工作者也越来越多地参与其中。

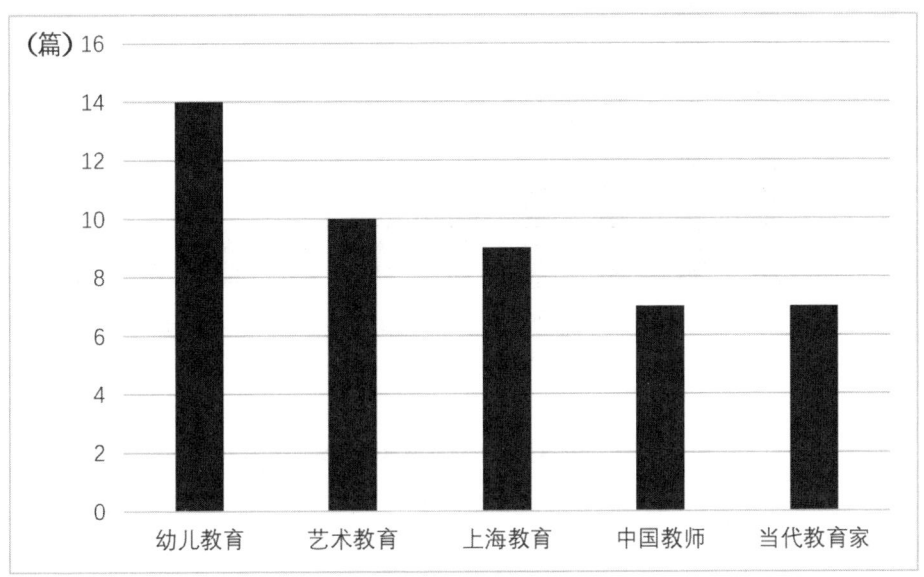

图1-3 "教育戏剧"研究的期刊载文数量统计

4. 中小学教育戏剧研究的内容知识图谱

为考察已有研究的研究主题分布情况，本书统计了关键词在已有论文中出现的频次，词频排名前十的部分高频词汇如图1-4所示。除去主题词"戏剧教育""教育戏剧""戏剧教学法"以外，"角色扮演"以24次出现频率位居其后。除此之外，"儿童戏剧""戏剧教学""课本剧""课堂教学""戏剧艺术""学习过程"占据使用频次较高的位置。

从图1-5中可以看出，教育戏剧在教育领域主要与戏剧教学法、戏剧课程、艺术教育、文化机构高度相关，而在戏剧艺术领域则与戏剧院校、戏剧学院、戏剧表演、戏剧节、业余剧团高度相关。

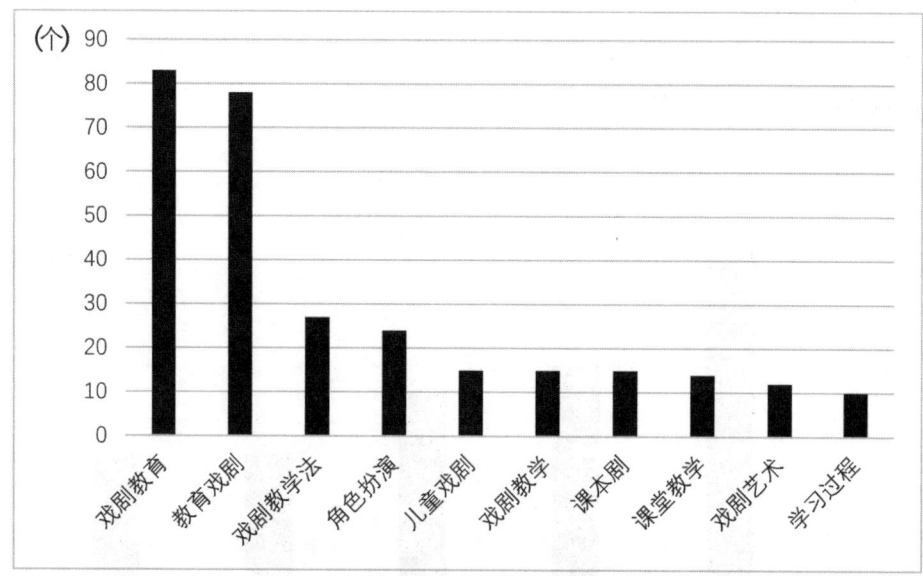

图1-4 "教育戏剧"研究的高频关键词统计

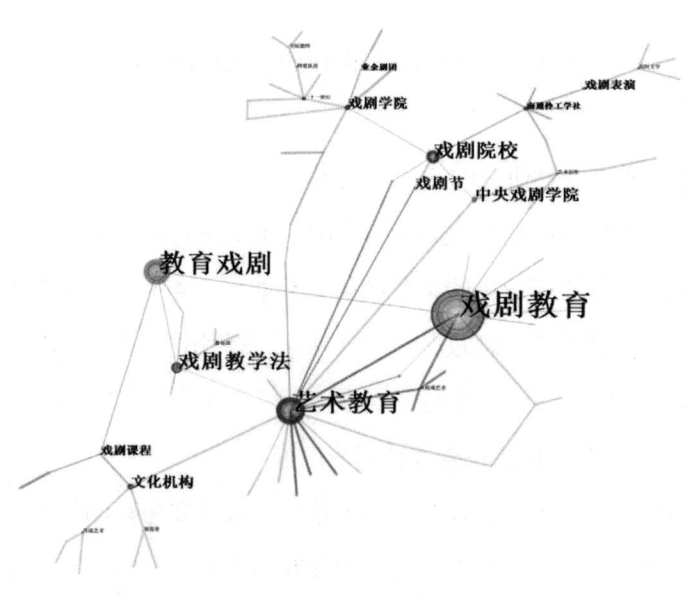

图1-5 "教育戏剧"研究热点关联

通过百度学术可视化分析软件分析，与教育戏剧相关的戏剧教育、艺术教育、素质教育、工作坊等作为研究热点长期以来备受我国研究界的关注，而情绪管理、角色扮演、教学方法等则作为近年来新兴研究热点受到学界关注（见图1-6）。

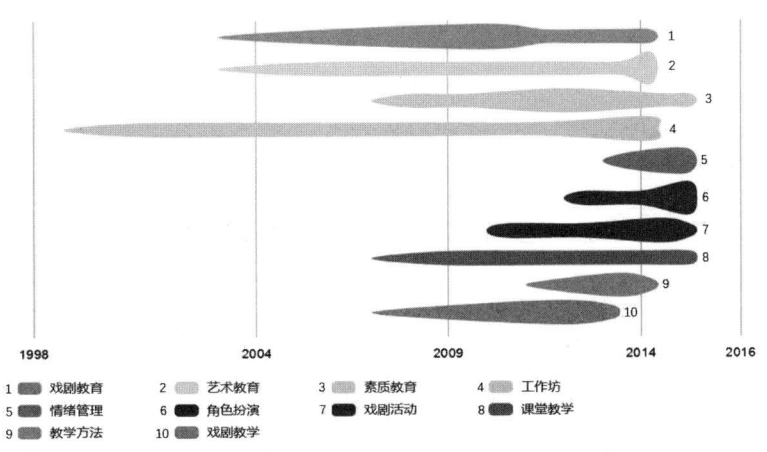

图1-6 "教育戏剧"研究的研究热点时间分布

从图1-7中可以看出，教育戏剧与多种学科可以互相渗透，在教育学领域，涉及的热点关键词包括"教学方法""课堂教学""学习兴趣""创新能力""角色扮演""素质教育""杜威学校"；在艺术学领域，涉及的关键词包括"艺术教育""戏剧表演""戏剧教育""戏剧教学""戏剧活动"；在社会学领域，涉及的热点关键词包括"文化活动""未来生活""青少年"；在汉语言文学领域，涉及的热点关键词包括"小学生""故事情节""课本剧""社会文化""对外汉语教学"；在心理学领域，涉及的热点关键词包括"团体辅导""自我肯定""性格倾向""自我效能感""自我调控学习""情绪管理"；在马克思主义哲学领域，涉及的热点关键词包括"主题教育""大学生思想政治教育"。由此可见，教育戏剧可以应用于多种学科，有着众多的交叉学科探索空间。

14　中小学教育戏剧的理论与实践研究

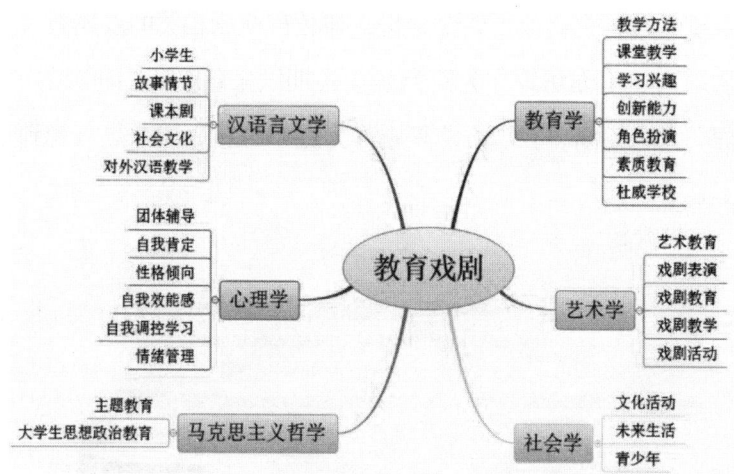

图1-7　"教育戏剧"研究的学科渗透热点分布

由上述特征可以看出，首先，国内当前对于教育戏剧的研究概念混用的状况较为严重，由于学界尚未对于教育戏剧达成公认的概念，很多理论研究者和实践工作者虽然在对相同的教育活动进行研究，但由于没有共识性的概念进行统领，研究始终较为分散，难以建立科学合理的学科体系。其次，研究界大多将关注重点放在课堂教学领域，以期将戏剧引入课堂教学来提升学习效果以及教学有效性；让学生能够通过角色扮演来培养学生的想象力与创造力，促进学生的人际交往能力与合作能力，使学生具备基本的审美素养。最后，对于教育戏剧的研究已渗透到教育学、艺术学、汉语言文学、心理学、社会学和马克思主义哲学等多学科领域。

（二）我国中小学教育戏剧研究关注的主要问题

根据笔者所掌握的文献情况来看，我国中小学教育戏剧研究所关注的核心问题集中在三大领域，分别是：教育戏剧理论的研究、教育戏剧在我国中小学教育实践现状的研究以及西方教育戏剧发展经验的研究。

1. 教育戏剧理论的研究

在教育戏剧的理念方面，黄爱华教授认为，学校教育戏剧的基本理念是普适性教育与人格教育，①而张生泉教授认为，"教育戏剧"理念的确立首先是对"教育文化"进行再次审视的新界定，共同创造彼此崇拜的活人；其次是对"艺术本义"进行再次阐释的新视野，达到"艺术诗人"和"社会英雄"相统一的新境界；最后是对"以人为本"进行再次认识的新推进，是空前的"角色创造"的改革实践。②许卓娅教授在探讨幼儿园创意戏剧时指出，创意戏剧教育的基本价值是促进幼儿全面发展，教育的着眼点不在表演技能，而是在培养幼儿对生活、对人生的理解能力和创造性的表现能力，在这一过程中教师发展是基础也是目标。③蔡迎春认为，教育戏剧的目标是开发学生创造的潜力，内容是促进学生学习的主动性，特点是增强学生学习的兴趣，功能是提高学生思考和解决问题的能力。④教育戏剧中的学习者可以分别从"像专家那样思考"的认知策略和"思考专家会怎样思考"的元认知策略中获益。⑤张勇提出，育人是教育戏剧最一般的和唯一、根本的特性，是教育戏剧产生、发展的根本动力和存在的根本价值。⑥

在教育戏剧中教师的角色方面，李魏提出，教育戏剧的核心人物是"戏剧导教"，其不仅要负责教育戏剧的引导排演的工作，还要承担编剧、表演等多种工作。⑦沈亮认为，教育戏剧把演戏的权力交给观众，把学习的自主权交给学生，是一个权力迁移的过程。⑧杨静、张金梅提出，教育戏剧中教师扮演的是拓荒的"玩家"、变换的"角色群"和冲突的"抛锚者"。⑨这样一来，传统的教师角色在教育戏剧中又得到了进一步的丰富。

---

① 黄爱华：《学校戏剧教育基本理念及实践构想》，《中国教育学刊》2009年第12期。
② 张生泉：《论"教育戏剧"的理念》，《戏剧艺术》2009年第3期。
③ 许卓娅：《从怎么看到怎么办——对创意戏剧教育实践问题的思考》，《幼儿教育》2011年第34期。
④ 蔡迎春：《论教育戏剧与学生学习策略的获得》，《林区教学》2011年第9期。
⑤ 蔡迎春：《大学生学习策略与教育戏剧模式的构建》，《黑龙江高教研究》2011年第9期。
⑥ 张勇：《教育戏剧的教育特性分析》，《中国音乐教育》2013年第8期。
⑦ 李魏：《从幕后到台前——教育戏剧中的戏剧"导演"》，《大众文艺》2012年第10期。
⑧ 沈亮：《权力转移：教育戏剧理论漫谈》，《艺术评论》2013年第9期。
⑨ 杨静，张金梅：《从后现代课程观角度看儿童戏剧教育中的教师角色》，《幼儿教育》2014年第15期。

在教育戏剧的开展形式方面,黄爱华等认为,可从学科化、日常化、规范化三个维度着手,①通过学科性戏剧教育、渗透性戏剧教育与活动性戏剧教育三种实践模式开展教学活动。②张金梅认为,儿童戏剧教育主要有主题式、渗透式和区域式三种组织形式。③刘文辉和郑小琴从文学、舞台、理论和生活四个维度论述了学校教育戏剧的"四维一体"课程模式。④孙惠柱等提出,中国的教育戏剧不应照搬美国的以个人故事为核心的"创作性戏剧",而应创造本土化短剧,让学生从模仿入手学习表演,再鼓励部分特别有兴趣的学生参与创作。⑤

在教育戏剧的功能方面,黄爱华等认为,戏剧教育在基础教育中具有丰富感知、陶冶性情、完善人格这三方面的功能,并且可以帮助学生增强角色意识,提升想象力和创造力、自我表现能力以及表达交际能力。⑥云南艺术学院院长吴戈教授提出,教育戏剧对于发展中小学教师和学生组织协调、配合互动、表达展示的人际协作能力和自我宣示能力具有良好的推动作用,在师范院校开设针对师范人才培养目标的"教育戏剧"课程对培养人才的自省能力、组织沟通能力和创造性教育能力而言意义深刻。⑦此后,他还在分析教育活动与戏剧活动相似性的基础上,提出应大力推动"教育戏剧应用"。⑧周斌认为,在学校推广教育戏剧既有利于改进教学方法、丰富教育手段,又有利于学生综合素质和各种能力的培养,从而达到更为理想的教育效果。⑨李

---

① 黄爱华,张艳梅,朱玉林:《学科化、日常化、规范化:学校戏剧教育的三个维度》,《浙江学刊》2010年第5期。
② 黄爱华,徐大军,陈漪:《中小学戏剧教育的三种实践模式》,《杭州师范大学学报》(社会科学版)2009年第5期。
③ 张金梅:《论儿童戏剧教育的组织形式》,《幼儿教育》2011年第Z1期。
④ 刘文辉,郑小琴:《论当代校园戏剧教育"四维一体"实施策略》,《宁波大学学报》(教育科学版)2008年第5期。
⑤ 孙惠柱,寇才军:《"练习曲":让教育戏剧一个学生也不能少的关键》,《美育学刊》2013年第3期。
⑥ 黄爱华,陈漪:《论戏剧教育在基础教育中的独特功能》,《杭州师范学院学报》(社会科学版)2007年第4期。
⑦ 吴戈:《戏剧教育与戏剧专业发展的前途》,《艺术教育》2007年第12期。
⑧ 吴戈:《戏剧活动与教育活动》,《艺术教育》2009年第6期。
⑨ 周斌:《关于推动教育戏剧发展的若干思考》,《复旦教育论坛》2008年第5期。

海英认为,教育戏剧可以发挥丰富教育手段,增加学习乐趣,减轻学习压力和负担,调节学习氛围等功能。①杨宝春则强调戏剧教育在情感教育、兴趣教育、能力教育、创新教育等方面有着独到的功能。②黄岳杰更是指出,校园戏剧对于修正应试教育的重规范性、轻生成性、重知识记忆,轻情感体悟,重社会本位,轻个体需要,重道德灌输,轻心理疏导,重激发焦虑,轻启发热爱等弊端存在巨大的可能性。③陆佳颖等认为,教育戏剧中所蕴含的心理距离、仿似、审美等心理现象有利于营造具身学习的文化生态情境,可以激发人类特有心理潜能。④王钰提出教育戏剧是一种教育为体、戏剧为用的促进"全人教育"的有效手段,可以促进学生的全面发展。⑤

2. 教育戏剧在我国中小学教育实践的研究

虽然20世纪初张伯苓、陶行知、晏阳初、卢作孚等教育家曾经开展过将戏剧融入教育的尝试,⑥并强调以戏剧为教育手段进行"人格教育"的理念,⑦但由于没有理论支撑,并不能算作严格意义上的教育戏剧。课本剧可以看作教育戏剧这一概念引入我国之前,我国中小学教师教育戏剧本土化探索的先河。1986年暑假起,天津师范专科学校的吴亚芬老师通过将中学语文课本中的一些课文改编成课本剧来使学生加深对于课文的理解,并在此基础上组织学校师生排演了大量的课本剧。⑧朱以中在对吴亚芬老师编排课本剧实践案例分析的基础上,率先提出了戏剧为教育服务的概念。⑨而1988年,福建省

---

① 李海英:《教育戏剧的本土化及现实意义》,《戏剧丛刊》2010年第4期。
② 杨宝春:《论通识性戏剧教育的意义》,《青岛大学师范学院学报》2010第1期。
③ 黄岳杰:《校园戏剧:修正应试教育弊端的诸种可能性》,《美育学刊》2010年第1期。
④ 陆佳颖,李晓文,苏婧:《教育戏剧:一条可开发的心理潜能发展路径》,《华东师范大学学报》(教育科学版)2012年第1期。
⑤ 王钰:《教育为体 戏剧为用 教育戏剧:促进"全人教育"的有效手段》,《艺术教育》2015年第6期。
⑥ 岑玮:《教育戏剧的教育意义与教学策略》,《当代教育科学》2011年第17期。
⑦ 王东研:《教育戏剧视野下的南开戏剧活动》,《戏剧文学》2012年第7期。
⑧ 小远:《中学语文课本剧专场演出在津举行》,《剧本》1987年第12期。
⑨ 朱以中:《人们寄予厚望的课本剧》,《中国戏剧》1988年第8期。

话剧院实验剧团与中学语文教师共同创编课本剧进校园巡演[1]则初具本土化教育剧场的雏形。1990年，戏剧界和教育界的知名人士在北戴河召开了"全国首届课本剧研讨会"，进一步推动了课本剧在中小学教学中的应用。康洪兴强调，课本剧在健全我国戏剧生态环境和强化学生的审美教育两个方面具有重要作用。[2] 1995年，杨德勇在传统的中小学戏剧教学法的基础上改变传统的教师导、学生演的模式，尝试让每个学生都有机会做导演，而探索出戏剧导演实践教学法。[3]然而由于宣传不力、物质准备不足以及指导人员不足三个因素的影响，语文课本剧和学生演剧活动失去了1990年代的繁荣，逐渐归于沉寂。[4] 2013年，虽然上海举办了首届中小学戏剧（课本剧）邀请赛，但是课本剧应用领域单一、互动缺失、创新力匮乏等问题[5]依然没有得到解决。因此课本剧在我国长期处于理论薄弱、实践零散的地位，未能像西方教育戏剧一样形成体系化的教育理论。

自1997年李婴宁老师开始在我国国内大力推广教育戏剧以来，我国各地中小学也开展了大量的实践探索工作。2005年黄爱华教授等曾对浙江省中小学师生开展大规模调研，调查显示半数以上的学生拥有在课堂上和班（队）会上的扮演经历，说明戏剧作为手段实际上已被课堂教学所运用。[6]调查还显示，学生参加戏剧活动较少者比之较多者，其焦虑、孤独、过敏、冲动倾向要强烈，存在更多的心理健康隐患。[7] 2007年是教育戏剧在大陆地区中小学开展广泛实践的重要节点，北京师范大学马利文副教授在北京师范大学第

---

[1] 福宣：《课本剧的诞生、演出及其存在价值》，《中国戏剧》1989年第11期。
[2] 康洪兴：《大有可为的"课本剧"运动》，《文艺理论与批评》1994年第2期。
[3] 杨德勇：《戏剧教学法新探——导演实践法》，《教育改革》1995年第5期。
[4] 叶仁光：《提倡课本剧和学生演剧——关于语文教学改革的一点思考》，《课程·教材·教法》2001年第4期。
[5] 周胜南：《从模仿到重述——浅议教育戏剧视野下的课本剧创作》，《艺术教育》2013年第10期。
[6] 黄爱华、徐大军：《中小学戏剧教育现状调查与思考》，《杭州师范学院学报（医学版）》2005年第6期。
[7] 黄爱华：《戏剧教育：学生心理健康及社会适应教育的有效方法和途径》，《杭州师范大学学报（社会科学版）》2011年第5期。

二附属中学初中部三帆学校开展了开放热身、即兴创作和短剧创作三个阶段共 15 个课时的教育戏剧初步尝试。① 与此同时，上海戏剧学院与上海市第三女子中学、进才中学、上海戏剧学院附属高级中学、世界外国语学校、华东师大附属小学以及嘉定、宝山、青浦区的多所民办小学合作，在李婴宁老师的带领下，尝试让艺术（戏剧）教育专业的学生在中小学运用教育戏剧的方法开展教育实践活动。② 2007 年，翟一帆借助主题创作的戏剧形式在昆明地区开设小型的教育戏剧工作坊，显著提高了参与者的良性行为特质。③ 本着"凡是儿童可以自己做的一定要让儿童自己去做，凡是儿童能够自己体验的一定要让儿童自己去体验"的理念，南京师范大学许卓娅教授带领 10 余家省级示范园的园长、骨干教师等幼教专业人员与专业的绘画、音乐、戏剧工作者一道开展创意戏剧课程的理论与实践研究工作，开发了大量的绘本、动画片、应用手册等产品。④

与此同时，我国很多中小学的实践工作者对于将教育戏剧应用于学科教学活动也开展了多种形式的探索。天津的洪双义、张焱等老师通过戏剧的方式让学生在课堂上亲历数学发生、发展、发现、发明的过程，以此来开展中小学数学史志教育。⑤ 牛泽霞通过将戏剧教学法应用于文言文教学之中，⑥ 提升了教学的有效性。随着 2011 年戏剧被纳入我国《义务教育艺术课程标准》⑦，越来越多的中小学教师开始关注戏剧在中小学阶段的运用。张敏针对我国中小学大班额（大班额即班级内学生数量多）的现状以及自己的小学英

---

① 马利文，赵小刚:《初中开设教育戏剧活动课程初探》,《中小学心理健康教育》2007 年第 17 期。
② 李婴宁:《"教育性戏剧"在中国》,《艺术评论》2013 年第 9 期。
③ 翟一帆:《教育戏剧在当今校园内外的发展概况与运作案例》,《云南艺术学院学报》2009 年第 1 期。
④ 许卓娅:《创意戏剧教育的理论与实践探索》,《幼儿教育》2011 年第 Z4 期。
⑤ 洪双义，张焱，杨之:《"GH 数学教育方式"怎样进行数学史志教育——数学教学一策：历史在戏剧中重演》,《中学数学杂志》2010 年第 1 期。
⑥ 牛泽霞:《简谈戏剧教学法在文言文教学中的应用》,《读与写》(教育教学刊) 2010 年第 1 期。
⑦ 中华人民共和国教育部:《义务教育艺术课程标准（2011 年版）》，北京，北京师范大学出版社 2011 年版。

语实践教学经验，提出通过小组合作排练、展演的方式，让每一位学生都能参与到戏剧之中。[①] 王莹、[②] 王艳玲[③]、李新洁[④]、杨鸿雁[⑤]、饶亚平[⑥]、刘琰[⑦]等多位老师将戏剧教学法应用于小学英语、语文、思想品德课以及初中英语、高中历史、心理健康等课程教学活动之中，通过学生自编戏剧等方式将死板的知识用具体、生动的方式传达给学生，在这一过程中教师的专业发展与师生关系的融洽程度都获得了极大提高。吴颖慧介绍了北京市海淀区的北京师范大学实验小学、清华大学附属小学、十一学校、中关村第一小学等多所学校近年来在教育戏剧中渗透德育的实践活动，指出教育戏剧在中小学教育中大有可为。[⑧] 而其他学者如卓琳[⑨]、刘友群[⑩]、杨旭[⑪]等老师则将教育戏剧的实践由普通中小学拓展到特殊学校，针对盲童、智障等特殊学生教育取得了良好效果。

除此之外，北京师范大学的马利文、郑新蓉老师最早在大陆地区将教育戏剧引入中小学教师培训，并探索出一条适合于我国教师的培训模式。[⑫] 在此基础上，马利文[⑬]和欧怡雯[⑭]针对应用戏剧教学法促进教师专业发展方面开展了大量的行动研究工作。黄婉圣针对自己所参与的一次教育戏剧教师培训

---

① 张敏：《让戏剧教学法进入小学课堂》，《小学科学（教师论坛）》2011年第6期。
② 王莹：《在应用戏剧教学法行动研究中促进教师的专业发展》，《中国教师》2011年第17期。
③ 王艳玲：《自我的觉醒与师生关系的改变——生命里美妙的邂逅》，《中国教师》2011年第17期。
④ 李新洁，吴建民，刘恬恬：《应用戏剧教学法进行思品课教学的案例分析》，《中国教师》2011年第17期。
⑤ 杨鸿雁：《初中英语课堂引入戏剧教育的思考》，《教学与管理》2014年第34期。
⑥ 饶亚平：《教育戏剧在高中历史教学中的有效运用》，《当代教育科学》2012年第16期。
⑦ 刘琰：《教育戏剧在心理健康活动课中的应用》，《河北教育（德育版）》2012年第4期。
⑧ 吴颖惠：《戏剧教育：学校德育建设的新途径》，《北京教育（普教版）》2014年第10期。
⑨ 卓琳：《盲校语文课堂教育戏剧运用初探》，《现代特殊教育》2014年第1期。
⑩ 刘友群，邓茜：《教育戏剧在智障学生情绪管理中的运用——〈阿奇的故事〉教学赏析》，《中小学心理健康教育》2014年第13期。
⑪ 杨旭：《教育戏剧在智障学生情绪管理中的运用实践探微》，《课程教育研究》2015年第22期。
⑫ 马利文，郑新蓉：《教育戏剧促进教师相互参看、对话与反思》，《中国教师》2011年17期。
⑬ 马利文：《以教育戏剧为载体的行动研究：教师自我发展过程案例研究》，《教育学报》2014年第1期。
⑭ 欧怡雯：《学习及实践戏剧教学法对教师角色转变的影响》，《教育学报》2014年第1期。

活动从游戏、教师入戏、反思、运用四个方面进行了深描。①

3. 西方教育戏剧发展经验的比较研究

自从孙家琇教授 1984 年最早在我国开展西方教育戏剧发展经验的比较研究以来，多位戏剧界和教育界的专家、学者都在这一领域做出了突出的贡献。纵观已有的数百篇相关文献，对于西方教育戏剧发展经验的研究主要集中在西方教育戏剧理论的比较研究和西方教育戏剧实践案例的比较研究两大领域。这些对于西方国家教育戏剧发展经验的介绍和比较研究对我国开展中小学教育戏剧工作具有重要的借鉴意义，并且为本书探寻西方教育戏剧理论奠定重要基础。

（1）西方教育戏剧理论的比较研究。

华文在我国最早介绍了英国戏剧教学法在文学作品欣赏中的独特价值。②而路海波则详细介绍了加拿大地区运用教育戏剧手段来提高学生写作兴趣与写作能力的实证研究以及教育戏剧师资培养的经验。③在此之后，于红英④、俞理明⑤等人通过直接翻译国外期刊或学者的著作在国内传播西方教育戏剧的理念。李婴宁在 1997 年发表的《英国的戏剧教育与剧场教育》一文中，首次将 DIE（戏剧教学法，Drama in Education）和 TIE（教育剧场，Theatre in Education）作为教育戏剧的两个主要组成部分进行系统的介绍。⑥ 1999 年舒志义详细介绍了英国伯恩斯坦（Basil Bernstein）所提出从"收集式"教育理念向"综合式"教育理念的转变过程，并在此基础上阐述了戏剧在教育与教学上所具有的培养信仰、强化专注力、构建张力、形成对比、学习礼仪与感受象征物六个方面的功能。⑦ 2003 年，南京师范大学的张金梅最早系统

---

① 黄婉圣：《从一次"过程戏剧"培训看"教育戏剧"的魅力》，《上海教育科研》2014 年第 8 期。
② 华文：《英国的戏剧教学法》，《语文学习》1990 年第 11 期。
③ 路海波：《加拿大的戏剧艺术教育》，《艺术教育》1994 年第 1 期。
④ 于红英：《创造性戏剧节目指南》，《山东教育科研》1995 年第 2 期。
⑤ 俞理明，顾耀民：《开发性戏剧的教育作用》，《外国中小学教育》1997 年第 3 期。
⑥ 李婴宁：《英国的戏剧教育和剧场教育》，《戏剧艺术》1997 年第 1 期。
⑦ 舒志义：《论戏剧的教育与教学功能》，《戏剧艺术》1999 年第 3 期。

性地介绍了美国创造性戏剧的概念以及美国著名教育戏剧家奈丽·麦凯瑟琳（Nellie McCaslin）的创造性戏剧六步教学法（想象 - 集中 - 组织 - 创造 - 自我表达 - 交流）。[①] 在此之后，张金梅又发表了一系列文章，从戏剧作为儿童发展的手段、教学的媒介和一种艺术形式三个维度阐述了西方儿童戏剧教育"工具论"和"本质论"两种取向相互融合的态势。[②] 邢剑君强调，在美国戏剧形式作为一种教学方法与活动存在于教育活动中，并且美国戏剧与教育联盟明确指出创造性戏剧是有关少年儿童内在创造性与社会成长的活动，而不是将这些引申为呈现给观众的演出活动。[③] 2004年台湾艺术大学的张晓华教授出版的《教育戏剧理论与发展》[④]一书详细梳理了教育戏剧的发展历史与理论基础，此后陈韵文系统梳理了英国教育戏剧的发展脉络，[⑤] 而徐俊在大陆地区最早系统介绍了教育戏剧在英、美地区的发展历史。[⑥] 肖晓玛则从杜威学校的发展经验中挖掘出学科式教学、渗透式教学及主题式教学三种形式的教育戏剧活动。[⑦]

（2）对于西方教育戏剧实践案例的比较研究。

最早在我国介绍教育戏剧的孙家琇教授对于英国的某个TIE剧团在中小学开展教学活动时的戏剧表演前问题的设置、详细的戏剧表演内容以及戏剧表演后的讨论三个部分进行了详细的介绍。[⑧] 何强生通过一个运用创造性戏剧展开阅读教学的教学范例——《亚伯拉罕·林肯》，详细介绍了美国创造

---

① 张金梅：《英国儿童教育中的创造性戏剧教育》，《早期教育》2003年第10期。
② 张金梅：《戏剧能给儿童教育带来什么——透视西方儿童戏剧教育》，《学前教育研究》2004年第Z1期。
③ 邢剑君：《美国戏剧艺术教育概况》，《艺术教育》2003年第Z1期。
④ 张晓华：《教育戏剧理论与发展》，台北，心理出版社2004年版。
⑤ 陈韵文：《英国教育戏剧的发展脉络》，《台北艺术大学戏剧学刊》2006年第3期。
⑥ 徐俊：《教育戏剧——基础教育的明日之星》，《基础教育》2011年第3期。
⑦ 肖晓玛：《杜威学校的教育戏剧特色探略》，《教育评论》2014年第11期。
⑧ 孙家琇：《关于英国的TIE》，《外国戏剧》1984年第2期。

性戏剧的实施步骤。① 上海戏剧学院的李婴宁作为国内最早参加国际戏剧与教育联盟（International Drama/Theatre and Education Association，IDEA）的人士，在1997年将这一教育戏剧国际组织最早介绍到国内，而桂迎则在她的文章中首次对这一教育戏剧国际组织的发展历史和其第六届年会的概况进行了详细的介绍。② 王蕾通过翻译挪威教育家丝芜·渥德姆特兰的文章，最早在国内介绍了挪威地区幼儿园中的戏剧教学活动以及学前教育师资培养中的戏剧教育。③ 王永阳对应用戏剧教学法的澳大利亚地区中文教学、④ 日本地区英文教学的案例以及美国地区基于文本进行表演的"卡金模式"进行了深入的介绍。⑤ 高祥荣和张天虹对新西兰中小学教育戏剧实施的历史由来、社会原因及其与各学科的关系进行了详细的梳理。⑥

近年来，我国一些学者通过对西方一些学校的课堂观察来呈现当前真实的中小学教育戏剧课堂。王楠和李铭韬对美国纽约小红房子学校及伊丽莎白欧文高中（Little Red House of School & Elisabeth Irwin High School）的热身与日常性参与类、戏剧性表演类和演出实践三个板块进行了介绍。⑦ 向蓓莉则对美国加州某小学五年级社会研究课中如何以教育戏剧的方式学习美国历史进行了深描。⑧ 周海燕在加拿大里贾纳大学访学的过程中发现加拿大戏剧课是大纲规定的课程，而教育学院的学生第三年需要辅修戏剧对话等课

---

① 何强生：《创造性戏剧在阅读教学中的运用》，《外国中小学教育》2008年第2期。
② 桂迎：《教育戏剧改变世界 国际戏剧/剧场与教育联盟2007第六届世界会议纪实》，《中国戏剧》2008年第3期。
③ ［挪］丝芜·渥德姆特兰：《戏剧教育在挪威》，王蕾译，《幼儿教育》2009年第30期。
④ 王永阳：《试论戏剧化教学法在汉语作为第二语言教学中的运用——以澳大利亚的一个课堂教学为例》，《世界汉语教学》2009年第2期。
⑤ 王永阳：《语言教学中的戏剧化教学法——简介与案例》，《汉语国际传播研究》2011年第2期。
⑥ 高祥荣，张天虹：《新西兰中小学教育戏剧研究及其启示——以Dilworth School年度戏剧为例》，《外国中小学教育》2016年第6期。
⑦ 王楠，李铭韬：《理论缝隙与现实广场中的教育戏剧》，《艺术评论》2013年第9期。
⑧ 向蓓莉：《在教育戏剧里"穿越"美国独立战争——记美国加州Los Altos学区Santa Rita小学五年级社会研究课程中的一次历史课》，《基础教育课程》2013年第12期。

程，以便将来能够顺利从事中小学的教学工作。[①]

二、国外学者对中小学教育戏剧的研究

国外研究者对中小学教育戏剧进行了相对全面而深入的研究与实践。本书将重点从国外中小学教育戏剧相关研究的知识图谱和研究问题两个方面对国外学者的相关研究文献进行综述。

（一）国外中小学教育戏剧研究的知识图谱

1. 数据来源

为了通过数据可视化分析的方法，全面完整地把握国外在中小学教育戏剧领域的各类研究成果，本书以 Web of Science（WOS，科学引文索引数据库）为基础数据源，以"Educational Drama""Drama in education""Theatre in Education"或"Creative drama"为关键词检索到与本研究主题相关的期刊论文共有 522 篇，检索时间为 2016 年 10 月 1 日，通过对文献摘要进行筛选，剔除韩文发表文献、戏剧艺术教育主题文献等文献记录，剩余文献共 421 篇。

2. 研究工具与研究方法

由于早期文献索引的关键词、作者机构等关键信息尚未纳入 WOS，CiteSpace 软件无法对结构不良的参考文献信息进行有效分析，本书主要运用 Web of Science（WOS）科学引文索引数据库自带的文献分析功能来对国外中小学戏剧教育研究的总体情况进行知识图谱分析。

3. 教育戏剧研究的空间分布知识图谱

借助 WOS 提供的数据，本书制作了相应的知识图谱，归纳出外国教育戏剧研究作者、期刊及其所属作者群体的以下特征。

（1）从作者发文数量上看，来自华威大学的乔·温斯顿（Joe Winston）

[①] 周海燕：《加拿大戏剧教学法对艺术院校外语教学的启示》，《艺术教育》2014 年第 9 期。

以4篇论文排名第一，安卡拉大学的艾斯·奥克兰（Ayse Okvuran）以3篇论文排名第二，纽约大学的奈莉·麦凯瑟琳（Nellie McCaslin）、澳大利亚政策与科学研究所的约翰·艾伦（John Allen）、普渡大学的约翰·斯蒂维格（John Stewig）等多位学者以2篇论文并列第三（见图1-8）。

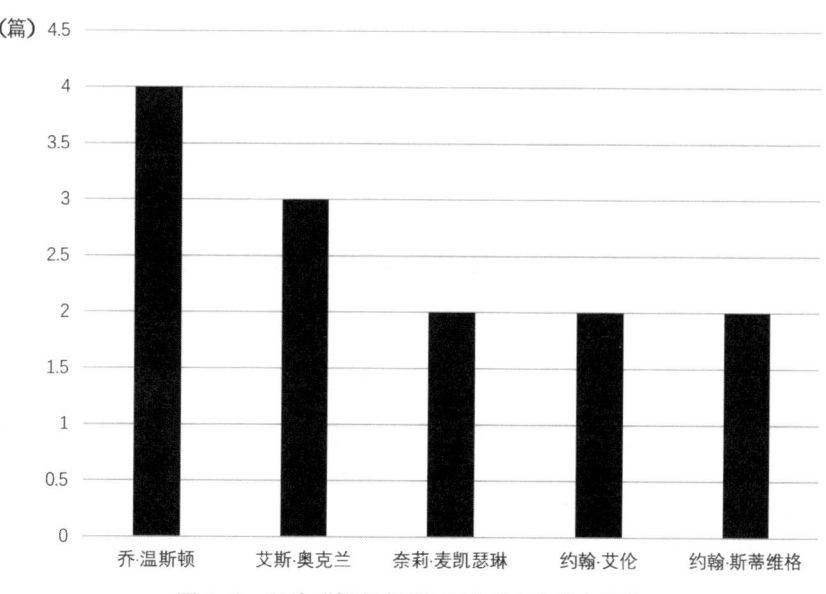

图1-8 国外"教育戏剧"研究的高产作者统计

（2）从作者所在国家来看，土耳其以52篇文章排名第一；美国以38篇排名第二；英国以25篇文章排名第三；加拿大以9篇文章排名第四；南非以8篇文章排名第五。国际上现已形成美国-英国-新西兰、土耳其-瑞典-挪威、韩国-中国大陆及台湾地区三支主要的国际合作队伍。

（3）从期刊载文量来看，《社会及行为科学》（*Social and Behavioral Scien-ces*）以28篇文章名列第一；《戏剧教育研究：应用舞台与表演杂志》（*Research in Drama Education: the Journal of Applied Theatre and Performance*）以24篇文章排名第二；《教育与科学》（*Education and Science*）和《新剧场季刊》（*New Theatre Quarterly*）以9篇文章并列第三；《美学教育杂志》（*Journal of*

Aesthetic Education）以 7 篇文章名列第五。由此可见，国外对于教育戏剧的研究以教育类和戏剧类期刊居多（见图 1-9）。

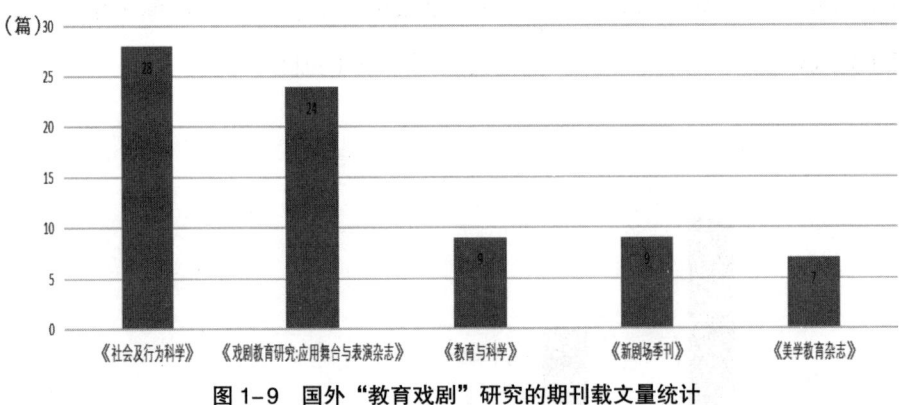

图 1-9　国外"教育戏剧"研究的期刊载文量统计

4. 教育戏剧研究的内容知识图谱

为考察国外已有研究的研究主题分布情况，本书利用 Web of Science（WOS，科学引文索引数据库）自带的统计功能统计了外文文献主要的研究领域与研究方向。国外"教育戏剧"研究的研究领域主要集中在社会科学（Social Sciences）、艺术人文（Arts Humanities）、科学技术（Science Technology）、生命科学（Life Sciences Biomedicine）等（见图 1-10）。

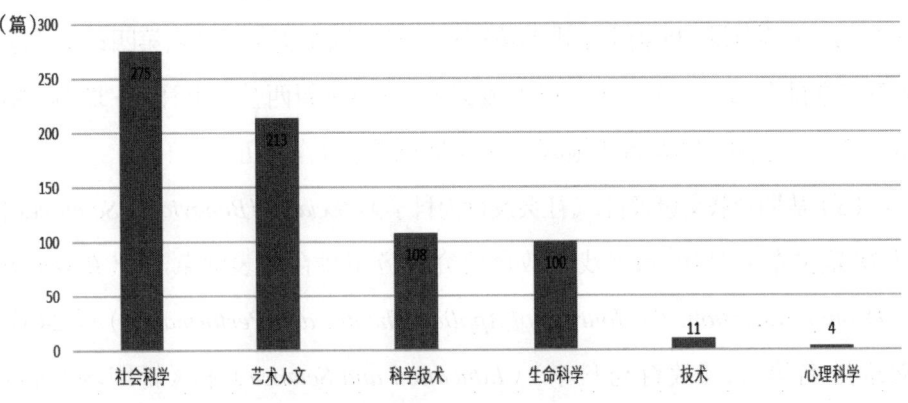

图 1-10　国外"教育戏剧"研究的主要研究领域统计

研究方向主要集中在教育研究（Educational Research）、剧场研究（Theatre）、艺术人文等主题研究（Arts Humanities Other Topics）、心理学研究（Psychology）和保健科学服务研究（Health Care Sciences Services）等（见图 1-11）。

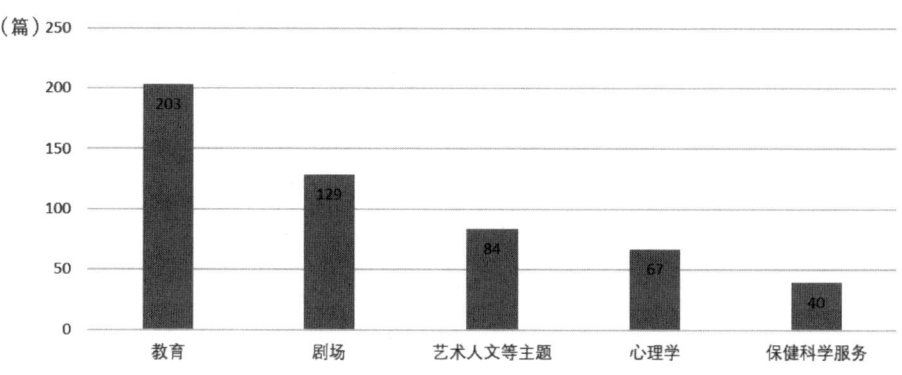

图 1-11　国外"教育戏剧"研究的主要研究方向统计

研究热点主要集中在创造性戏剧（creative drama）、戏剧（drama）、剧场（theatre）、教育（education）、学生（student）、儿童（children）、青少年（adolescent）、创造力（creativity）和教学法（pedagogy）等。

（二）国外中小学教育戏剧研究关注的主要问题

根据笔者所掌握的文献情况来看，国外中小学教育戏剧研究所关注的主要问题集中在四大领域，分别是教育戏剧功能研究、教育戏剧学习阶段理论研究和教育戏剧教学方式研究。

1. 教育戏剧功能研究

很多国外学者认为教育戏剧对于中小学学生而言有着独到的价值功能，而这些价值功能也是其他学科所不可替代的。对于教育戏剧功能的研究，国外研究主要集中于儿童认知发展和社会性发展两大方面。

在儿童认知发展方面，盖文·伯顿（Gavin Bolton）认为教育戏剧是学习者情感和认知评价上的改变。① 奈莉·麦凯瑟琳（Nellie McCaslin）提出在所有的艺术形式当中，戏剧要求参与者参与得最为透彻，当中包括智力、情绪、身体、语言及社交。其他的艺术形式只要求参与者在某些方面全力参与，只有戏剧要求参与者在各个方面都要透彻地参与。这是因为教育戏剧最为重要的任务，是要创作一个共享的戏剧性情景（shared dramatic context），在此情景中参与者可以把一些想法、关系、内容进行探索及测试。在这个过程中，儿童可以尝试建构知识和概念。她强调教育戏剧给儿童提供了练习语言和识字能力的机会。② 彼得·怀特（Peter Wright）所作的一项调查显示经历过教育戏剧学习，学生的角色扮演能力、词汇量和自我概念均有显著提升。③

在儿童社会性发展方面，乔·温斯顿（Joe Winston）认为教育戏剧通过象征性的故事来让孩子探讨自身的成长以及外界的危险与挑战。④ 大卫·戴维斯（David Davis）认为教育戏剧可以帮助年轻人看到隐藏于新自由主义以及扭曲我们观念的意识形态背后的真实世界。⑤ 玛丽·麦克纳顿（Marie McNaughton）认为教育戏剧有助于增进和加深人们对于经历或情境的理解。理查德·考特尼（Richard Courtney）强调教育戏剧可以培养孩子理解他人，以及从他人角度观察事物的能力，⑥ 而这正是人们在社会交往中所必备的技能。

2. 教育戏剧学习阶段理论研究

中小学教育戏剧必须根据儿童的认知发展水平和戏剧的学科结构属性来开展，因此国外教育戏剧专家依据教育学、心理学、戏剧学等学科理论对中小学教育戏剧的教学活动划分了不同的学习阶段，试图通过行之有效的教

---

① G. Bolton, *Towards a Theory of Drama in Education*, London: Longman. 1979.
② N. McCaslin, *Creative Drama in the Classroom andBeyond*, London: Longman. 2000.
③ P. Wright, "Drama Education and Development of Self: Myth or Reality?",*Social Psychology of Education*, Vol.9, 2006, pp.43-65.
④ [英]乔·温斯顿:《5~11岁的戏剧、语文与道德教育》,陈韵文译,台北,心理出版社2008年版。
⑤ D. Davis, "Imagining the Real: Towards a New Theory of Drama in Education" *London: Education Press*,2014.
⑥ R. Courtney, *Drama and intelligence: A cognitive theory*, Kingston: McGill-Queen's University Press,1990.

育戏剧学习阶段理论来指导中小学的教育戏剧教学实践工作。纵观国外专家的教育戏剧学习阶段划分理论，大致可以分为四阶段论和六阶段论两种理论取向。

温妮弗列德·瓦德（Winifred Ward）、理查德·考特尼（Richard Courtney）和大卫·洪恩布鲁克（David Hornbrook）等学者主张儿童学习教育戏剧大致可分为四个阶段，但是四个阶段的内容划分却不尽相同。温妮弗列德·瓦德主张教育戏剧应根据儿童身心发展特点，以戏剧游戏为起点，由非正式戏剧向创造性扮演的正式戏剧乃至专业化逐渐过渡；[1] 理查德·考特尼依据瑞士心理学家皮亚杰（Jean Piaget）的认知阶段理论，认为人从出生之后一直在学习角色扮演，由最初的模仿父母进而过渡到模仿他人，到最后游刃有余地演好自己的角色需要一生的练习。[2] 大卫·洪恩布鲁克依据英国国家课程的阶段划分，从教育戏剧的制作（making）、表演（performing）、回应（responding）三大目标出发对于学生在各阶段学习教育戏剧的要求也做了详细的说明（见表1-1）。[3]

表1-1 四阶段论主要代表人物

	温妮弗列德·瓦德	理查德·考特尼	大卫·洪恩布鲁克
名称 时间 主题	低年级阶段 （幼儿园至3年级） 以戏剧游戏为主	识别阶段 （0~10个月） 通过识别父母与自己获取角色认同	第一阶段 （5~7岁） 参与戏剧游戏
名称 时间 主题	中年级阶段 （4~6年级） 以非正式戏剧为主	扮演阶段 （10个月至7岁） 模仿扮演一定的角色	第二阶段 （7~11岁） 尝试排练戏剧
名称 时间 主题	高年级阶段 （7~9年级） 以娱乐性正式演出为主	群戏阶段 （7~12岁） 在人际交往中习得社会性	第三阶段 （11~14岁） 演出完整的戏剧
名称 时间 主题	专业训练阶段 （大学） 以专业化培养为主	角色阶段 （12~18岁） 扮演自己，塑造人格	第四阶段 （14~16岁） 进行戏剧创作

---

[1] W. Ward, *Creative Dramatics*, New York: D. Appleton and Company, 1930.

[2] R. Courtney, *Drama and Intelligence: A Cognitive Theory*, Kingston: McGill-Queen's University Press, 1990.

[3] D. Hornbrook, *Education in Drama: Casting the Dramatic Curriculum*, London: Psychology Press, 1991.

美国学者大多主张中小学教育戏剧应由六个阶段循序渐进地展开。1983年，全美70余位学者共同讨论，认为教育戏剧主要有四大目标需在六个阶段完成，并且通过《一种戏剧课程模式：哲学、目的与目标》（*A Model Drama/Theatre Curriculum: Philosophy, Goals and Objectives*）这样一份报告予以明确。这四大目标分别是发展个人的内外部资源、通过艺术合作来创作戏剧、将戏剧与社会环境相联系、形成审美鉴别能力。而六个阶段则分别为幼儿园阶段、1~3年级阶段、4~6年级阶段、7~8年级阶段、9~12年级阶段以及专业训练阶段。[①]

3. 教育戏剧教学方式研究

随着西方教育戏剧理论逐渐发展成熟，对于教育戏剧究竟应该以何种教学方式融入中小学课程的问题，学术界出现了明显的理论分野，一种观点认为，戏剧应该作为一门独立的学科开展教学活动；另一种观点则认为，戏剧应该作为一种教学方法来融入不同的学科教学。这一理论分别体现在以英国为代表的通过戏剧来开展各科课程的融合性教学方式和以美国为代表的以专门的戏剧课来培养学生创造力的单科性教学方式两大主流实践范式之中，反映了不同学者对于教育戏剧概念本质的不同见解。盖文·伯顿（Gavin Bolton）将这一不同见解概括为教育戏剧的表演模式（Performance Mode）本质与经历模式（Experience Mode）本质之争。表演模式更倾向于让学生通过一些专业的技巧（technique）去描述（describe）具体内容，侧重于舞台表现（representation）；而经历模式则倾向于让学生去表达（expression），通过扮演（play）来探寻存在（be）的经历与意义。但博尔顿认为这两种模式不是二元对立互相排斥的，而是可以互相补充而共存的，这

[①] A Model Drama/Theatre Curriculum: Philosophy, Goals and Objectives [EB/OL].(2016-09-15) [2016-09-15]. http://www.americansforthearts.org/by-program/reports-and-data/legislation-policy/naappd/a-model-dramatheatre-curriculum-philosophy-goals-and-objectives.

两种极端的共通点与中和点即在展示（presentation）。① 因此教育戏剧的概念也应将这两种模式均纳入其概念理论范畴（见图1-12）。②

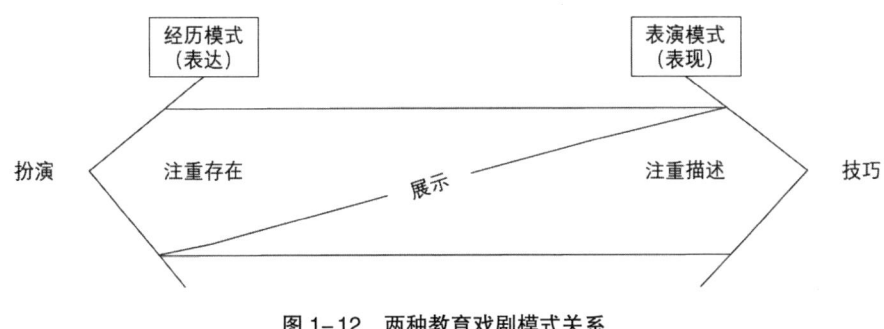

图1-12　两种教育戏剧模式关系

虽然在英国教育戏剧多以一种教学方法而广为中小学教师所接受，但英国早期的教育戏剧探索者同样经历了由注重表演向注重教学的转变过程。亨利·库克（Henry Cook）较早开始采用柏拉图所提倡的表演方式开展英语教学活动，③ 他鼓励学生在教室或专门的剧场进行表演，提倡学生撰写自己的剧本来进行表演，而其教学的重点也是让学生制作一出具体的戏剧。④ 此后很多教师尝试让学生通过排演剧目的方式来学习英语。针对这一现象，彼德·史莱德（Peter Slade）认为儿童戏剧和成人的舞台式剧场之间存在差异，不应强调儿童进行舞台演出。让儿童在舞台上演出是过早教他们在观众面前表演，这会使得儿童形成一种永远无法真正进入角色以及边朗诵台词边对观众露齿微笑的过于

---

① G. Bolton, "Drama as education: an argument for placing drama at the centre of the curriculum", *Drama Contact*, Vol.15, 1984, p.45.
② 付钰：《国际教育戏剧研究的现状与热点——基于WOS的文献计量分析》，《外国中小学教育》2018年第2期。
③ G. Bolton, *A History of Drama Education: A Search for Substance,* International Handbook of Research in Arts Education.2007, pp.45-66.
④ D. Hornbrook, *Education and dramatic art*, London: Psychology Press.1998，p.7.

程式化的坏习惯。① 布莱恩·威（Brian Way）也持有相似观点，他认为教育戏剧重在儿童的全人（whole person）发展，是一种练习生活的方式，重点不在演戏，而在社交技巧的练习。② 盖文·伯顿（Gavin Bolton）认为教育戏剧应该透过张力、焦点、对比和象征等戏剧元素来增强学生的情感投入与承诺，从而达到教育的目的。③ 此后，约翰·萨默斯（John Somers）等人在数学、科学、地理、历史等不同学科中探索通过教育戏剧的教学方法来开展教学。④

由于美国的教育戏剧在产生之初就作为单科授课的创造性戏剧，此后在温妮弗列德·瓦德、杰拉尔丁·希克斯、奈莉·麦凯瑟琳等人的推动下逐渐成为一套完整的理论体系并得以纳入国家法律体系。美国1994年制定的《2000年目标：美国教育法》（Goals 2000: Educate America Act）和《艺术教育国家标准》（National Standards for Arts Education）均将戏剧作为从幼儿园到高中都应开设的独立的一般性教学科目，2014年所修订的《国家核心艺术课程标准》（National Core Art Standards）又对不同学段的戏剧课程要求从创造（Creating）、表演（Performing）、回应（Responding）和关联（Connecting）四个方面进行了进一步的细化。

纵观国内学者与国外学者对中小学教育戏剧的相关研究，我们可以得出如下结论：在教育戏剧的概念研究方面，整合取向的教育戏剧概念使用正在成为国内外教育戏剧研究的大趋势，在这一逻辑框架下开展教育戏剧研究正逐渐成为研究界的主流。在教育戏剧的理论研究方面，对于教育戏剧的理念、功能等方面国内外有较多的共识性观点，但国内研究大多还处于对国外教育戏剧理论的介绍阶段，本土化的教育戏剧理论较为匮乏，为数不多的教育戏剧理论也尚未形成较为权威的理论框架。对于教育戏剧的实践研究方

---

① P. Slade, *An introduction to child drama*, London: University of London Press. 1958, p.90.
② B. Way, *Development through drama*, London: Longman. 1967.
③ G. Bolton, *Theatre form in drama teaching// Exploring theatre and education*. London: Heinemann Educational. 1980, pp.71-87.
④ J. Somers, *Drama in the curriculum*, London: Cassell. 1994.

面，国外无论是法律政策保障还是教育名家的实践均积累了相当丰富的经验，由于我国中小学教育戏剧刚刚兴起，实践者大多是基于个体探索性实践经验的总结，成熟理论指导下的教育戏剧实践尚不多见。另外，由于中小学一线教师对于教育戏剧缺乏了解，专业的教育戏剧教师培养也较为匮乏，使得师资成为制约教育戏剧在中小学一线广为推广的重要因素。基于以上的研究现状，本书在总结国内外前人成果的基础上，以英美较为成熟的教育戏剧经验为借鉴对象，以本土化的教育戏剧教学和教师培养为研究重点，以期为我国中小学教育戏剧的开展提供重要的参考。

第三节 研究设计

一、研究问题

结合对中小学教育戏剧现实问题，本书将主要研究和回答以下一系列关键问题。

（1）教育戏剧的历史发展历程大致经历了哪几个阶段？教育戏剧的发展现状如何？

（2）教育戏剧的理论体系究竟是什么？教育戏剧概念包含哪些维度和要素？教育戏剧和戏剧教育有什么区别和联系？

（3）为什么要在中小学开展教育戏剧？我国中小学教师开展教育戏剧是否具有可行性？有哪些独特的价值？

（4）当前我国中小学教师如何开展教育戏剧实践活动？在教育戏剧实践教学中教师遇到了哪些问题？

（5）中小学教师开展教育戏剧实践还需要得到哪些支持与帮助？

本书期待通过对上述一系列问题的回答，呈现中小学教育戏剧教师实践的真实状态，建构一套适合于我国国情的中小学教育戏剧教师专业发展理论体系与实践指南，进而为我国未来中小学教师开展教育戏剧教学活动提供一定的探索性建议。

二、理论基础

任何科学的教育活动背后肯定有其深厚的理论基础作为支撑，中小学教育戏剧同样是建立在一定的理论基础之上。本书所涉及的理论基础主要包括具身认知理论和符号互动理论（见图 1-13）。

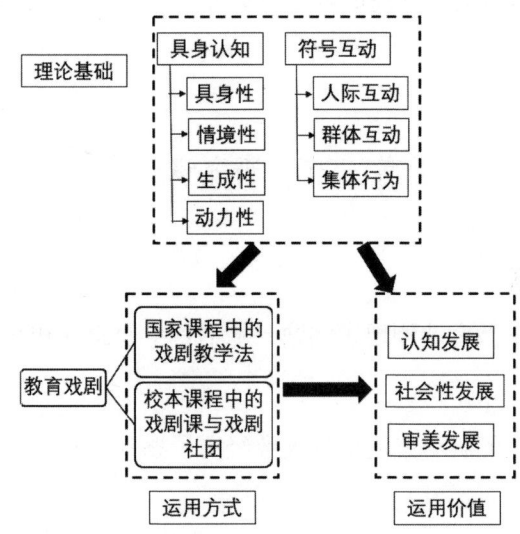

图 1-13 中小学教师教育戏剧运用的概念框架图

（一）具身认知理论

具身认知（Embodied cognition）是指心智和认知是基于身体和涉及身体的，心智始终是具（体）身（体）的心智，而最初的认知则始终与具（体）身（体）结构和活动图式内在关联。① 具身认知理论认为，人类的认知对于身体具有高度依赖性，而教育戏剧中的戏剧教学法正是要让孩子们在戏剧动作中

---

① 李恒威，盛晓明：《认知的具身化》，《科学学研究》2006 年第 2 期。

通过整个身体来开展具体的认知活动，促进儿童对知识的有效学习。

具身认知理论起源于哲学对于主客二元论的超越。古希腊时期柏拉图（Plato）就强调存在理念世界和感性世界两个世界，认为依赖于理性的理念世界要高于依赖于感官的感性世界。人类的灵魂由于受到肉体的玷污而遗忘了其内在的知识，因此人类应尽量减少与肉体的交往，保持灵魂的纯洁。① 其后笛卡尔（René Descartes）更是强调身体和心灵是彼此独立、互不相关的两个独立实体，将主客二元论进一步理论化。与之相反的是，德国哲学家海德尔格（Martin Heidegger）提出"在世"（being-in-the-world），强调模糊主客体界限，人是存在与世界之中用身体与其他物体互动，在互动中获得对于世界的认识。法国哲学家梅洛－庞蒂（Maurice Merleau-Ponty）则在《知觉现象学》一书中提出具身哲学，认为知觉的主体不仅仅是脑，而是整个身体都参与其中。② 英国哲学家迈克尔·波兰尼（Michael Polanyi）也提出人类是"通过寓居而认知"（Knowing by indwelling），认为人类知识都有其身体根源，我们通过身体的辅助觉知来关注和了解其他东西。③

其后具身哲学逐渐得到了心理学界的广泛关注，皮亚杰（Jean Piaget）的发生认识论与维果茨基（Lev Vygotsky）的社会建构主义均强调人类的学习是基于身体与外界的互动。④ 1980 年美国社会心理学家威尔斯（Gary L. Wells）和佩蒂（Richard E. Petty）就通过一项行为认知测评实验验证了具身认知的理论假设。⑤ 此后许多心理学学者也纷纷通过行为认知实验与理论建构推动具身认知理论进一步发展。1996 年镜像神经元的发现不但为具身认知理论提供了重要的神经生物学依据，⑥ 同时也拓展了我们对于人类思维模式

---

① 柏拉图：《斐多：柏拉图对话录之一》，北京，生活·读书·新知三联书店 2015 年版，第 20 页。
② 叶浩生：《具身认知：认知心理学的新取向》，《心理科学进展》2010 年第 5 期。
③ 郁振华：《人类知识的默会维度》，北京：北京大学出版社 2012 年版，第 128 页。
④ 李恒威，肖家燕：《认知的具身观》，《自然辩证法通讯》2006 年第 1 期。
⑤ G. Wells, R. Petty, "The Effects of Over Head Movements on Persuasion: Compatibility and Incompatibility of Responses", *Basic and Applied Social Psychology*, Vol. 3, 1980, pp. 219-230.
⑥ 叶浩生：《镜像神经元：认知具身性的神经生物学证据》，《心理学探新》2012 年第 1 期。

的认知。① 具身认知理论一方面丰富了哲学、心理学对人类认知模式的认识，另一方面也深深地影响到了当前教育领域知识观和课程观的重建。②

具身认知理论作为由基于表征计算范式的"第一代认知科学"向基于具身性、情境性、认知发展和动力系统的"第二代认知科学"③进行变革的重要代表，其自身具有具身性（embodiment）、情境性（situation）、生成性（enactment）和动力性（dynamic）四大主要特征（见图1-14）。④ 其中具身性是指人类认知并非一种凌驾于身体之上，单纯依赖于大脑的抽象活动，而是一种依赖于身体动作、神经系统结构的综合性活动。情境性是指人类认知并非是一种个体内部的单向活动，而是一种个体与外界自然、社会、文化等环境相互作用中产生的活动。生成性是指人类认知并非心智对于外部世界的直观表征，而是个体与外部世界在不断活动的过程中历史性生成的活动。动力性是指人类认知并非一种自然发生的活动，而是人类大脑、身体与环境三者在耦合的过程中通过一套复杂的动力机制而产生的活动。因此，当我们在探讨人类的认知活动的时候，身体作为人类认知的重要媒介与载体理应得到高度的重视。

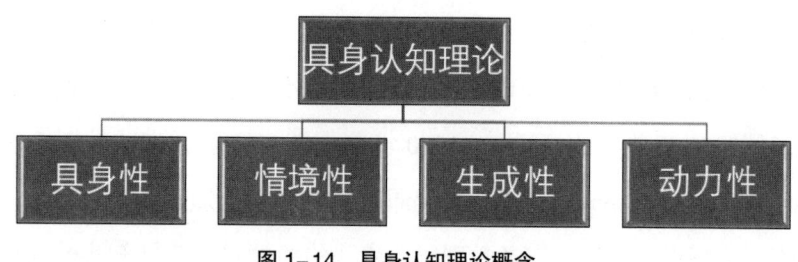

图 1-14　具身认知理论概念

传统笛卡尔式的身心二元论认识论框架使我们用一种离身认知的视角将人类的认知活动仅仅局限于人类大脑这一单一维度来进行考察。这不仅使

---

① M. Corballis, "Mirror neurons and the evolution of language", *Brain & Language*, Vol.1, 2010, pp.25-35.
② 张良：《具身认知理论视域中课程知识观的重建》，《课程·教材·教法》2016年第3期。
③ 李恒威，黄华新：《"第二代认知科学"的认知观》，《哲学研究》2006年第6期。
④ 胡万年，叶浩生：《中国心理学界具身认知研究进展》，《自然辩证法通讯》2013年第6期。

我们遗忘了身体，遗忘了情境，强化了灌输主义的教学观，更使学生简单地成为被动接受知识的器皿，严重异化了教育活动，并且引发了一系列教育问题。而具身认知理论使认知回归身体，强调身体的活动方式、神经系统的特殊通道对认知的塑造和制约作用。[1] 这就使我们在课堂教学中长期忽略的身体动作重新引起教育工作者的重视，把身体由教育与教学的"边缘"提升到"中心"地位。[2] 而教育戏剧恰好是一种能够使学生身体参与认知、学习活动的教育方式，值得中小学教育工作者进行探索性尝试。

（二）符号互动理论

符号互动理论是一种重要的社会学理论。符号互动理论认为人类生活在一个充满符号的宇宙中，互动是构成社会的基础，人与人之间的互动是通过符号的传达得以进行的，这样才能促进人类之间的交流，社会结构才得以稳固形成。[3] 从这样的角度看来，人际互动并不是相互行为的直接产物，而是运用符号来解释或确定相互间行动的意义。[4] 教育是在一定社会背景下发生的促使个体的社会化和社会的个性化的实践活动。[5] 因此当我们探讨教育活动时，我们有必要实时关注学习者个体社会化的过程。深刻理解符号互动理论有助于我们明晰人类社会的基本互动理论以及学生社会化的主要渠道。在教育戏剧中，教师正是通过让儿童在角色、动作、台词等诸多符号的互动中逐渐学会良性的社会互动，进而实现具体社会化的活动。

符号互动理论由美国社会学家乔治·米德（George Herbert Mead）在其著作《心灵、自我与社会》一书中最早提出，并进行了系统阐述。他从进化论和黑格尔的辩证法的角度出发，提出人际符号互动是心灵、自我和社会形成与发展的先决条件。[6] 米德强调符号（如语言、行为等）是人际社会交往

---

[1] 叶浩生：《有关具身认知思潮的理论心理学思考》，《心理学报》2011年第5期。
[2] 叶浩生：《身体与学习：具身认知及其对传统教育观的挑战》，《教育研究》2015年第4期。
[3] 张洁，刘忠政：《符号互动论视角下的中学师生关系》，《教育学术月刊》2009年第4期。
[4] 贾春增：《外国社会学史（第三版）》，北京，中国人民大学出版社2008年版，第270页。
[5] 全国十二所重点师范大学编写：《教育学基础》，北京，教育科学出版社2012年版，第4页。
[6] [美]乔治·米德：《心灵、自我与社会》，赵月瑟译，上海，上海世纪出版集团2005年版，第130页。

的媒介，也是人类社会性行为发展的独特产物。①个体通过语言等有意义的符号与他人进行社会人际互动，在互动的过程中通过不断地做决策使人类的心灵日臻成熟。而在这一过程中个体通过扮演他人角色进而能够区分主我与他我，并在这一基础上形成自我。人类自我的形成也是其主体性不断成熟的过程。个体通过不断承担一定的社会角色形成一般化他人，而正是一个个承担一般化他人社会角色的个体共同构成了社会。②此后赫尔伯特·布鲁默（Herbert Blumer）正式提出了符号互动这一概念，将社会学的研究重点聚焦于人与人之间的符号互动。后来随着欧文·戈夫曼（Erving Goffman）的拟剧理论、拉尔夫·林顿（Ralph Linton）的角色理论等研究流派的发展，符号互动理论被诸多戏剧理论的迁移运用，逐渐成为社会学界解释人类日常生活中的人际交往以及人类世俗行为的主流理论（见图 1-15）。

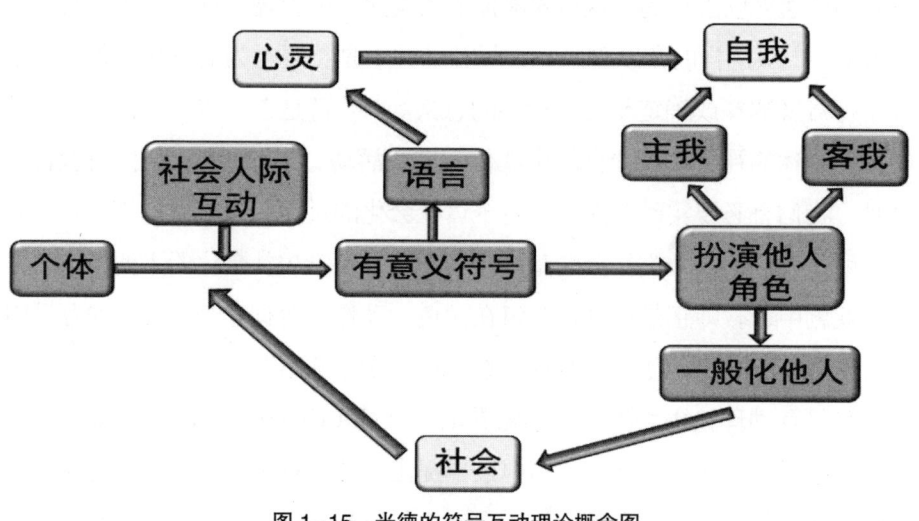

图 1-15 米德的符号互动理论概念图

符号互动理论按照互动主体的不同大致可以分为人际互动、群体互动和

---

① 陈岩，汪新建：《米德"符号互动论"思想的新诠释》，《南开学报》（哲学社会科学版）2010年第 3 期。

② ［美］乔治·赫伯特·米德：《心灵、自我和社会》，霍桂恒译，北京，北京联合出版公司2013 年版。

集体互动三大类。① 人际互动是符号互动中最为常见的互动形式，其主要表现为个体间有意识、有目的的相互作用的过程。人类社会中无论是生活中还是工作中，个体间的人际互动可以说是无处不在。而学校中的学生也大量存在着师生互动、生生互动等多种形式的人际互动。群体互动是指群体与群体之间的相互作用。② 这时社会互动的主体就不再是以个体身份出现的独立个人，而是以群体利益为出发点的群体集合或群体代表。在学校环境中的小组竞争、团队竞赛是群体互动的集中代表。集体互动是指一群人在某一刺激的影响下所形成的众多人的共同行为，这是一种特殊的符号互动形式，个体由于在集体中受到责任分散与责任失焦的影响，往往对符号刺激做出过激的反应。在学校环境中的群体霸凌、集体逃课是集体行为的负面典型代表。人际符号互动是学生在当下以及未来社会生活中所必然面临的社会活动，如何通过恰当的语言、动作扮演好自身的角色，进而开展良性的人际互动是教育者首先需要帮助学生解决的问题（见图1-16）。

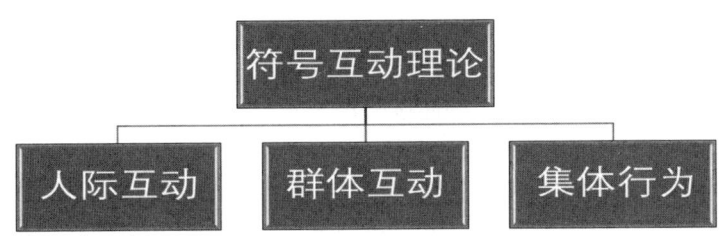

图1-16 符号互动理论概念

大多数现代社会学者认为，社会角色受社会文化背景影响很大，而人的社会化全部过程则对角色学习和掌握角色规范有巨大的制约作用。③ 也就是说个体社会化的过程需要通过角色学习来形成一定的社会角色，在这一过程中社

---

① 王晓滨：《符号互动理论视野下的犯罪原因研究》，吉林大学博士学位论文，2015年。
② 王思斌：《社会学教程》，北京，北京大学出版社2010年版，第70页。
③ 毛晓光：《20世纪符号互动论的新视野探析》，《国外社会科学》2001年第3期。

会文化背景对个体的社会学习会产生非常大的影响作用。学校是学生步入社会的必经之路,而传统课堂重认知而轻交往的教学方式在促进学生社会化的方面常常显得捉襟见肘。学生也常常由于无法体会他人角色,难以产生应有的同理心,而导致师生关系、同学关系、亲子关系紧张。在教育戏剧中让学生学会理解他人角色,学会应用适当的社会符号进行交往不失为一种理想的选择。

三、研究方法

教育戏剧作为一种新兴的教育活动既需要理论建构,同时也需要实践的调研。因此,本书将主要采用解释主义的研究范式,通过文献分析法和质性研究法两种教育研究方法,从理论和实践两个方面对中小学教师教育戏剧运用情况开展调查研究。

(一)文献分析法

如果想使研究有实质性的贡献,必须把它建立在该领域充分翔实的知识基础之上。[①] 而文献法作为一种通过阅读、分析、整理有关文献材料,全面、正确地研究某一问题的方法,[②] 既是学术理论研究的基础,也是概念建构的依据。本书充分利用北京师范大学图书馆以及国家图书馆丰富的中外数据库电子资源和馆藏纸质图书资源,全面搜集与国内外中小学教育戏剧相关的各类一手的理论研究文献、各国法律政策文献以及中小学一线教育戏剧教师公开发表的教育戏剧教案、教学总结等实践报告类文献,在仔细研读、归纳分析的基础上,系统梳理国内外中小学教育戏剧的理论及实践历史发展脉络,并阅读相关戏剧学、教育学、心理学、社会学等相关学科文献,以期准确把握中小学教育

---

① [美]梅雷迪斯·D.高尔:《教育研究方法导论(第6版)》,许庆豫等译,南京,江苏教育出版社2009年版,第98页。

② 顾明远:《教育大辞典》,上海,上海教育出版社1997年版,第1630页。

戏剧的理论内涵，构建适合我国中小学教育戏剧实施的理论框架。

（二）质性研究法

本书需要了解中小学教师对于教育戏剧的认知、实际实施情况以及教育戏剧教师的外在要求与内在需求，并基于此通过"深描"来呈现中小学教育戏剧的独特本质以及教师在实施过程中所遇到的困难与挑战。克雷斯威尔（John Creswell）指出当研究主题是很少被人关注的边缘性群体的时候，质性研究更为适切。[①]因此针对尚未在我国广泛开展的教育戏剧这一研究主题，本书选择用质性研究方法来进行深入的挖掘与解释。陈向明教授将质性研究方法定义为"以研究者本人作为研究工具、在自然情境下采用多种资料收集方法对社会现象进行整体性探究、使用归纳法分析资料和形成理论、通过与研究对象互动对其行为和意义建构获得解释性理解的一种活动"。[②]本书据此长期深入中小学教育戏剧的一线教学现场，针对中小学教育戏剧实施的具体方式、师生关系、教师行为等方面内容，通过观察、访谈、田野日记等方式进行文字和影像资料收集，以一种"内部视角"来获取中小学教育戏剧教学活动的解释性理解，并在此基础上通过对其实然现象与深层问题的多方位探讨来进一步构建中小学教育戏剧教师的培养要求与培养路径，促使中小学教育戏剧逐渐走向科学化与专业化。

四、研究思路及其框架

（一）研究思路

本研究以中小学教育戏剧的理论构建、实践操作和教师培养为关注的重

[①] ［美］约翰·W.克雷斯威尔：《研究设计与写作指导：定性、定量与混合研究的路径》，崔延强译，重庆，重庆大学出版社2007年版，第17页。

[②] 陈向明：《教师如何做质的研究》，北京，教育科学出版社2001年版，第12页。

点，通过文献分析法来构建中小学教育戏剧的理论基础，通过质性研究方法来对中小学教育戏剧的实践操作进行描述与解释，进而对中小学教育戏剧实践中所存在的问题与挑战深入探讨，并在此基础上提出中小学教育戏剧教师培养方面所应关注的重点。

1. 研究对象的选择

在质性研究的抽样逻辑中，研究结果的效度并不在于样本数量的多少，而在于样本是否可以比较完整、相对准确地回答研究者的研究问题。[①] 因此本书采用目的性抽样的方法，选取了采用戏剧教学法的北京市石景山区某重点学校的 S 校长和 L 老师，开设教育戏剧课程的朝阳区某重点中学的 A 校长和 B 老师，指导戏剧社团活动的北京市海淀区某重点初中的 F 老师，以及海淀区某重点小学的 W 老师和 Y 老师作为个案研究对象。

S 校长是北京市石景山区某重点学校的教学副校长，L 老师是这所学校的中学心理老师。2015 年起 L 老师在该校承接的一个教育戏剧课题的带动下开始学习教育戏剧，并尝试将戏剧教学法应用于自己的课堂。A 校长和 B 老师是朝阳区某重点中学推动全校范围开设教育戏剧课程的核心人物，近年来通过教育戏剧课程的开设有效提升了学生道德认知和审美素养的发展。F 老师是一名 2016 年刚毕业于中央戏剧学院戏剧专业的硕士研究生，她曾在研究生在读期间参加过北京市教委推动的"北京高等学校、社会力量参与小学体育、美育发展工作"项目(简称"高参小")，以一名戏剧教师的身份在北京市东城区某小学进行过教育戏剧实习，毕业后就职于北京市海淀区某重点初中，担任戏剧社团辅导老师。W 老师和 Y 老师是北京某高校的研究生，在其导师的带动下开始学习教育戏剧，并在海淀区某小学指导戏剧社团活动。根据目的性抽样的原则，S 校长、L 老师、A 校长、B 老师、F 老师、W 老师和 Y 老师可以为本书提供丰富且有价值的研究资料。

---

① 陈向明：《质的研究方法与社会科学研究》，北京，教育科学出版社 2000 年版，第 110 页。

2.资料收集的方法

本书主要采用参与式观察法、半结构访谈法和实物搜集法三种研究方法来获取研究资料。

在参与式观察法方面，本书针对就职于北京某初中的F老师所教授的戏剧课进行一学期完整的参与式观察，对其余使用戏剧教学法的其他课做适当的参与式观察。通过系统的课堂观察、录音、拍照、撰写田野民族志等具体方式，来分析教育戏剧教师的日常教学行为、师生交往方式、学生角色养成路径等具体现象。

在半结构访谈法方面，本书从研究主题出发，尽可能详尽地搜集S校长、L老师、A校长、B老师、F老师、W老师和Y老师在开展教育戏剧过程中的心路历程，并通过适时追问的方式来了解这一过程中的成就、挫折、挑战等关键事件和关键人物，深挖事情发生的根源以及发展的过程。[1] 由于笔者前期已与七位教师建立了良好的互信关系，通过半结构式访谈可以使七位老师从容应答，通过详尽的描述来展示其真实的工作、生活状态，以及其理解世界的意义结构。[2] 为了尽可能详尽地搜集到七位老师的观点，笔者在征得七位老师同意的情况下借助录音笔对课堂观察和访谈的全过程进行录音。

在实物搜集法方面，本书通过搜集七位教师的教案、教学总结、学生成绩统计册等方式获取教学相关材料，并且通过七位教师的微信朋友圈、微博、QQ空间等常用社交工具来搜集其在实施教育戏剧过程中的喜怒哀乐与心路历程。

3.资料分析的方法

笔者在课堂观察结束之后当天撰写田野日志，最终在一学期结束之后形成教育戏剧课程实施的完整田野民族志。访谈结束之后，笔者会对录音内容进行逐字的文字转录，删除重复的语气词并加注访谈对象的情绪、语气等非

---

[1] 陈向明：《质的研究方法与社会科学研究》，北京，教育科学出版社2000年版，第190页。
[2] ［美］哈奇：《如何做质的研究》，朱光明等译，北京，中国轻工业出版社2007年版，第24页。

言语信息。对于访谈文字转录稿、实物搜集到的文本信息以及观察记录表，本书在质性研究理论的指导下进行编码分析，以便提取七位教育戏剧老师言谈话语背后的真实思想情感与观念态度。另外，根据质性研究中发掘到的"本土概念"，本书会对前期所构建的理论框架进行修订和补充。

4. 研究的可靠性

质性研究不会过分强调研究的外在效度，而主要强调对质性研究对象真实信息的准确把握。克雷斯威尔（John Creswell）强调在质性研究中为了检测结果的精确性应当确定并探讨一个或多个有效策略。[①] 而质性研究的效度处理贯穿于研究的各个层面和环节。[②] 为此，本书将采用以下一系列方法来确保获取研究对象的真实信息以达到较高的内部研究效度。

（1）三角验证。

本书中的三角验证包含对于参与式观察法、半结构访谈法和实物搜集法三种研究方法所搜集资料的对照印证，在征得七位老师同意的情况下对其课堂之外的师生交往、同事交往进行详细的观察，并适时地对教育戏剧的参与者进行访谈，并借助相关工具进行详细的信息记录与加工，以期通过不同人群、不同资料之间的相互印证来获取七位教师真实的日常工作状态与思想变化，避免笔者的主观臆断。

（2）参与者检验。

本书会将访谈转录的文字稿、实物搜集到的文本信息以及观察记录表等后整理出来的研究资料反馈给参与者，邀请研究对象进行细致审阅，确保研究者没有因为主观偏见而曲解研究对象所表达的内容与观点。

（3）保证研究情境性。

笔者采用田野调查的方式对研究对象一学期的教育戏剧课程进行完整

[①] [美]约翰·W.克雷斯威尔：《研究设计与写作指导：定性、定量与混合研究的路径》，崔延强译，重庆，重庆大学出版社2007年版，第155页。

[②] 陈向明：《教师如何做质的研究》，北京，教育科学出版社2001年版，第246页。

地跟踪记录，每次的质性材料收集过程都在真实教学活动和生活情境之中开展，尽量减少外界因素对于研究对象的干扰，以此来保证所收集材料的真实性与可靠性。

5. 研究伦理

质性研究的研究者有责任尊重那些正接受研究的研究对象，[①]保护其个人隐私不受侵犯，尽量减少对其日常生活的影响。为了确保对研究对象个人权益最大限度地维护，本书将采取以下措施来坚守研究伦理。

（1）匿名化处理。

为保证研究对象的生活免受研究的干扰，本书将研究对象的相关单位、人名以英文符号代替，进行匿名化处理。论文中的描述会尽量避免他人能够联想到参与研究者的具体身份，以此来保障研究对象的隐私权以及日常生活不被研究所打扰。

（2）研究情况告知。

为保证研究对象的知情权，笔者会告知研究对象本研究的研究目的、研究方法、研究过程、资料用途等信息，并通过书面的方式提供给研究对象，以保证研究对象是在完全自愿的情况下参与研究。

（3）研究资料保密。

为保护研究对象的隐私，笔者将田野笔记、访谈录音与搜集的实物资料独立保存，不会让无关人员随意获取。同时笔者也不会主动向他人提及研究对象的详细个人信息。研究资料将会由研究者密封保存十年，并于论文完成十年之后予以销毁。

（二）研究框架

基于上述研究问题与研究设计，本书确立了如下的论文研究框架（见

[①] [英]乔纳森·格里斯：《研究方法的第一本书》，孙冰洁、王亮译，大连，东北财经大学出版社2011年版，第136页。

图 1-17）。

第一章导论部分主要包括了本书的选题依据、文献综述和研究设计三个部分，构成了整个研究的基础。

第二章是中小学教育戏剧发展脉络。这一部分将对于中小学教育戏剧的中外发展历史进行系统的梳理，以期呈现中小学教育戏剧的完整发展脉络。

第三章是中小学教育戏剧理论。这一部分从中小学教育戏剧的概念内涵、运用依据、和运用价值三个方面尝试构建我国中小学教育戏剧理论，为我国中小学开展教育戏剧提供一定的理论基础。

第四章是我国中小学教育戏剧的实践探索。基于对 S 校长、L 老师、A 校长、B 老师、F 老师、W 老师和 Y 老师所开展教育戏剧活动的实证调查，在具身认知理论和符号互动理论的观照下，以戏剧教学法、校本戏剧课、戏剧社团三种主要载体为主轴，从教育戏剧的开展方式、教师角色、教师改变和存在问题四个方面来呈现中小学教师运用教育戏剧的实然图景。

第五章是我国未来中小学教育戏剧发展。针对中小学教师教育戏剧运用实证研究所发现的研究结果进行锤炼与提升，结合教育学、心理学、美学、戏剧学等相关学科理论以及国内外教育戏剧的开展经验对中小学教育戏剧的课程与评价标准、师资培养进行分析与展望。

第六章是结语，这一部分主要陈述了本书对于整体研究方法、研究结果、研究结论的回顾与反思，总结研究局限与未来研究方向。

第一章 导 论 47

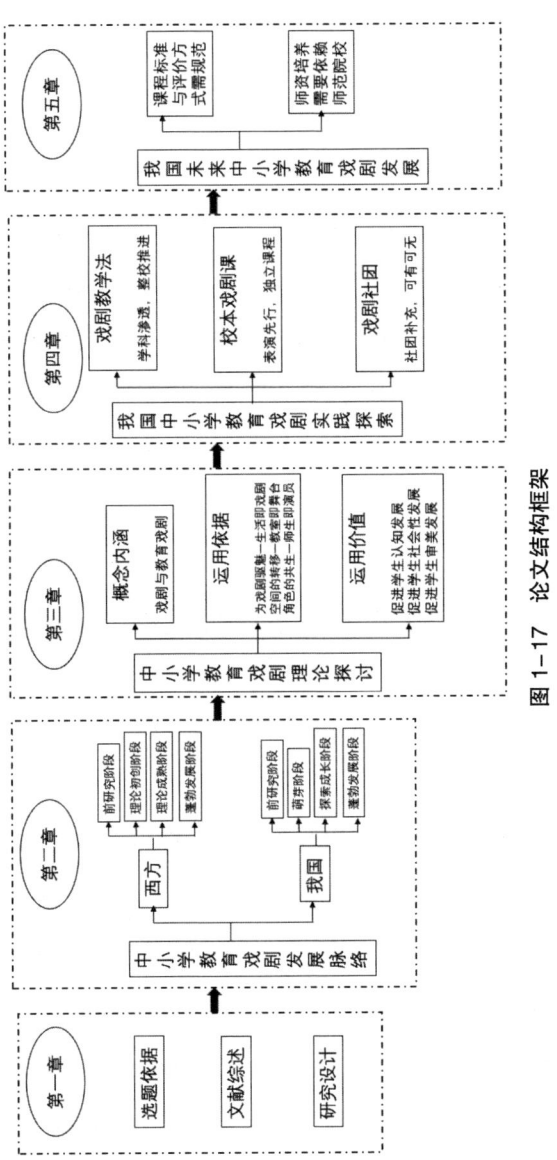

图1-17 论文结构框架

第二章　中小学教育戏剧发展脉络

中小学教育戏剧在现实实践中经常出现概念混用的乱象，这就需要我们首先"辨章学术，考镜源流"地梳理学术概念发展史，才能对其进行准确的研究。梁启超曾在《中国近三百年学术史》中提出，只有把握学术演进的来龙去脉才能对一个时代的思潮有所把握，进而提出新问题、新思想。[①] 而我们在研究中小学教育戏剧时也需要对于中外中小学教育戏剧发展史正本清源。

第一节　西方中小学教育戏剧发展简史

"教育戏剧"（Educational Drama）这一概念源于西方，因此本书先对西方中小学教育戏剧发展简史进行一番简要的梳理。教育戏剧在英国主要指戏剧教学法（Drama in Education）和教育剧场（Theatre in Education）；在美国则主要指创造性戏剧（Creative Drama）。学术界对这一概念还存在一定争议，尚未形成统一的定论。截至 2016 年 10 月 1 日，通过 Web of Science(WOS) 数据库平台一共可检索到包含关键词"Educational Drama""Drama in education""Theatre in Education""Creative drama"且与本书主题相关的期刊论文共有 519 篇，而早在 1912 年便有第一本有关教育戏剧的著作[②]问世。由

---

① 梁启超：《中国近三百年学术史》，北京，东方出版社 2004 年版。
② H. Finlay-Johnson, *The Dramatic Method of Teaching*, Boston: New York Ginn and company. 1912.

此可见，国外学界对于这一领域的研究具有悠久的历史与丰富的研究成果。经过对相关期刊和著作两类文献的筛选、梳理与分析，根据其研究主题、文献数量以及研究成熟度，本书将国外中小学教育戏剧研究的知识谱系粗略划分为四个阶段，即前研究阶段（古希腊时期至1911年）、理论初创阶段（1912~1969年）、理论成熟阶段（1970~2005年）和蓬勃发展阶段（2006年至今）。在上述四个阶段中，与"中小学教育戏剧"有关的文章年均发文数量呈现出明显的阶段性增长态势，由此显示出随着理论与实践的不断发展，国外中小学教育戏剧逐渐成为一个新兴的热点研究领域（见图2-1）。

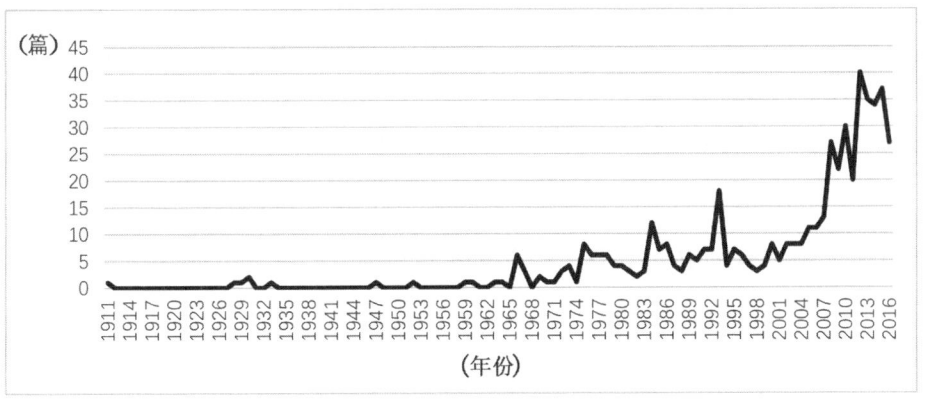

图2-1　1911~2016年与"中小学教育戏剧"有关的外文文章发文量统计

一、前研究阶段（古希腊时期至1911年）

西方具有悠久的戏剧艺术发展传统，古希腊时期埃斯库罗斯（Aeschylus）、索福克勒斯（Sophocles）和欧里庇得斯（Euripides）三大戏剧家就将戏剧从祭祀仪式中分离出来，成为独立的艺术形式。古希腊戏剧通过对悲剧英雄人物的塑造来向民众传播不惜牺牲和勇于进取的英雄精神。[①] 而在西方中世纪时期，罗马天主教会就在修道院学校中引入戏剧形式，通过让

---

① 潘薇：《西方戏剧史》，北京，大众文艺出版社2007年版，第3页。

男孩表演《圣经》故事的方式开展宗教教育。① 由此可见，通过戏剧的方式对于青少年进行教育在西方有着悠久的历史传统。

将戏剧应用于学校教育的理论源头可以追溯到法国教育家让-雅克·卢梭（Jean-Jacques Rousseau）的扮演"高贵的野蛮人"（noble savage）② 和美国教育家约翰·杜威（John Dewey）的"做中学"（learning by doing）③ 两个教育理念，并且杜威还曾经在其1896年创办的杜威学校中开展过教育实验。杜威学校每天都会安排"戏剧性游戏"课，并且常常在日常课程中鼓励孩子通过即兴表演的方式开展学习活动。④1906年，埃尔西·福格尔特（Elsie Fogerty）建立了中央演讲与戏剧学院（the Central School of Speech and Drama）以在私立学校中通过戏剧进行语言教学。⑤ 以上这些教育戏剧的探索活动虽有教育戏剧之实，却没有明确地提出教育戏剧（Educational Drama）或戏剧教学法（Drama in Education）等教育戏剧概念。

二、理论初创阶段（1912~1969年）

现代教育戏剧理论发端于世界戏剧大师威廉·莎士比亚（William Shakespeare）的故乡——英国。最早开展教育戏剧理论探索的首推英国小学教师哈丽特·芬利·约翰逊（Harriet Finlay Johnson）和英国教育家亨利·考德威尔·库克（Henry Caldwell Cook）。哈丽特是最早在小学的教学活动中将课程主题戏剧化（curriculum subjects into dramatization）的教师，之后她于1912年出版了《教学中的戏剧方法》（*The Dramatic Method*

---

① G. Bolton, *A History of Drama Education: A Search for Substance*, International Handbook of Research in Arts Education. 2007, p.46.
② D. Hornbrook, *Education and DramAtic art*, London: Psychology Press. 1998, p.4.
③ R. Courtney, *Play, Drama & Thought: The Itellectual Background to Dramatic education*, Toronto: Simon & Pierre. 1989, p.1.
④ [美]凯瑟琳·坎普·梅休：《杜威学校》，王承绪等译，北京，教育科学出版社2007年版。
⑤ G. Bolton, *A History of Drama Education: A Search for Substance*, International Handbook of Research in Arts Education. 2007, p.47.

of Teaching）① 一书，该书被教育戏剧理论界认为是第一本介绍在学校教育中应用戏剧方法来开展教学工作的著作。此后，库克总结了自己在英国剑桥佩斯学校（The Perse School）采用表演与游戏相结合的戏剧教学法进行英语课程教学的经验，于 1917 年出版了《游戏方法》（*The Play Way*）② 一书，此后这种教学方法很快风行于英国公立小学之间。哈丽特和库克虽然都是通过戏剧教学法开展教学工作，但是两者却有不同的侧重点，哈丽特着重在借助戏剧来提升学生对于科学、人文与艺术学科的兴趣，而库克则将重点放在了学生的自行创作之上。③ 1929 年，亨利·斯托达德·柯蒂斯（Henry Stoddard Curtis）发表的《戏剧教学法》（*The Drama in Education*）一文是第一篇以"Drama in Education"为标题的学术论文。而 1947 年艾伦·克拉夫顿（Allen Crafton）的《教育戏剧的目标》（*Objectives in Educational Drama*）④ 一文则首次以"Educational Drama"为标题发表学术论文。

教育戏剧在发展的初期仅仅局限于小学教育领域，而到了 20 世纪 20 年代，教育戏剧则逐渐拓展到中学教育与教师培训领域。由于教育戏剧鼓励儿童进行创造，并且其体验式的学习方式与这一时期风行于欧洲的"新教育"的教育理念十分契合，因此越来越多的教师渴望学习教育戏剧，并将其应用在自己的课堂之中。因此，这一时期英国出现了以训练演讲与戏剧教师为主的私立罗斯布鲁福特学院（Rose Brufoed college）以及为各学校提供各种课堂戏剧教学活动的专业人员。⑤ 1956 年，荷兰的万达·瑞莫（Wanda Reumer）创建了第一所专注于教育戏剧的师范学院，吸引了全欧洲的学生云集于此来学习教育戏剧的理论与教学方法。⑥

---

① F. Harriet, *The Dramatic Method of Teaching*, New York Ginn and company. 1912.
② H. Cook, *The Play Way: An Essay in Educational Method*, Frederick A. Stokes Company. 1917.
③ G. Bolton, "Forward" to Collected Writings on Education and Drama, Northwestern Press. 1984, pp. 7-8.
④ A. Crafton, "Objectives in educational drama", *Quarterly Journal of Speech*. Vol. 3, 1947, pp. 336-340.
⑤ 张晓华：《教育戏剧理论与发展》，台北，心理出版社 2004 年版，第 10 页。
⑥ M. Water, M. McAvoy, K. Hunt, *Drama and Education*, London: Routledge. 2015, p. 9.

随着第二次世界大战后英国普遍弥漫着"国家再生"的理想化思潮,[①]社会表现出一种普遍地对于"回归个性与重新肯定童年温暖纯洁特质"的渴望,[②] 社会大众对于通过教育戏剧来治疗社会心理、发展学生人格充满期待。这也为教育戏剧进入正规的学校教育体系奠定了良好的社会基础。1954 年,英国首位学校教育戏剧顾问彼德·史莱德（Peter Slade）在其著作《儿童戏剧》（*Child Drama*）一书中用"投射性扮演"和"人物性扮演"两个概念来详细描述儿童在教育戏剧中独特的学习过程。[③] 在此之后,布莱恩·威（Brian Way）更是在《通过戏剧发展》（*Development Through Drama*）一书中提出教育戏剧是为了让学生经历一个过程而非以戏剧展演作为教学目标,并且也为一线教师提供了详尽具体的教学建议。[④] 这两本著作为教育戏剧进入正规的学校教育体系奠定了深厚的理论基础。

在美国,这一时期教育戏剧的开拓者是伊利诺伊州的一名小学教师温妮弗列德·瓦德（Winifred Ward）。她深受杜威教育思想的影响,非常注重儿童创造力的培养。她于 1930 出版的《创造性戏剧活动》（*Creative Dramatics*）[⑤] 一书首先使用创造性戏剧（Creative Drama）这一概念,这本书也很快成为全美中小学戏剧教育的基础性教材。与英国所不同的是,瓦德的创造性戏剧理论不仅仅是一种教学方法,而更多地强调让儿童在"创造"中建构概念,因此创造性戏剧理论作为美国教育戏剧的主流理论为日后美国将戏剧在中小学作为单科课程开始奠定了理论基础。[⑥] 截至 1955 年,全美已有 92 所学校开设了创造性戏剧课程。1965 年,美国国会更是在《中小学教育

---

① A. Martin, "British conceptions of drama in education-the fifties to the nineties", *N.A.D.I.E. Journal*, 1996, pp. 57-76.

② K. Robinson, D. Heathcote, R. Studios, *Exploring Theatre and Education*, Heinemann Educational. 1980.

③ P. Slade, *Child Drama*, London: University of London. 1954.

④ B. Way, *Development through drama*, New York: Longmans. 1967.

⑤ W. Ward, *Creative Dramatics*, New York: D. Appleton and Company. 1930.

⑥ N. McCaslin, *Children and Drama*, New York: David McKay Company. 1975.

法案》(*The Elementary and Secondary Education Act*) 中明确写明联邦政府要为儿童艺术教育计划的研究与教学工作提供资助。①

三、理论成熟阶段（1970~2005 年）

进入 20 世纪 70 年代后，英美涌现出了一大批教育戏剧的卓越研究者，推动教育戏剧理论逐渐走向成熟。桃乐丝·希思考特（Dorothy Heathcote）认为戏剧应该作为一种教学媒介，让学生通过身临其境（living through）的学习来达到教育的目的。其所强调的专家外衣（mantle of the expert）、教师入戏（teacher-in-role）等教学方法被教育戏剧界所广泛采用。②同一时期的盖文·伯顿（Gavin Bolton）在《迈向戏剧教学法的理论》(*Towards a Theory of Drama in Education*) 和《戏剧作为教育》(*Drama as Education*) 两本书中对教育戏剧理论进行了系统的梳理，使之成为一个完整的理论体系。他提出教育戏剧主要有四种教学形式：练习（exercise）、戏剧性扮演（dramatic play）、剧场（theatre）和以戏剧来理解（drama for understanding）。③学校在开展教育戏剧的活动时可以根据具体情况来选用不同的教学形式。1973 年，哈林·罗森博格（Helane Rosenberg）在《教育剧场：贝尔格莱德团队》(*Theatre in Education: The Belgrade Team*) 一文中首次以"Theatre in Education"（教育剧场）为标题发表学术论文。此后英国教育局的戏剧教育督导大卫·洪恩布鲁克（David Hornbrook）在其《教育与戏剧艺术》(*Education and Dramatic Art*)、④《戏剧中的教育》(*Education in Drama*)⑤ 等

---

① The Elementary and Secondary Education Act[EB/OL].(2016-9-15) [2016-9-15]. http://education.laws.com/elementary-and-secondary-education-act

② L.Johnson, C. O'Neill, *Dorothy Heathcote: Collected writings on drama and education*, London: Hutchinson. 1984.

③ G. Bolton, *Towards a Theory of Drama in Education*, Addison-Wesley Longman Limited. 1979.

④ D. Hornbrook, *Education and Dramatic Art*, London: Psychology Press. 1998.

⑤ D. Hornbrook, *Education in Drama: Casting the Dramatic Curriculum*, London: Psychology Press. 1991.

书中提出教育戏剧仅仅作为一种教学方法太过狭隘，教育戏剧的本质应该属于艺术教育，学校应将其作为一门独立的艺术学科来让学生系统化的学习。1992年英国议会通过的《教育法》(Education Reform Act)中将戏剧纳入英语课程学习领域。英国艺术委员会(Arts Council of Great Britain)估计在英国和威尔士地区70%的中学聘有戏剧教师，每年选择戏剧科目的16岁考生会是选择音乐科目考生数量的2倍。① 这一时期有关教育戏剧的相关文献也明显增多。然而，英国艾克斯特大学(University of Exeter)教授约翰·萨默斯(John Somers)对此并不满足，在其所写的《课程中的戏剧》(Drama in the Curriculum)一书中提出教育戏剧并不仅仅是一种教学方法，其应该拥有更为广泛的应用领域。教育戏剧的本质是使学习者具备应用的能力，因此教育戏剧除了作为一种教学方法之外还可以应用到跨科目的主题统整教学与单科主题教学之中。②

　　这一时期美国的创造性戏剧理论与实践也有所发展。美国华盛顿大学的杰拉尔丁·布莱恩·希克斯(Geraldine brain siks)认为创造性戏剧的独特性在于以孩子被引导着开发一出戏剧的过程(process)为中心，孩子们在过程中获得概念，在过程中得到发展。③ 西北大学的安·瑟曼(Ann Thurman)指出教育戏剧可以激发学生的批判性思维。④ 纽约大学的奈莉·麦凯瑟琳(Nellie McCaslin)教授更是提出了戏剧活动是学校教育中的一项基本课程，教师须在教室内进行创造性戏剧的教学活动。⑤ 在众多教育戏剧研究者的推动下，美国国会于1994年通过的《2000年目标：美国教育法》(Goals 2000: Educate America Act)中明确规定了中小学通识戏剧教育纳入与英语、数学、

---

① D. Hornbrook, *Education and dramatic art*, London: Psychology Press, 1998, p.IX.
② J. Somers, *Drama in theCurriculum*, Cassell. 1994.
③ G. Siks, "An Appraisal of Creative Dramatics", *Educational Theatre Journal*, Vol.17, 1965, pp.328-334.
④ M.Water, M. McAvoy, K. Hunt, *Drama and Education*, London: Routledge, 2015, p.9.
⑤ N. McCaslin, *Creative Drama in the Classroom*, Addison-Wesley Longman Ltd. 1990.

历史、科学等课程并列的国家教育核心课程体系。此后在美国艺术教育标准全国委员会（National Committee for Standards in the Arts）的指导下，由马尔曼（John J. Mahlmann）领导美国艺术教育协会联盟（Consortium of National Arts Education Associations）制定了《艺术教育国家标准：每一名青年美国人都应该在艺术上知道并去做》，其中将戏剧正式列为与音乐、舞蹈、视觉艺术并列的艺术课程体系，并且详细规定了从幼儿园到12年级各阶段学习的"内容标准"和"成就标准"。[①]

1999年艾丽卡（Elektra Tselikas-Portmann）首次在文中提出应用"Educational Drama"（教育戏剧）来整合"drama in education"（戏剧教学法）和"theatre in education"（教育剧场）两个概念。[②] 随着教育戏剧理论与实践的不断发展，各种学术期刊与学术交流组织也纷纷在世界各地成立。1996年，由约翰·萨默斯（John Somers）创办的戏剧教育研究（Research in Drama Education）是当前教育戏剧界最为知名的权威期刊，并被艺术与人文引文索引（A&HCI）收录。有较大影响的学术协会组织有1929年成立于美国弗吉尼亚州的戏剧教育协会（The Educational Theatre Association，EDTA）、[③] 1932年成立于美国克利夫兰市的美国戏剧与教育联盟（American Alliance for Theatre and Education，AATE）[④]、1964年成立于英国伦敦市的国际儿童与青少年戏剧协会（International Association of Theatre for Children and Young People）、[⑤] 1992年成立于葡萄牙波尔图市的国际戏剧与教育协会

[①] National Standards for Arts Education: What Every Young American Should Know and Be Able To Do in the Arts[EB/OL]. (1994-03-31) [2016-09-15]. http://files.eric.ed.gov/fulltext/ED365622.pdf.

[②] T. Elektra, S. Egger, "Educational Drama in Austria", *Journal of Applied Theatre and Performance*, Vol.4, 1999, pp.94-100.

[③] The Educational Theatre Association[EB/OL]. (2016-09-15) [2016-09-15]. https://www.schooltheatre.org/about/history.

[④] American Alliance for Theatre and Education[EB/OL]. (2016-09-15) [2016-09-15]. http://www.aate.com/history.

[⑤] International Association of Theatre for Children and Young People[EB/OL]. (2016-09-15) [2016-09-15]. http://www.assitej-international.org/en/#.

（The International Drama/Theatre and Education Association，IDEA）、1996 年成立于匈牙利布达佩斯的 Káva 教育戏剧/剧院戏剧协会（The Káva Drama/Theatre in Education）①等组织。这些学术交流组织通过定期在本国或世界范围内组织学术年会或开设教育戏剧工作坊的方式从理论和实践两个方面共同推动教育戏剧的传播与推广。

四、蓬勃发展阶段（2006 年至今）

2006 年以后学界有关教育戏剧的文献显著增多，同时有关教育戏剧的理论也有重要发展。据已有资料显示，这一时期美国纽约大学（New York University）的奈莉·麦凯瑟琳（Nellie McCaslin）、英国华威大学（University of Warwick）的乔·温斯顿（Joe Winston）和乔纳森·尼兰德斯（Jonothan Neelands）、伯明翰城市大学的大卫·戴维斯（David Davis）、澳大利亚墨尔本大学（University of Melbourne）的约翰·奥图尔（John O'Toole）以及爱尔兰都柏林圣三一学院（Trinity College Dublin）的卡梅尔·奥沙利文(Carmel O'Sullivan)等学者成为这一时期教育戏剧的领军人物。奈莉·麦凯瑟琳（Nellie McCaslin）教授提出了教育戏剧的七大目标，分别是：（1）创意和审美发展；（2）批判性思维能力；（3）社会性成长以及与他人合作能力；（4）改善沟通技巧；（5）道德和精神品质的发展；（6）自我认知；（7）理解和欣赏其他文化背景和价值观。②乔·温斯顿（Joe Winston）重点探讨了儿童戏剧对于德育的重要价值与实施路径。③乔纳森·尼兰德斯（Jonothan Neelands）作为华威大学教育戏剧和剧场专业的主席主要关注教育戏剧对

---

① The Káva Drama/Theatre in Education[EB/OL].(2016-9-15) [2016-9-15]. http://www.kavaszinhaz.hu.
② M. Water, M. McAvoy, K. Hunt, *Drama and Education*, London: Routledge. 2015, p.9.
③ J. Winston, "Theorising Drama as Moral Education", *Journal of Moral Education*, Vol.28, 2010, pp. 459-471.

创造性学习的价值。①大卫·戴维斯（David Davis）在盖文·伯顿（Gavin Bolton）理论的基础上强调应反思教育戏剧的实践，教育戏剧的视野应该涉及社会、政治等多个领域。②约翰·奥图尔（John O'Toole）进而探讨了教育戏剧工作者的角色。③而卡梅尔·奥沙利文（Carmel O'Sullivan）则重点关注于早期教育和特殊教育领域的教育戏剧开展方式与作用。④

此外，教育戏剧吸引了心理学、社会学、神经科学等学科学者的广泛关注。在研究方法方面，这一时期除了理论研究以外，还出现了混合研究、实验研究、元分析等新的研究方法。法特玛·赛克林（Fatma Sacli）等人通过量化研究和质性研究相混合的方法研究了教育戏剧对职前教师批判性思维和职业态度的影响。⑤塔皮奥·桃伊瓦内（Tapio Toivanen）等人通过对比试验的方式研究了教育戏剧对课堂氛围的影响。⑥塞金·托拉曼（Cetin Toraman）采用元分析的方法分析了30篇论文中创造性戏剧对于学生学习不同课程态度影响的效应量。⑦

与此同时，欧洲的一些学者采用实证研究的方式论证了教育戏剧对于学生核心素养的培养有着巨大的促进作用。2009~2010年，欧盟教育委员会开展了一项教育戏剧在教育中提高关键能力（Drama Improves Lisbon Key Competences in Education，DICE）的研究。该研究由亚当·齐博伊（Ádám

---

① J. Neelands, *Drama as creative learning*. //Sefton-Green, Julian and Thomson, Pat and Jones, Ken and Breslar, Liora. *The Routledge international handbook of creative learning*, New York: Routledge. 2011.
② D. Davis, *Imagining the Real: Towards a New Theory of Drama in Education*, London: Education Press. 2014.
③ J. O'Toole, "A preflective keynote: IDIERI 2009", *Research in Drama Education*, Vol. 15, 2010, pp. 271-292.
④ C. O'Sullivan, *Drama and Autism*, New York: Springer. 2015.
⑤ F. Sacli, D. Giyasettin, *The Effect of Creative Drama Education on Critical Thinking Skills and Dispositions in Preservice Physical Education Teachers*, AIESEP World Congress. 2014.
⑥ T. Toivanen, R. Malkamäki, J. Ilvonen, "The Classroom Climate in Drama Lessons Taught by Teacher Trainees", *Procedia - Social and Behavioral Sciences*, Vol. 171, 2015, pp. 1135-1141.
⑦ C. Toraman, O. Ulubey, "The Effect of Creative Drama Method on the Attitude towards Course: A Meta-Analysis Study", *Journal of Educational Sciences Research*, Vol. 6, 2016, pp. 87-115.

Cziboly)作为项目负责人，汇集了来自匈牙利、捷克、荷兰、挪威、巴勒斯坦、波兰、罗马尼亚、葡萄牙、塞尔维亚、斯洛文尼亚、瑞典和英国共12个国家和地区的在本国和地区以及国际上享有高度声誉的教育戏剧研究者和实践者。该研究使用纵向跨文化设计（longitudinal cross-cultural design）以及定量研究和质性研究相结合的方式，选取了4475名来自欧盟东部、西部、南部、北部以及欧盟外的12个国家和地区的年龄为13~16岁的青少年作为研究对象，设计了111个不同类型的教育戏剧项目，将参与教育戏剧项目的学生分为"一次性"的戏剧表演活动研究组、"持续性的、有规律"的戏剧表演活动研究组以及不参加教育戏剧活动的对照组，采用学生问卷、班级教师填写的关于每个学生的问卷、对教育戏剧活动的结构化观察量表三个研究工具，测试这些学生在8种里斯本关键能力（Lisbon Key Competences）中的5种能力（使用母语交流的能力，学会学习的能力，人际交往、文化交往及社会性能力，作为合格公民的能力，进取精神、文化表达的能力）在参与教育戏剧课程项目前后的变化。

　　研究发现，教育戏剧对于所测试的5种里斯本关键能力都有显著、客观和重要的影响。参与过教育戏剧的学生在使用母语交流方面，会在阅读和理解任务以及与他人的交流中表现得更加自信，同时更具有幽默感；在学习方面，学生会倾向于认为自己具有创造性，得到老师在各个方面更高的评价，因此也更加愿意去学校，更加喜欢学校的活动，更可能成为班级的核心人物；在人际交往、文化交往及社会性能力和作为合格公民方面，学生会更加具有同理心，更关心他人，更加能够改变自己的观点，对少数民族和外国人更加宽容，具有更好的问题解决能力，能更好地应对压力，对各种水平的选举活动以及参与公共议题更感兴趣，成为更加活跃的公民；在进取精神方面，学生会更加具有创新性与进取心，更为自己的未来努力奋斗且有更多的规划，在学习、阅读、做家庭作业、表演和交谈上投入更多时间，为家人做更多事情，更愿意做兼职，自己花更多的时间或与他人一起进行创新；在文化表达方面，学生会更加愿意参与各种艺术类型和文化形态，不仅是表演艺术，还包括写作、创作音乐、拍摄电影、制作手工艺品和参与各种形式的艺术和文化活动，他们会较少地看电视或玩电脑游戏，更经常去剧院、展览会、博物馆和电影院，并且经常徒步或骑自行车旅行。

教育戏剧的推广有一些主要的支持性因素，包括教育戏剧工作者的内部动机、个人能力、信心、工作热情、个人主动性，外部有经验的管理者和高校教师的支持，提供专门的教育戏剧院系、高质量的教学材料、完整的教师培训课程，民间戏剧团体、剧院、艺术中心、艺术委员会和地方经济、个人赞助、国家/国际项目资金的支持，年度教育戏剧节、专家研讨会、专门的出版物和媒体传播。而决策者的低动机水平，教育戏剧缺乏家长参与，市政当局缺乏重视，学校中传统教育方法的主导地位，戏剧在学校主流科目中较低的地位，大学中教育戏剧课程与培训的缺乏，财政支持资金过少以及缺乏系统性的研究、外部评价和反馈是主要的限制性因素。DICE 的教育戏剧实证研究项目为教育戏剧的研究与推广提供了大量的现实数据支撑，并且跨文化的研究也表明了教育戏剧具有广泛的社会文化适应性。

这一时期，英美之外很多国家以法律条文的方式将戏剧纳入中小学国家课程体系之中，而英国和美国也在原有立法的基础上对于中小学教育戏剧进行了进一步的规范。2011 年 8 月，澳大利亚国家课程评估和报告委员会（Australian Curriculum Assessment and Reporting Authority，ACARA）颁布的《艺术教育国家课程标准》将戏剧列为与舞蹈、影视艺术、音乐和视觉艺术并列的五大学科领域的课程之中。2014 年，美国国家核心艺术标准联盟在原有的 1994 年《艺术教育国家标准：学生所应认识与做到者》基础上制定并颁布了《国家核心艺术课程标准》，依旧将戏剧列为五大学科艺术课程之一，并且在评价方式上采取了"熟能"（Proficient）、"精成"（Accomplished）、"优秀"（Advanced）三级评价指标体系。在具体的戏剧课基石评估模型（Theatre Model Cornerstone Assessments）中，《国家核心艺术课程标准》对于二年级、五年级、八年级和高中的戏剧课评价从主题、目标、嵌入式教学策略、评估过程、评估关键词与评估量规等多个方面做出了详细的规定。2015年2月，英国教育部已将戏剧纳入普通中等教育证书GCSE(General Certificate of Secondary Education)考核课程，并规定学生必须至少学习一个完整充实的表演剧本和至少两个截然不同的完整片段，并且在学习的基础上要参与两次演出，设计一个演出计划，编写一个表演剧本。

第二节 我国中小学教育戏剧发展简史

由于"教育戏剧"这一概念引入我国的时间还不长，学术界对这一概念还存在一定争议，尚未有较为一致的观点，已有文献中概念混用、错用的情况随处可见。目前我国关于中小学教育戏剧的研究文献主要有两类。第一类是直接以"教育戏剧"为研究内容的相关文献；第二类是以"戏剧教学法""教育剧场""创造性戏剧""戏剧教育"等"教育戏剧"的其他表述方式为研究内容的相关文献，这类文献通常隐藏在戏剧艺术类人才培养等的相关文献之中，需要进行深入的挖掘与鉴别。

截至2016年10月1日，通过中国知网(CNKI)和读秀两个网络数据库平台一共可检索到包含关键词"教育戏剧"或"戏剧教学法""教育剧场""创造性戏剧""戏剧教育"且与本书主题相关的期刊论文共有287篇（见图2-2），其中CSSCI核心期刊文献仅有29篇；硕博论文共有40篇（见图2-3），其中博士论文仅有1篇。由此可见，我国学界对于这一领域的研究尚不成熟，具有广阔的研究空间。经过对上述两类文献的筛选、梳理和分析，根据其研究主题、文献数量以及研究成熟度，本书将我国中小学教育戏剧研究的知识谱系粗略划分为四个阶段，即前研究阶段（1984~1996年）、萌芽阶段（1997~2006年）、探索成长阶段（2007~2014年）和蓬勃发展阶段

（2014年至今）。在上述四个阶段中，与"中小学教育戏剧"有关的期刊论文年均发文数量呈现明显的由平缓到剧增的发展态势，可以预见的是，随着教育界对于中小学美育教育工作关注度的上升，中小学教育戏剧将成为我国教育工作者持续关注的热点研究领域之一。

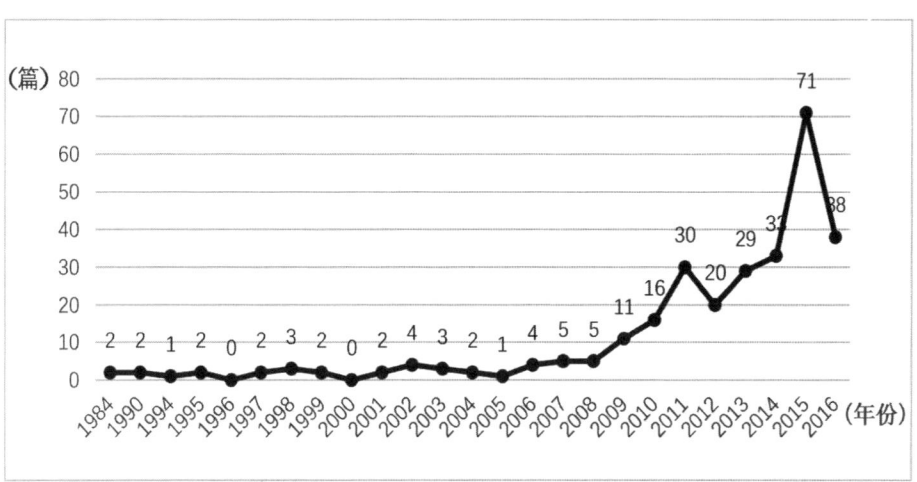

图 2-2　1984~2016 年与"中小学教育戏剧"有关的期刊文章发文量

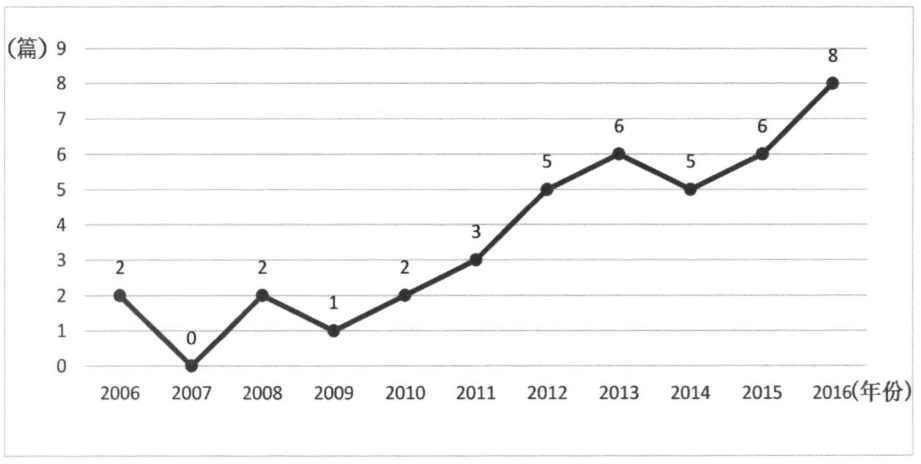

图 2-3　2006~2016 年与"中小学教育戏剧"有关的硕博论文发文量

一、前研究阶段（1984~1996 年）

这一阶段的主要特征是研究文献已经开始关注教育戏剧，但尚未明确使用"教育戏剧"这一概念。我国大陆地区最早对教育戏剧进行研究的是中央戏剧学院的孙家琇教授,他于 1984 年发表的《关于英国的 TIE》成为国内教育戏剧研究的开山之作。孙教授在文章中将 TIE(Theatre in Education)翻译为"教学戏剧",作为戏剧考察团的一员在英美中小学中观察到几次教育戏剧活动并进行了详尽的介绍。① 在此基础上,孙教授还通过图 2-4 的方式形象地介绍了英国教师如何将抽象的教育、知识、价值观与社会和国家的关系通过教育戏剧来呈现并引发学生的反思。1990 年,华文最早提出了戏剧教学法这一概念,② 并在介绍英国戏剧教学法的论文中首次使用"教育戏剧"一词。1990 年,安徽省曲艺家协会主席谢德裕先生提出可以通过课本剧来培养学生的审美,让学生在自编自演中加深对于课文的理解。③ 1994 年,中央戏剧学院的路海波教授在《加拿大的戏剧艺术教育》一文中最早系统地介绍了加拿大在中小学教育戏剧方面的探索以及教育戏剧师资培养方面的经验,陆教授认为加拿大在中学以前的戏剧教育实质上是一种"适合青少年接受心理规律的行之有效的教学法系统",对于焕发学生学习兴趣和提高学习效率有独到的作用。另外,加拿大设立"戏剧教育学"学科以及通过如多伦多大学教育学院戏剧系来培养教育戏剧师资的做法十分值得我们学习。④ 1995 年,于红英老师通过翻译美国的《日托和早期教育》期刊中的文章第一次在国内介绍了美国的"创造性戏剧"教学方法,⑤ 但是该文仅是单纯翻译国外期刊的文章,作者并未进行深入的理论分析。同年,杨德勇老师系统地介绍了他在原有的语文戏剧教学法的基础上所创立的"戏剧导演实践教学法",通过让学生人人实践体验做执行导演来培养学生的创造性思维和学习能力、审

---

① 孙家琇:《关于英国的 TIE》,《外国戏剧》1984 年第 2 期。
② 华文:《英国的戏剧教学法》,《语文学习》1990 年第 11 期。
③ 谢德裕:《课本剧——教育与戏剧的结缘》,《安徽教育》1990 年第 5 期。
④ 路海波:《加拿大的戏剧艺术教育》,《艺术教育》1994 年第 1 期。
⑤ 于红英:《创造性戏剧节目指南》,《山东教育科研》1995 年第 2 期。

美能力。①

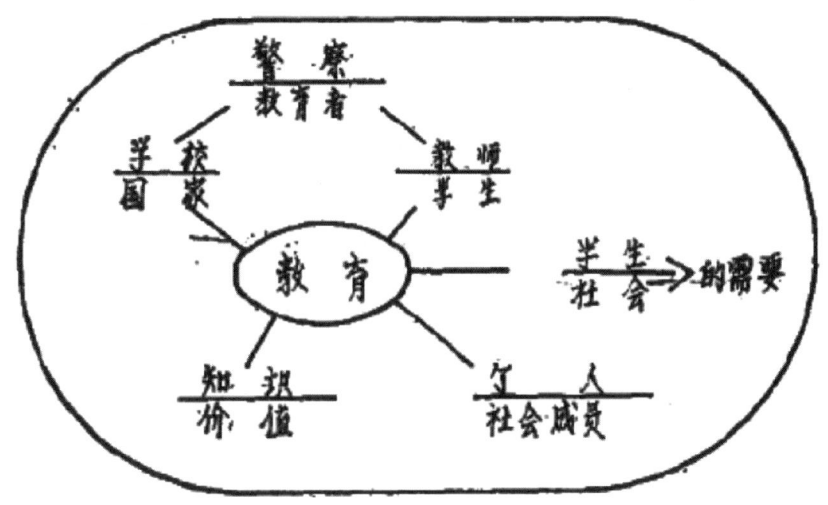

图 2-4　英国某部教育戏剧剧目的设计图

二、萌芽阶段（1997~2004 年）

这一阶段的主要特征是"教育戏剧"已经作为一个明确的概念被学界所使用，相关研究集中在对于教育戏剧作用的探讨。1997 年，上海剧作家李婴宁老师在《英国的戏剧教育和剧场教育》一文中，第一次明确使用了"教育戏剧"②这一概念，因此李婴宁老师当前也在国内享有"中国大陆地区教育戏剧第一人"的美誉。2002 年，上海戏剧学院曹路生教授的《香港教育戏剧》③一文是国内最早以"教育戏剧"为题名的期刊文章。1997 年，俞理明和顾耀民通过翻译加拿大创造性戏剧的创导者韦爱诗教授（Joyce Wilkinson）有关创造性戏剧作用的文章，④最早系统性地向国内介绍了加拿大地区教育戏剧的理

---

① 杨德勇：《戏剧教学法新探——导演实践法》，《教育改革》1995 年第 5 期。
② 李婴宁：《英国的戏剧教育和剧场教育》，《戏剧艺术》1997 年第 1 期。
③ 曹路生：《香港教育戏剧》，《戏剧艺术》2003 年第 6 期。
④ 韦爱诗，俞理明，顾耀民：《开发性戏剧的教育作用》，《外国中小学教育》1997 年第 3 期。

念。1998年，香港前教育署长李越挺在《戏剧在教育上的路向》[①]一文中最早深入地谈及戏剧在教育中的功能，此后舒志义[②]、孙惠柱[③]、张金梅[④]等学者也发表了多篇主题相似的论文。1999年，大卫·戴维斯（David Davis）教授赴上海戏剧学院开展为期三天的讲座和戏剧工作坊，成为第一个在我国进行教育戏剧讲座的国外专家。台湾艺术大学的张晓华教授是当前华文地区教育戏剧研究界的开创者，也是这一领域的泰斗级人物。他于2003年在台湾地区出版的《创作性戏剧教学原理与实作》和2004年出版的《教育戏剧理论与发展》两本图书是华文地区最早系统性介绍教育戏剧理论的专著。

三、探索成长阶段（2005~2013年）

这一阶段的主要特征是学界开始由关注教育戏剧的概念和作用转向关注中小学教育戏剧实践与师资培养。2005年，杭州师范学院黄爱华教授的《中小学戏剧教育现状调查与思考》[⑤]一文对于浙江省中小学戏剧教育的开展状况进行了广泛的调研，是我国最早关注中小学戏剧教育实践状况的文章。2007年，北京师范大学的马利文老师的《初中开设教育戏剧活动课程初探》[⑥]一文是我国最早系统介绍教育戏剧在中小学具体实施方式的文章。2008年，北京教育科学研究院可持续发展教育研究中心的史根东老师申请北京市教育科学"十一五"规划课题"以教育戏剧扩展与深化可持续发展教育的实践研究"，该项目成为我国第一个纳入政府计划的教育戏剧科研项目。2010年，上海

---

① 李越挺：《戏剧在教育上的路向》，《戏剧》1998年第4期。
② 舒志义：《论戏剧的教育与教学功能》，《戏剧艺术》1999年第3期。
③ 孙惠柱：《戏剧在教育中的地位与作用》，《戏剧艺术》2002年第1期。
④ 张金梅：《戏剧能给儿童教育带来什么——透视西方儿童戏剧教育》，《学前教育研究》2004年第Z1期。
⑤ 黄爱华，徐大军：《中小学戏剧教育现状调查与思考》，《杭州师范学院学报》（医学版）2005年第6期。
⑥ 马利文，赵小刚：《初中开设教育戏剧活动课程初探》，《中小学心理健康教育》2007年第17期。

戏剧学院张生泉教授所出版的《教育戏剧的探索与实践》[1]一书是我国大陆地区第一部系统性论述教育戏剧理论与实践的专著，但是这部著作以对教育戏剧的理论与实践探索成果的介绍为主，尚未形成完整的理论体系。此后何强生[2]、周斌[3]、黄爱华[4][5]、翟一帆[6]等相关学者分别从不同的角度论述了在中小学开展教育戏剧的实施构想与具体实践方式。

上海戏剧学院是中国最早开始关注教育戏剧师资培养的高校，李婴宁老师是我国最早关注教育戏剧师资培养的知名学者。2005年，上海戏剧学院在戏文系开始设立艺术（戏剧）教育专业。该专业要求学生在编剧、导演、表演、剧场、教育学、教育戏剧等领域进行研究和实践，以培养学生在社区、幼儿园、中小学、高校、社会培训教育机构等地从事戏剧教育工作为主要方向。上海戏剧学院聘请李婴宁老师为兼职教授为该专业的学生开设"教育戏剧理论发展和实践"课程，并在此基础上与全国各地多所中小学、幼儿园以及社会办学机构合作，开展教育戏剧的教师培训工作。[7]2008年，北京师范大学马利文老师申请到了全国教育科学规划"十一五"教育部重点课题"应用戏剧教学法促进教师专业发展和学生心理健康实验研究"，通过课题开展了大量的促进中小学教师专业发展的教育实验，使教育戏剧开始纳入一个科学规范可操作的实验流程中，[8]并使上百位中小学教师将教育戏剧应用于自己的课堂并从中获益。

香港地区对于教育戏剧的引进与探索要领先于大陆地区。早在1989年

---

[1] 张生泉：《教育戏剧的探索与实践》，北京，中国戏剧出版社2010年版。
[2] 何强生：《创造性戏剧在阅读教学中的运用》，《外国中小学教育》2008年第2期。
[3] 周斌：《关于推动教育戏剧发展的若干思考》，《复旦教育论坛》2008年第5期。
[4] 黄爱华：《学校戏剧教育基本理念及实践构想》，《中国教育学刊》2009年第12期。
[5] 黄爱华，徐大军，陈漪：《中小学戏剧教育的三种实践模式》，《杭州师范大学学报》(社会科学版)2009年第5期。
[6] 翟一帆：《教育戏剧在当今校园内外的发展概况与运作案例》，《云南艺术学院学报》2009年第1期。
[7] 李婴宁."教育性戏剧"在中国,《艺术评论》，2013年第9期，第49~52页。
[8] 郭玉琼：《中国大陆中小学戏剧教育现状》，《音乐大观》2011年第9期。

香港教育署就决定要全面推广学校戏剧，并于1994年由学校戏剧会牵头成立了香港教师戏剧会（Hong Kong Teachers Drama Association，HKTDA），2011年成立香港教师戏剧会有限公司，以非营利慈善机构的性质来推动本土学校开展教育戏剧活动。香港教师戏剧会有限公司成员均为香港学校教师，因此成为香港地区推动中小学开展教育戏剧的一支主要力量。香港教师戏剧会通过组织戏剧教育培训活动与筹办香港学校戏剧节等方式推动香港地区中小学教师接触戏剧、认识戏剧，随后更是配合香港教育署课程发展处推动学校戏剧教育有关的"发展初中戏剧教育"种子计划和"发展小学戏剧教育"种子计划，协助种子学校申请优质教育基金，帮助五旬节林汉光中学、天主教博智小学等一批早期的种子学校编写课程、派驻驻校艺术家、开展教师培训，为学校建立稳定的戏剧课程和推动戏剧教学法进入正规课程做出了难以磨灭的贡献。时任香港教育署署长李越挺[1]、曹路生[2]等学者在不同的文章中详细介绍了香港地区教育戏剧自20世纪80年代由中英剧团引进并推行的发展历史以及香港明日艺术教育机构、新域剧团、香港话剧团等几个主流教育戏剧剧团的实践特点。香港教育学院于2006~2010年对香港学校戏剧教育的分类和发展状况开展了深入的调研工作，并出版了内容翔实的研究报告。报告指出香港绝大部分学校都设有戏剧课外活动，逾六成教师应用戏剧于课堂中，数十所学校已开设了戏剧科。报告中将香港学校戏剧教育的开展方式分为戏剧课程（Drama Course）和戏剧教学法（Drama in Education）两大类，课程下又分为独立课程的正规课程与作为戏剧课外活动开展的非正规课程两个大的子类（见图2-5）。[3] 2007年由香港教育剧场论坛承办的第六届IDEA（International Drama/Theatre and Education Association）大会在香港召开，更是极大地推动了香港教育戏剧事业的发展。

---

[1] 李越挺：《戏剧在教育上的路向》，《戏剧》1998年第4期。
[2] 曹路生：《香港教育戏剧》，《戏剧艺术》2003年第6期。
[3] 许明辉，舒志义：《香港学校戏剧教育成果的研究与评鉴》，香港教育戏场论坛，2010年。

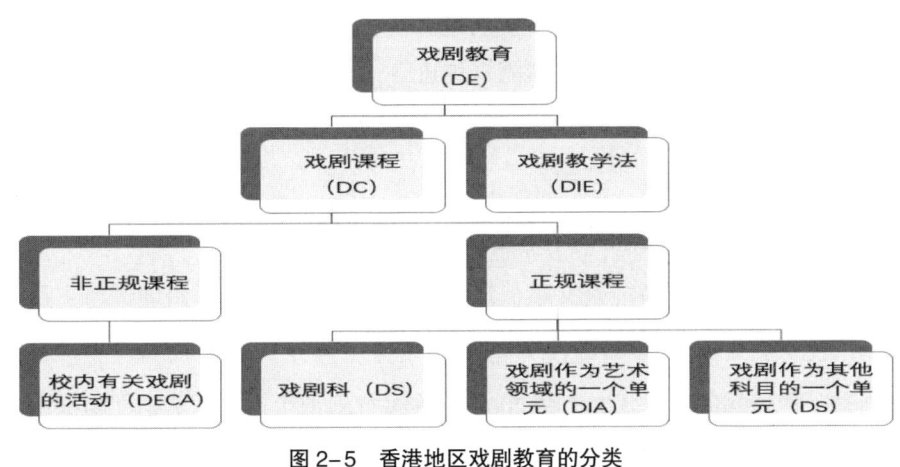

图 2-5　香港地区戏剧教育的分类

台湾地区推动中小学开展教育戏剧是华语地区较为成熟的榜样。早在 20 世纪 60 年代,在李曼瑰、张晓华、廖顺约等学者的推动下,台湾地区就引进了美国的创造性戏剧,然而这一时期由于校园戏剧比赛的风行,使得中小学戏剧教育成为教师的负担,戏剧的教育性大大缺失。[①]2000 年,随着台湾"教育部"在《国民教育与九年一贯课程暂行纲要》中具体规定了表演艺术课程的课程目标与分段能力指标等内容,表演艺术正式纳入台湾中小学课程体系,而戏剧作为表演艺术课程的主要开展方式也得以受到中小学教育工作者的高度关注与重视。2005 年以后,一大批台湾的教育学者与实践工作者开始系统总结与探讨中小学教育戏剧开展的经验和问题。这一时期,萧惠帆介绍了自己将教育戏剧融入汉语词汇、句型读写等教学实践的多个案例。[②]陈晞如对台湾儿童戏剧教育史进行了详细的梳理。[③]作为台湾地区九年一贯艺

[①] 廖顺约:《戏剧表演艺术在小学》,《美育》1999 年第 112 期。
[②] 萧惠帆:《依于戏、游于艺——教育戏剧 (DIE) 融入汉语教学之实践与探索》,摘自《汉语国际传播与国际汉语教学研究(上)——第九届国际汉语教学学术研讨会论文集》,中央民族大学国际教育学院 2011 年版,第 9 页。
[③] 陈晞如:《融合与开创:台湾儿童戏剧教育史述评》,《戏剧》(中央戏剧学院学报)2012 年第 3 期。

术与人文领域表演艺术召集委员，张晓华对台湾地区表演艺术纳入艺术教育法和教育课纲的大致内容与具体流程也进行了详细的梳理与介绍，并为大陆地区发展教育事业提出很多中肯的建议。①

四、蓬勃发展阶段（2014年至今）

这一阶段的主要特征是文献数量飞速增长，教育戏剧得到理论与实践领域的广泛关注。2014年，浙江大学的徐俊博士开始探讨在我国建立"教育戏剧学"学科的问题②。这是继2006年首次有硕士生在其硕士论文中提出建立"教育戏剧学"学科③以来，"教育戏剧学"的学科建立问题首次在CSSCI核心期刊上加以探讨。2015年，国务院办公厅出台的《关于全面加强和改进学校美育工作的意见》中明确指出，戏剧属于义务教育阶段学校需要开齐开足上好的美育课程。在这一政策背景之下，许多专家学者和中小学一线教师不约而同地将关注重点放到了教育戏剧上。2015年，中国知网上的相关文献急剧增多，达到了这一研究领域前所未有的高峰。在这一时期，我国学者开始关注教育戏剧与学科课程的整合问题，代表性的学者有甘维④、周肖鸿⑤、邢永琴⑥等。2015年，中央戏剧学院成立了戏剧教育系，在戏剧影视导演专业下设戏剧教育方向，主要培养优秀的大中小学戏剧教育师资力量，重点培养学生的戏剧艺术创造力和戏剧教学的组织策划能力，使学生成为具有扎实的戏剧教育基础的复合型人才。2015年5月，首届国际戏剧教育大会在北京外国语大学举办；2015年11月，首届全国中小学教育戏剧课程与教学高峰论坛在江苏常州召开；2016年5月，首届全国戏剧与教育应用大会在京召开；

---

① 张晓华：《台湾中小学表演艺术戏剧教学的解析》，《教育学报》2014年第1期。
② 徐俊：《教育戏剧的定义："教育戏剧学"的概念基石》，《湖南师范大学教育科学学报》2014年第6期。
③ 周倩雯：《教育戏剧学新探》，上海戏剧学院硕士学位论文，2006年。
④ 甘维：《教育戏剧融入语文教学实践研究》，《中学语文教学参考》2015年第33期。
⑤ 周肖鸿：《教育戏剧在英语课堂教学中的运用》，《上海教育》2015年第21期。
⑥ 邢永芹：《运用戏剧教育元素创新思想政治教学》，《思想政治课教学》2015年第5期。

2016 年 10 月，第一届全国中小学戏剧教育研讨会在中央戏剧学院召开，随着一系列学术会议的召开，教育戏剧逐渐被我国更多的教育理论工作者与实践工作者所熟知，教育戏剧的本土化以及在促进教学有效性方面的探索将会得到进一步深化。

第三章 中小学教育戏剧理论探讨

第一节 概念内涵

概念是研究的逻辑起点,对世界的分类化和概念化可以使得拥有相似学术视角的人使用相似的术语去描述和捕捉世界。[①] 优良的科学研究需要把思维建立在权威的定义基础上,[②] 因此对于概念的明晰定义与准确把握对于一项研究而言就显得尤为重要。概念以内涵与外延相统一的方式构成主体对客体的规定性把握,[③] 本书也将据此形成对于核心概念的界定。本书涉及的核心概念主要包括戏剧、教育戏剧。

一、戏剧

(一)西方的戏剧概念

西方的戏剧"Drama"一词来源于希腊文"δράω",意味着"做、表演、实践",这与西方戏剧的起源密切相关。西方戏剧发端于古希腊奥林匹斯山下的祭奠酒神狄奥尼索斯(Dionysus)仪式,人们将酒神一生的事迹编成歌词

---

① [英]格里斯:《研究方法的第一本书》,张冰洁、王亮译,大连,东北财经大学出版社2011年版,第55页。
② [美]约翰·W.克雷斯威尔:《研究设计与写作指导:定性、定量与混合研究的路径》,崔延强译.重庆大学出版社2007年版,第114页。
③ 孙正聿:《哲学通论》,上海,复旦大学出版社2010年版,第51页。

颂扬酒神，而这其中有歌、舞、对白和简单的表演，也有一些简单的情节，①这也随即成为西方戏剧的雏形。此后，人们不再满足于表演酒神个人的事迹，表演内容扩大到了其他的英雄故事，演员也由一个增加到多个，戏剧冲突与戏剧动作也逐渐丰富与稳定，②在历经羊人剧、喜剧作家，特别是古希腊三大悲剧家埃斯库罗斯（Aeschylus）、索福克勒斯（Sophocles）和欧里庇得斯（Euripides）的创新改造之后，古希腊悲剧开始从酒神祭祀仪式中逐渐脱离出来，形成一门独立的艺术形式，③正式的戏剧逐渐确立起来。随后亚里士多德（Aristotle）在《诗学》（Poetics）一书中详细探讨了古希腊悲剧，提出悲剧的六种构成成分（情节、人物性格、语言、思想、场景、歌曲），并借此阐述了自己模仿论与三一律的美学思想，④并使戏剧成为西方文艺界的重要研究对象。后世经过莎士比亚（Shakespeare）、莫里哀（Moliere）、歌德（Goethe）等著名文学家与剧作家的推动，使得戏剧在西方社会享有崇高的地位。

西方对于戏剧的概念主要涉及 Drama、Theatre 和 Play 三个词汇，这三个词汇在概念内涵上有时互相重叠，但也有所区分。从《牛津高阶英汉双解词典》对于这三个词汇的定义中可以看出它们之间关系的粗浅端倪。《牛津高阶英汉双解词典》中将 Drama 定义为 "a play for the theatre, television or radio"，⑤即在剧场、电视、广播中表演的一出剧。Theatre 的定义是 "a building or an outdoor area where plays and similar types of entertainment are performed"，即一个进行表演或类似娱乐活动的建筑或室外区域；另一个释义是 "plays considered as entertainment"，即作为娱乐的表演。⑥Play 的定义

---

① 杨文华：《西方戏剧导论》，北京，大众文艺出版社 1995 年版第 3 页。
② 刘彦君：《东西方戏剧进程》，北京，文化艺术出版社 2005 年版，第 25 页。
③ 潘薇：《西方戏剧史》，北京，大众文艺出版社 2007 年版，第 3 页。
④ [希] 亚里士多德：《诗学》，罗念生译，上海，上海人民出版社 2005 年版。
⑤ [英] 霍恩比：《牛津高阶英汉双解词典：(第 7 版)》，李北达译，北京，商务印书馆 1997 年版，第 605 页。
⑥ [英] 霍恩比：《牛津高阶英汉双解词典：(第 7 版)》，李北达译，北京，商务印书馆 1997 年版，第 2092 页。

较为复杂,有玩耍、比赛、音乐等多种定义。而与戏剧较为相关的定义则是用 act 和 perform 两个词来解释,称其为 to act in a play, film/movie, etc.; to act the role of sb,[①] 即在电影或话剧中扮演角色。从中我们可以看出,Drama 倾向于戏剧作品,Theatre 倾向于演出场所,而 Play 则更倾向于表演本身。美国戏剧家罗伯特·科恩(Robert Cohen)则在"Theatre: The Brief Version"一书中明确指出,Theatre 可包括所有的戏剧艺术形式(建筑、设计、表演、布景等),而 Drama 则不是一个具体物体,而是发生在现实时间,占据现实空间的事件。[②] 因此,当我们谈论中小学教育戏剧时,用 Drama 这一词更符合校园中的具体情境。

(二)中国的戏剧概念

中国的戏剧同样起源于祭祀仪式,屈原在《九歌》中就描写了男女巫傩扮演不同的神灵进行祭祀仪式的场面。后来从古巫中分化出来了"优",其能歌善舞,通过调笑滑稽的戏以隐喻讽谏的方式来建言国君。《史记·滑稽列传》中就有"优孟衣冠"的故事,讲述了优孟通过穿上孙叔敖的衣服,扮作孙叔敖的模样来讽谏楚庄王。优娱人而不娱神,[③] 这对中国戏剧的发展产生了深远的影响。戏剧一词在我国最早见于晚唐杜牧的《西江怀古》一诗中的"魏帝缝囊真戏剧,苻坚投箠更荒唐"。[④] 在这里"戏剧"被当作儿戏、开玩笑、滑稽可笑之事来理解。《旧唐书》中也有记载"文宗、武宗幸十六宅宴集,强诱其言,以为戏剧。"这里的戏剧指逗乐性的游戏。这些概念都与当前倾向于表演艺术的戏剧相去甚远。唐朝文人司马贞在《史记》"索隐"中称"后宫中戏剧所宜秘也。"这时的戏剧概念才带有一定表演形式。但此时

---

① [英]霍恩比:《牛津高阶英汉双解词典:(第7版)》,李北达译,北京,商务印书馆1997年版,第1515页。
② R.Cohen, *Theatre Brief Version*, New York: Mc Graw Hill. 1997, p.10.
③ 温宝麟:《简明中国戏曲史》,兰州,甘肃人民出版社2009年版,第2页。
④ 胡可先:《杜牧诗选》,北京,中华书局2005年版,第75页。

的"秘戏"多为皇宫之中由倡优秘密进行的表演,与我们所谈论的戏剧艺术也有一定距离。直至宋代,中国的戏剧不再混杂于其他事物成为单独部门,并有"领袖群伦之概",① 此时中国的戏剧才大体形成。《宋史·虞允文列传》中记载"宗社大事,岂同戏剧",这里的戏剧所指为"俳优表演",与当今的戏剧艺术概念较为吻合,且二十六史中有戏剧而无戏曲,② 可见戏剧一词在中国古代有较为广泛的接受与认同程度。

近代以来,我国的一些戏剧大师对于戏剧概念也多有论述。王国维认为戏剧"必合言语、动作、歌唱,以演一故事,而后戏剧之意义始全"。③ 这意味着台词、动作、演唱是戏剧的三大要素,而故事性则是戏剧的核心属性。著名戏剧家陈大悲较为认同美国现代戏剧批评家汉密尔顿的定义,认为"戏剧是由演员在舞台上,籍客观的动作,用情感而非理智的力量,当着观众,表演一段人与人之间意义的冲突"。④ 在这里,陈大悲先生认为戏剧的核心要素是演员、舞台、动作、情感的力量、观众以及人与人之间意义的冲突。而歌舞、布景都是可有可无的。当代我国极具权威的大型综合性词典《辞海》中将"戏剧"解释为:综合艺术的一种,由演员扮演角色,当众表演情节、显示情境的一种艺术。在中国,戏剧是戏曲、话剧、歌剧等的总称,也常专指话剧。⑤ 而目前我国规模最大的汉语工具书《汉语大词典》中对"戏剧"一词又有三种解释:①儿戏;游戏。②通过演员表演故事的艺术形式。③剧本。⑥《现代汉语词典》中将戏剧定义为"通过演员表演故事来反映社会生活中的各种冲突的艺术"。⑦《新华词典》中将戏剧定义为"由演员扮演角色,

---

① 周贻白:《中国戏剧史长编》,上海,上海书店出版社2004年版,第71页。
② 王廷信:《"二十六史"中的"戏剧"概念略考》,《中华戏曲》2003年第1期。
③ 王国维,吴梅:《大师的国学课22:中国戏曲史》,南昌,江西教育出版社2014年版,第31页。
④ 陈大悲:《戏剧ABC》,上海,世界书局1931年版,第2页。
⑤ 夏征农:《辞海》,上海,上海辞书出版社1982年版,第1305页。
⑥ 罗竹风:《汉语大词典》,上海,上海辞书出版社2010年版,第256页。
⑦ 中国社会科学院语言研究所词典室:《现代汉语词典(第5版)》,北京,商务印书馆2005年版,第1462页。

当众表演故事情节以反映社会生活,是以表演为中心的包括文学、音乐、舞蹈、美术等艺术的综合形式"。① 由此可见,对故事的表演是戏剧概念的本质属性。本书基于以上对于戏剧概念的种种描述,将"戏剧"的概念界定为:通过演员的角色扮演来表演故事的艺术形式。基于此,本书将进一步建构教育戏剧的概念。

二、教育戏剧

(一)中外学者对于教育戏剧概念的研究

1.国外学者对于教育戏剧概念研究

国外教育戏剧虽然经历了百余年的发展历史,但是对于教育戏剧概念的研究当前依然存在狭义取向和整合取向两种理论研究范式。② 这也从一个侧面反映出世界范围内教育戏剧研究依然处于一种相对不成熟的阶段,教育戏剧的概念还需要通过进一步的探讨使之更为明晰。

(1)狭义取向的教育戏剧概念研究。

教育戏剧虽然在英、美等国已经有了一百多年的发展历史,但是早期的哈丽特·芬利·约翰逊(Harriet Finlay-Johnson)、亨利·库克(Henry Cook)、彼德·史莱德(Peter Slade)等教育戏剧名家的著作中仅是论述了教育戏剧在教育中的应用方法,均没有给予教育戏剧一个清晰的概念界定。20世纪80年代之后,一些学者逐渐对于教育戏剧的理论体系建设给予关注,而教育戏剧的概念作为理论体系的基石在这一时期也逐渐得以明晰。但多位学者对于教育戏剧的概念还是多以戏剧教学法来进行界定。哈丽特·芬利(Harriet Finlay)认为教育戏剧是运用戏剧的过程来学习表达的一种模式。③

---

① 商务印书馆辞书研究中心:《新华词典》,北京,商务印书馆2001年版,第1059页。
② 付钰:《国际教育戏剧研究的现状与热点——基于WOS的文献计量分析》,《外国中小学教育》2018年第2期。
③ H. Finlay-Johnson, *The Dramatic Method of Teaching*, London: James Nisbet. 1911.

较早将教育戏剧运用于课程教学的桃乐丝·希思考特（Dorothy Heathcote）认为教育戏剧是一种通过提供丰富的情境让学生通过行动来理解的教学方式。[1]她鼓励学生自己负起学习的责任，教师不再是传授知识的权威。杰拉尔丁·希克斯（Geraldine Siks）认为，教育戏剧是以戏剧和进步主义教育为基础，以儿童的个性发展为目的的教育过程。[2]奈莉·麦凯瑟琳（Nellie McCaslin）认为，教育戏剧是用戏剧的方法来开展课程教学，以此来拓展儿童的认知。[3]

（2）整合取向的教育戏剧概念研究。

1999年艾丽卡（Elektra Tselikas-Portmann）首次在文中提出应用"Educational Drama"来整合"drama in education"和"theatre in education"两个概念。因为其既包括过程也包括结果。[4]除此之外，其他学者也分别提出了整合取向的教育戏剧概念。塞西莉·奥尼尔（Cecily O'Neill）提出教育戏剧是一种学习模式，透过学生在戏剧中角色扮演与情节活动来进行判断与认知，可学习探索许多课题、事件与各种关系。[5]洛厄尔·施沃特泽（Lowell Swortzell）认为教育戏剧包括学校戏剧的一切，且多与非演出的活动有关，如：角色扮演、即兴演出、模仿游戏等。其目标在培养想象力、自我认知与表达、美感与生活技能。[6]教育戏剧正是通过种种活动来达到教育的目的。约翰·奥图尔（John O'Toole）指出教育戏剧的三大基础为共享协议（shared agreement）、假装（pretends）和愉悦感（pleasure）。这其中，共享协议是指

---

[1] D. Heathcote, L. Johnson, C. O'Neill, *Dorothy Heathcote: Collected Writings on Education and Drama*, London: Hutchinson. 1984.

[2] G. Siks, "An Appraisal of Creative Dramatics", *Educational Theatre Journal*, Vol. 17, 1965, pp. 328-334.

[3] N. McCaslin, *Creative Drama in the Classroom*, New York: Longman. 1990.

[4] T. Elektra, S. Egger, "Educational Drama in Austria", *Journal of Applied Theatre and Performance*, Vol. 4, 1999, pp. 94-100.

[5] C. O'Neill, A. Lambert, *Drama Structures: A Practical Handbook for Teachers*, Oxford: Heinemann Educational. 1982.

[6] L. Swortzell, *International Guide to Children's Theatre and Educational Theatre: A Historical and Geographical Source Book*, New York: Greenwood Press. 1990.

进行活动必需的规范，假装是指进行活动的模式，而愉悦感是指参与者的情感经历。①教育戏剧正是通过这三个方面来激发学生的学习兴趣，让学生全身心地投入学习。卡梅尔·奥沙利文（Carmel O'Sullivan）认为教育戏剧是一种艺术和教育的经验，需要让学生在切实的身心体会中开展学习。②虽然用"Educational Drama"来整合"Drama in Education"、"Theatre in Education"以及"Creative drama"等概念的观点尚未被广泛使用，但从学科理论建设的角度来看这也是一种极有价值的理论路径。

2.国内学者对于教育戏剧概念的研究

我国中小学教育戏剧研究的相关文献中，教育戏剧、戏剧教育、戏剧教学法、创造性戏剧、教育剧场等概念混用的情况十分普遍，对概念的界定也处于"百家争鸣"的状态。总体而言，当前国内对于教育戏剧概念的界定主要有将教育戏剧狭义理解为戏剧教学法和以教育戏剧整合相关概念范畴两种取向，并且在教育戏剧与戏剧教育的概念区分上也有诸多争议。

（1）狭义取向的教育戏剧概念研究。

当前学界一种常见观点认为教育戏剧仅指的是 DIE（Drama in Education），其只是作为一种课堂教学方法而存在，不能将其概念外延无限放大。杭州师范大学的黄爱华教授认为，教育戏剧只是一种在学校"学科教学中渗透戏剧教育的方法"，③国内的"情景教学法"就是一种突出代表。而其他的如学科性戏剧（独立的戏剧课）和活动性戏剧（课本剧、校园剧）与其是同一层次的并列关系，均不可以纳入其研究范畴。上海戏剧学院的刘艳卉副教授则认为，教育戏剧是"运用戏剧与剧场的技巧，从事于学校课程教学的一种方

---

① J. O'Toole, *Strange Bedfellows: Drama and Education*// Drama and Curriculum. Springer Netherlands. 2009, pp.11-27.

② A. Karavoltsou, C. O'Sullivan, "Drama in Education and Self-Directed Learning for Adults", *Journal of Adult & Continuing Education*, Vol.17, 2011, pp.64-79.

③ 黄爱华，徐大军，陈漪：《中小学戏剧教育的三种实践模式》，《杭州师范大学学报》（社会科学版）2009年第5期。

式"①。教育戏剧的应用领域仅仅局限于学校中的日常学科教学活动,而学校中其他的与戏剧相关的活动则属于其他的独立研究范畴。南京师范大学的张金梅教授直接将 Drama in Education 翻译为"戏剧教学",认为其只是一种教师所使用的教学媒介。②而北京师范大学的马利文老师则提出应区别于港台地区将 Drama in Education 翻译为"教育戏剧"的译法,明确将 Drama in Education 翻译为"戏剧教学法"。③以上这些学者均认为教育戏剧是一种教学方法。

将教育戏剧概念狭义理解为学科教学中的"戏剧教学法"来进行研究有利于厘清其研究范畴,在相对固定的范围内进行学术探讨。但是单纯将教育戏剧的概念窄化为一种教学方法具有明显的局限性,这一取向的概念界定不但与国内外研究界的主流话语体系不符,也非常容易在实践的过程中被中小学一线教师当作一种可有可无的方法而遭到忽视。因此,虽有很多研究者在使用这样的概念界定,但是其影响范围十分有限。

(2)整合取向的教育戏剧概念研究。

当前我国大陆以及港澳台地区学界对教育戏剧这一概念的使用大多是对英国 DIE(Drama in Education)这一概念的直接翻译与引介。但是除此之外,还有一种发源于英国的以通过相对完整的演出而实现具体教育目的的"教育剧场"TIE(Theatre in Education)通常也作为教育戏剧的分支概念被我国研究界所广泛关注。这时,教育戏剧就成为 DIE(Drama in Education)与 TIE(Theatre in Education)的上位概念。大陆地区的教育戏剧开创者李婴宁老师在为上海戏剧学院戏剧文学系 2005 级戏剧教育专业班所编写的讲义《教育戏剧概论》中就是将教育戏剧作为 DIE 和 TIE 的统称。此外我国李魏④、

---

① 刘艳卉:《应用戏剧的理论与实践》,上海,上海书店出版社 2011 年版,第 75 页。
② 张金梅:《戏剧能给儿童教育带来什么——透视西方儿童戏剧教育》,《学前教育研究》2004 年第 Z1 期。
③ 马利文:《戏剧教学法的起源、表现形式、类别与作用》,《中国教师》2011 年第 17 期。
④ 李魏:《从幕后到台前——教育戏剧中的戏剧"导演"》,《大众文艺》2012 年第 10 期。

陆佳颖①等学者也都持有同样的观点。虽然周颖曾在 2005 年提出教育剧场 (Educational theatre) 包含"教育戏剧"DIE（Drama in Education）和"教育剧场"TIE（Theatre in Education）这两个概念，②但这一观点并没有成为主流。

相对于英国的"教育戏剧"（DIE）概念，美国则大多使用"创造性戏剧"③（Creative Drama）这一概念。在中小学的普通课堂中，二者均指服务于学校教育目的的一种戏剧教学方法。因此，多位学者认为创作性戏剧这一概念与教育戏剧是同一教学方法的不同称谓而已。我国台湾地区的张晓华教授就认为，"创作性戏剧发展至今，已是美国在中小学阶段教育戏剧的一般通称。"④林玫君教授也认为，"教育戏剧"就是"创造性戏剧之英国版本"。⑤我国大陆地区的李婴宁老师也认为，"在美国称为创造性戏剧（Creative Drama），亦属于教育性戏剧方法"。⑥由此可见，学界主流观点是将创造性戏剧的概念整合入教育戏剧体系之中，不因国外的不同用法而使用不同的概念。

在这样的一种逻辑建构之中，教育戏剧就不仅仅是一种教学方法，而是一种包含西方 DIE（Drama in Education）、TIE（Theatre in Education）与 CD（Creative Drama）三个概念的上位概念。台湾的张晓华教授在 2004 年出版的《教育戏剧理论与发展》一书中将教育戏剧定义为"将戏剧应用于学校课程教学的一种统称，系运用戏剧与剧场的技巧，以练习、戏剧性扮演、剧场及剧场认知的教学形式来达到教育的目的"。⑦李婴宁老师在 2008 年对教育戏剧所下的定义就认为，"教育戏剧是一种区别于舞台演出的、以过程为主的、即兴表演的戏剧形式。参与者在指导人的引导下，运用想象、调动自己

---

① 陆佳颖，李晓文，苏婧：《教育戏剧：一条可开发的心理潜能发展路径》，《华东师范大学学报》（教育科学版）2012 年第 1 期。
② 周颖：《浅谈"教育剧场"的意义及应用》，《上海青年管理干部学院学报》2007 年第 1 期。
③ 我国台湾地区多译为"创作性戏剧"。
④ 张晓华：《创作性戏剧教学原理与实作》，上海，上海书店出版社 2011 年版。
⑤ 林玫君：《创造性戏剧理论与实务——教室中的行动研究》，台北，心理出版社 2005 年版。
⑥ 李婴宁：《"教育性戏剧"在中国》，《艺术评论》2013 年第 9 期。
⑦ 张晓华：《教育戏剧理论与发展》，台北，心理出版社 2004 年版。

的经验在戏剧实作中开拓、发展、表达、交流彼此的理念与感觉，达到开启智力、增加知识、活跃身心的目的。"① 2014年，徐俊博士在此基础上对于教育戏剧的概念进行了进一步的整合，在大戏剧观与大教育观交汇的视域下提出教育戏剧是"通过想象与扮演的方式有意识地再现并传递善的人类经验的社会活动"，② 进而提出基于本土化使用习惯的概念关系，认为教育戏剧所对应的英文单词应由"Drama in Education"改为"Educational Drama"。"Drama in Education"单指戏剧教学法，这一修改解决了DIE+TIE难以穷尽教育戏剧外延且与创造性戏剧概念难以恰当兼容的问题，并且突出了教育戏剧教育性的特点。2017年，徐俊又在此基础上基于"目的—手段"图式提出教育戏剧是基于教育手段的戏剧。③ 这一修改明确了教育戏剧隶属于戏剧范畴，服务于教育目的，更为简洁明了。

（二）教育戏剧概念建构

从中外教育戏剧概念比较中可以清晰地看到，当前中外对于教育戏剧的概念界定均有狭义和整合两种取向，而从教育戏剧概念研究史的角度来看，整合取向的教育戏剧概念研究是未来教育戏剧研究的发展趋势。因此本研究中教育戏剧的概念也以整合取向为依归，其所对应的英文单词为（Educational Drama）。概念的建构应同时兼具规范性、描述性与纲领性。因此，从内涵的角度来看，教育戏剧是指在普通中小学中由具备戏剧素养的教师面向全体学生开展的，以学科知识和社会性认知为主要内容的一种培养全面发展的个体的教育方式。

---

① 李婴宁：《关于教育戏剧》，摘自孙惠柱，汤逸佩：《边缘的消失：第四届上海国际小剧场戏剧展演论坛》，桂林，广西师范大学出版社2008年版。
② 徐俊：《教育戏剧的定义："教育戏剧学"的概念基石》，《湖南师范大学教育科学学报》2014年第6期。
③ 徐俊：《关于教育戏剧的语词、定义与划分的再思考》，《基础教育》2017年第6期。

从概念流派的角度来看，教育戏剧（Educational Drama）包括英国的戏剧教学法（Drama in education）和教育剧场（Theatre in Education）；美国的创造性戏剧（Creative drama）、发展性戏剧（Developmental Drama）和过程戏剧（Process Drama）等概念。这些概念流派虽然在具体的操作流程与方式上存在一定差异，但其本质上都是利用戏剧作为教育手段而实现教育的目的。

从中小学开展方式角度来看，"现代课程理论之父"拉尔夫·泰勒（Ralph W. Tyler）曾在其著作《课程与教学的基本原理》中提出学校在开展教育活动时需要考虑四个基本问题：（1）学校应力求达到何种教育目标？（2）要为学生提供怎样的教育经验，才能达到这些教育目标？（3）如何有效地组织好这些教育经验？（4）我们如何才能确定这些教育目标正在得以实现？①这四个基本问题涉及开展教育活动的四个基本要素，即教育目标、课程、教学和评价。而其中课程与教学均为实现教育目标的基本方式。基于此，教育戏剧主要包括作为教学方式的各学科戏剧教学法和作为课程方式的戏剧课程两种主要方式。戏剧教学法包括语文、英语、数学、历史、化学等各个学科的戏剧教学法，戏剧课程主要包括正式课程和非正式课程两大类，正式课程为服务于全体学生的单独开设的戏剧课，非正式课程为有教师指导的戏剧社团等活动形式（见图3-1）。

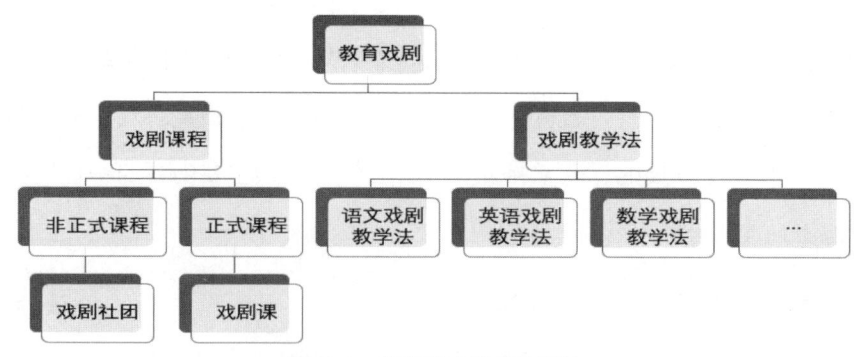

图3-1 教育戏剧类型划分图

---

① [美]泰勒：《课程与教学的基本原理：英汉对照版》，罗康，张阅译，北京，中国轻工业出版社2008年版，第1页。

（三）教育戏剧与戏剧教育概念辨析

当前，理论研究界对于教育戏剧与戏剧教育概念混用的状况十分常见，导致很多中小学教师在实践教学的过程中常常感到一头雾水。中小学教师做相同的工作却使用不同的概念成为我国当前中小学教育戏剧工作中的一种常见现象。因此，教育戏剧与戏剧教育在概念上的严格区分对于两者各自的健康发展都具有十分重要的意义。

既然学界对于教育戏剧与戏剧教育有如此众多的争论，那我们不妨从词源上进行一番探讨，对这两个相似的概念加以明晰的界定。教育戏剧是一组偏正词语，教育和戏剧作为两个基本语素是修饰与被修饰的关系。教育是修饰语，而戏剧是中心词。因此教育戏剧本质上是一种服务于教育目的的戏剧形式。而戏剧教育则与之相反，是一种服务于戏剧目的的教育形式。显然，中小学开展教育戏剧的根本目的应为教育，因此使用教育戏剧概念更为妥当。

从历史使用习惯的角度来看，戏剧教育是长期存在于我国理论界与实践领域的一个概念，自古以来戏剧教育都是作为一种培养戏剧专业人才和普及戏剧艺术为目的的教育形式而存在。自唐代"梨园"产生伊始，我国就有了专业培养戏剧人才的机构与教育活动。① 后世的戏剧工作者也大都称自己为"梨园子弟"。中华人民共和国成立后，1955 年《戏剧报》发表的文章就指出，戏剧教育就是要培养"具有社会主义觉悟和现代文化知识的新时代的戏曲演员"。② 虽然李礼提出广义的戏剧教育针对的人群是所有在校的学生，是一门单独的课程教育，③ 但这一论断显然与大众的日常认知不符。教育戏剧的目的并不在于培养专业的戏曲演员，育人是教育戏剧最一般的和唯一、根本的特性。④ 云南艺术学院的吴戈教授认为"戏剧教育是以戏剧人才培养和戏

---

① 周培松：《中国古代戏剧教育浅窥》，《戏剧艺术》1983 年第 4 期。
② 《戏剧教育必须适应社会主义建设事业的需要——记文化部艺术教育会议》，《戏剧报》1955 年第 9 期。
③ 李礼：《试论戏剧教育的理念和运用》，《艺术研究》2013 年第 2 期。
④ 张勇：《教育戏剧的教育特性分析》，《中国音乐教育》2013 年第 8 期。

剧基本知识、技能传授为目的的教育活动,而教育戏剧是用戏剧作为辅助手段、以戏剧活动的形式承载不同的培训、教学内容、以此来达到教育目的与提升教学效果的教育活动。教育戏剧、戏剧教育是两类性质不同的活动"。①李魏也认为,"教育戏剧的'戏剧'在教育过程中往往是被作为一种教学的方法、手段或者工具,而戏剧教育的'戏剧'往往是作为一门学问知识,是传授的内容。"② 因此,李婴宁老师就在为上海戏剧学院艺术教育专业编写的教材《教育戏剧概论》中对于戏剧教育和教育戏剧的内涵和应用领域进行了严格的划分(见图3-2)。但是持狭义取向的黄爱华教授则认为教育戏剧仅仅是戏剧教育在学校教育领域的应用,因此他将教育戏剧划归为戏剧教育的下位概念(见图3-3)。而徐俊则在概念整合的基础上对李婴宁老师的分类稍加改动,对于通识戏剧教育进行了进一步区分,并且将明显不属于学校教育范畴的内涵从教育戏剧概念中进行剥离,从而阐述了戏剧教育与教育戏剧的新型关系(见图3-4)。

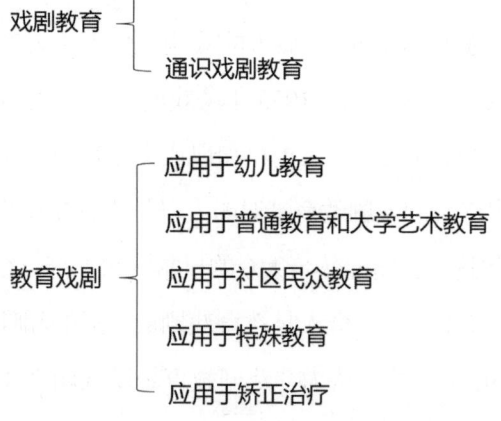

图 3-2 李婴宁对于戏剧教育和教育戏剧概念的划分

---

① 吴戈:《教育戏剧与中国现代话剧》,《文化艺术研究》2010 年第 5 期。
② 李魏:《从幕后到台前——教育戏剧中的戏剧"导演"》,《大众文艺》2012 年第 10 期。

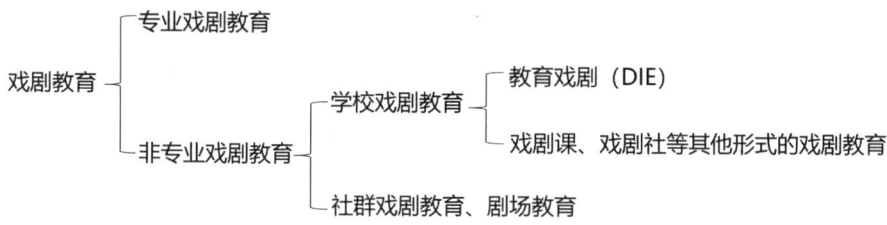

图 3-3　黄爱华对于戏剧教育和教育戏剧概念的划分

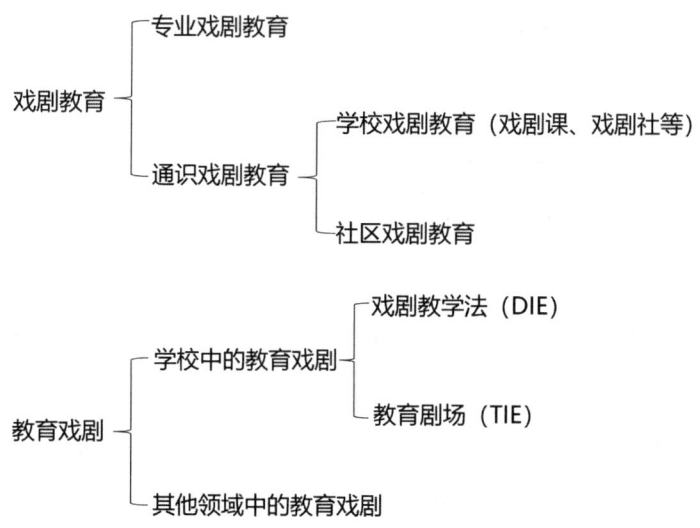

图 3-4　徐俊对于戏剧教育和教育戏剧概念的划分

近年来，我国一些专家学者针对教育戏剧与戏剧教育关系难以界定的问题，开展了以新的概念来进行重新建构的探索。上海戏剧学院的刘艳卉副教授提出为避免概念混淆,建议用"应用戏剧(Applied Drama)"取代"戏剧教育"一词,认为教育戏剧是应用戏剧在学校领域的应用(见图3-5)。[①] 北京大学的周笑莉研究员认为,出现用戏剧教育来表达教育戏剧内容的现象是由对于教育戏剧和戏剧教育两个概念目的的不明确和翻译的困扰所造成的,因此她提倡用"艺术戏剧"取代"戏剧教育",建议"将以培养戏剧专业人才为目的的戏剧教育直接表达为艺术戏剧,而将运用戏剧元素渗透于教育教学之中为目的的戏剧手段和教学方法称为教育戏剧"[②]。这些新概念的探索在理顺戏剧教育与教育戏剧的逻辑关系上具有一定的贡献,然而鉴于对已经使用多年的现有语汇进行改动在推广度上面临的诸多困难,目前来看仍不是十分理想的解决方案。

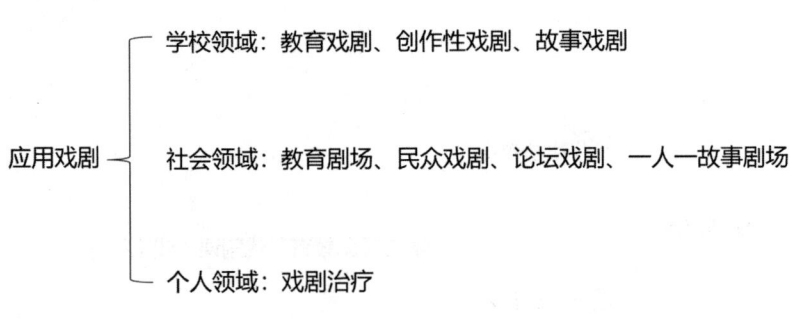

图3-5 刘艳卉对于应用戏剧概念的划分

综合以上种种对于教育戏剧与戏剧教育概念关系的阐释,以及本书对于教育戏剧的定义,本书认为教育戏剧与戏剧教育的区别主要体现在以下几个方面:①从教育目的来看,教育戏剧培养全面发展的个体,而戏剧教育则重在培养专业的戏剧人才;②从教育者来看,教育戏剧的教育者是具备教育戏剧素养的教师,戏剧教育的教育者是戏剧专业的教师;③从教育对象来看,教育戏剧面向的是全体学生,戏剧教育面向的是有戏剧特长的、未来有志于

---

① 刘艳卉:《应用戏剧的理论与实践》,上海,上海书店出版社2011年版,第10页。
② 周笑莉:《运用教育戏剧培养审辨性思维的优势与方法——以"PLAY计划"戏剧美育实验教学为例》,《戏剧艺术》2016年第4期。

从事戏剧行业的学生；④从教育内容来看，教育戏剧教授的是学科性知识以及社会性认知，戏剧教育教授的是形体、台词、剧本等专业的戏剧元素；⑤从教育方式来看，教育戏剧以戏剧教学法和戏剧课两种主要方式开展教学活动，戏剧教育以戏剧专业的系统训练来开展教学活动；⑥从教育场域来看，教育戏剧主要发生于普通中小学之内，戏剧教育主要发生于专业戏剧院校之内；⑦从教育结果来看，教育戏剧的结果常常带来儿童过程性的成长，而戏剧教育则常常以专业的剧场演出来呈现（见表3-1）。

表 3-1 教育戏剧与戏剧教育区分表

	教育戏剧	戏剧教育
教育目的	培养全面发展的个体	培养戏剧人才
教育者	具备教育戏剧素养的教师	戏剧专业教师
教育对象	全体学生	有戏剧特长的学生
教育内容	学科知识或社会性认知	形体、台词、剧本等戏剧元素
教育方式	戏剧教学法、戏剧课	戏剧专业系统训练
教育场域	普通中小学	专业戏剧院校
教育结果	过程性成长	剧场演出

教育戏剧虽然与戏剧教育在概念上有着严格的区分，但是在中小学教师运用教育戏剧的实际过程中往往会兼顾两者的优势，综合地进行运用。例如，当前很多中小学在日常教学中会使用定格画面、坐针毡、良心巷、戏剧棒等教育戏剧元素开发学生的创造力与审美能力，而在排演年终大戏或艺术团评比的戏剧作品的时候也会对传统戏曲教育中所注重的手、眼、身、法、步，以及戏剧教育所注重的声、台、形、表基本功进行细节的调整与专业化的改进。因此，当前中小学教育戏剧与戏剧教育处于共存、共生的关系，不存在某一概念要取代另一概念，某一形式要居于主导地位的情形。

第二节　运用依据

当我们对于教育戏剧概念有了明晰的界定之后，又会有一系列的问题向我们扑面而来。为什么要将教育戏剧引入中小学？中小学教师运用教育戏剧开展教学有何理论依据？教育戏剧在中小学开展具有可行性吗？这些问题虽有不同的指向，但是问题的核心在于教育戏剧的运用依据究竟为何。本书认为"生活即戏剧""教室即舞台""师生即演员"是中小学教师运用教育戏剧的三大理论依据。

一、为戏剧祛魅——生活即戏剧

戏剧一词在中国历史发展与当今日常生活中之中常常被一种奇怪的负面魅影所萦绕，使得戏剧在中国古今的社会文化心理中形成了一种地位不高的刻板印象，也就是伽达默尔（Hans-Georg Gadamer）所说的对于人们概念理解构成历史污染的"偏见"（prejudice）。[1] 社会大众对于戏剧远离真实生活的社会认知偏见是造成戏剧一词在中国社会语境下长期受到歧视，从事与戏剧相关的群体也被长期"污名化"[2]的根本原因，因此提出"生活即戏剧"这一理论观点是转变这种社会认知偏见，为戏剧祛魅正名的首要工作。

（一）从"戏剧皆假"到"想象的真实"

中国社会自古就有一种戏剧与真实生活存在距离的社会文化心理偏见。

---

[1] Hans-Georg.Gadamer, *The Discrediting of Prejudice by the Enlightenment* // Karl Mueller-Vollmer. *The Hermeneutics Reader*. Oxford: Blackwell. 1986, p.260.

[2] [加] 欧文·戈夫曼：《污名：受损身份管理札记》，苏国勋主编，北京，商务印书馆2009年版，第23页。

"戏"字在汉代许慎所著的《说文解字》中主要解释为"三军之偏也"，也就是军队的侧翼，这种"偏军"的指代便为其不入主流正统埋下伏笔，但这一种与军队部署相关的解释与后世戏剧的概念差距较大，不在本书的讨论范畴之内。另一种解释称之为"一曰兵也。一说兵械之名也。引申谓为戏豫，为戏谑。以兵杖可玩弄也。可相斗也。故相狎亦曰戏谑。"① 可见"戏"字在其产生的源头就是一种可供玩弄的兵械。在戏剧发展史上，戏剧在古代中国也常与歌舞、俳优、杂耍归为一类，以虚拟的故事供帝王笑乐。直至宋元戏剧独立形成一种艺术门类，其取材也多为评话、演义等"稗史"，② 而非正史。在中国文学史乃至社会发展史中，"戏言""儿戏""嬉戏""戏谑""戏弄"等与戏相关的词语均带有一定的与虚假、捉弄相关的负面色彩，社会舆论中"戏子无义""唱戏的都是下九流"等负面的刻板印象也长期存在，因此，戏剧一词在我国社会历史中长期以来被虚假、戏谑等负面概念所裹挟，如同柏拉图因为诗歌仅是虚假的模仿而将诗人驱逐出理想国的城邦一般，③ 戏剧也长期难以纳入道德教化为根本正统的儒家教育体系之中。

但我们不难发现，这些对于"戏剧皆为虚假"的刻板印象主要针对戏剧以娱人为目的的取材，而对于戏剧表演过程中的演员却缺乏足够的思考。澳大利亚戏剧家约翰·奥图尔（John O'Toole）提出"戏剧的核心是将假定的模式变成可能的现实"，④ 也就是说演员在表演戏剧的过程中不会将其所扮演的故事视作假象，而会信以为真。约翰·拉尔斯顿·索尔（John Ralston Saul）在《无意识的文明》一书中谈到，人类作为一个物种似乎有一种超越现实本身的能力，想象出一个真实。⑤ 当我们和小孩子接触的过程中，我们似乎都

---

① 许慎撰，段玉裁注：《说文解字注》，郑州，中州古籍出版社 2006 年版，第 630 页。
② 周贻白：《中国戏剧史长编》，上海，上海书店出版社 2004 年版，第 87 页。
③ [希] 柏拉图：《理想国》，谢祖钧译，北京，中央编译出版社 2013 年版，第 334 页。
④ J. O'Toole. "Drama: The Productive Pedagogy", *Melbourne Studies in Education* Vol. 43, 2002, pp. 39-52.
⑤ John Ralston Saul. *The Unconscious Civilization*, Canada: House of Anansi Press Limited. 1997.

会有这样一种经验，即当小孩子在玩"过家家"或演童话剧的时候，他们总会说"我是某某某"，而不会说"我要扮演某某某"。这并非某位老师教给儿童的表达方式，而是儿童自然体悟与生发的表达方式。在这一过程中，儿童会成为角色中的"他人"，并且会确信故事中的事情正在他的生命中发生。这时候儿童既在做自己，也在做"别人"。盖文·伯顿（Gavin Bolton）称这种状态是一种虚实之间（metaxis）。儿童在戏剧中既能体验故事中的存在，又能检查和反思整个戏剧过程。①儿童正是在这种想象的真实境域下来面对自己以及自己所身处的世界。

因此，在戏剧中对于观众的"假"与对于演员的"真"是同时存在的，当观众在戏剧情境中能够找到自己的时候，戏剧对于观众而言也是"真"的。英国当代著名戏剧家爱德华·邦德（Edward Bond）认为"观众是在虚拟的保护下进入这个消除了怀疑的戏剧作品的。但虚拟不是对现实的逃离，而是人类创造现实的工具"。②因为无论是演员还是观众，在戏剧的演出过程中并不是在"想象"一个戏剧情境，而是真实的"存在"于一个戏剧情境之中。戏剧中人物的喜怒哀乐对于此时的演员而言都是真实的情感，而当观众进入戏剧情境后，会将故事里角色的境遇与自己的现实生活建立连接，观众所感受到的无论是情感冲击还是由此所引发的个人体悟与反思对其自身而言都是真实的，但这种"想象的真实"却常常被我们所忽略，让我们误以为戏剧远离我们的生活。

（二）从"演员专属"到"大众共享"

社会大众心理对于戏剧的另一个负面魅影是认为戏剧只属于那些舞台上的演员，其距离社会大众生活过于遥远。例如高等教育中有戏剧与影视学这

---

① ［英］大卫·戴维斯·盖文伯顿：《教育戏剧精选文集》，黄婉萍、舒志义译，台北，心理出版社，2014年版。

② D. Davis, *Imagining the Real: Towards a New Theory of Drama in Education*, London: Education Press. 2014.

一学科门类，艺术院校中有戏剧院校、戏剧表演专业来培养戏剧表演人才，戏剧文学专业来培养戏剧编剧与戏剧理论人才，专业的戏剧院团来组织专业的戏剧演员为观众呈现精彩绝伦的戏剧演出。似乎戏剧只是一个专业领域的专业行为，只有从属于戏剧专业领域的演员在演出时戏剧才会存在，因此戏剧与普罗大众的生活始终保持着一段不远不近的距离，而中小学教育更是很难和戏剧牵涉上关系。

然而，戏剧学中的"元戏剧"概念与社会学中的"拟剧"理论都为我们打开了一扇重新认识戏剧与个人关系的窗户，使戏剧从"演员专属"跨越到了"大众共享"。"元戏剧"(metatheatre) 这一概念最早出现于莱昂内尔·阿贝尔1963 年出版的《元戏剧：戏剧形式的新视角》(*Metatheatre: A New View of Dramatic Form*) 一书。① 阿贝尔认为元戏剧表现了已经戏剧化了的生活，只有承认自身内在戏剧性的生活才能成为有趣的舞台表演。② 此时的戏剧舞台表演所反映的不仅仅是日常生活，而是我们每一个人的存在方式。角色的自我意识是元戏剧的基本形式，③ 在元戏剧中角色并非如被操纵的木偶，角色自身也在思考自身行为以及存在的意义。普罗大众的人生就是舞台，而戏剧则为我们提供观省人生的方式。观众在看戏的过程中意识到一部戏剧作品是如何被一步步建构出来的，进而对实际人生产生类似的思考。④ 元戏剧并非为反映生活而存在，其存在的价值就是作用于生活。因此，从元戏剧这一角度来看，我们每一个人观剧的过程其实也是在参与戏剧，在戏剧中对于自我进行反思。当我们在观剧中反思的时候，我们与戏剧是没有主客二分的，虽然作为观众我们没有参与舞台演出，但是在这一刻任何观众都是"剧中人"。

---

① Lionel Abel, *Meta-theatre: A New View of Dramatic Form*, New York: Hilland Wang. 1963.
② 何成洲：《贝克特的"元戏剧"研究》，《当代外国文学》2004 年第 3 期。
③ 周泉：《"元戏剧'的起源、意象和结构》，《文艺研究》2010 年第 10 期。
④ 章雪晴：《从"元戏剧(meta-theatre)"视角出发的一种解读——浅谈〈桃花扇〉中"人生如戏"意识的独特体现》，《戏剧文学》2014 年第 10 期。

图 3-6 社会如戏

元戏剧的概念将看戏的观众拉进戏剧之中,而我们更多的普通人是很少走进剧院当观众的,那是否不进剧院的人就和戏剧保持了距离呢?社会学中符号互动论的代表人物之一欧文·戈夫曼(Erving Goffman)所开创的"拟剧"理论将我们不在剧场中的普通人纳入了整个社会这一出大"戏剧"之中。英国戏剧家莎士比亚(William Shakespeare)在其著名的喜剧《皆大欢喜》中写道,"全世界是一个舞台,所有的男男女女不过是一些演员;他们都有下场的时候,也有上场的时候。一个人的一生中扮演着好几个角色"。[①] 这让我们从社会学的角度对角色有了另外一层思考。社会上没有抽象的个人,只有承担着各种社会角色的具体的个人。[②] 戈夫曼认为社会秩序(即持续有效的社会互动)产生于和实现于行动者们一致的"情境定义"中。为了维持有效的

---

① [英]莎士比亚:《皆大欢喜:英汉对照》,朱生豪译,北京,中国对外经济贸易出版社 2000 年版,第 67 页。
② 秦启文,姚景照:《角色与品格》,合肥,安徽教育出版社 2009 年版,第 1 页。

社会互动，为了维持符合社会期望的情境定义的要点，人们就必须时时、处处进行表演。戈夫曼将这种表演定义为"个体持续面对一组特定观察者时所表现的、并对那些观察者产生了某些影响的全部行为"。[①] 此时的戏剧表演就彻底从"演员专属"转变为"大众共享"。因为人类个体每天都需要与社会、他人进行交往，当个体与外界进行互动时必然需要通过语言、行为等方式"表演"给他人看，他人才能够有效获得"表演者"所希望传达的信息。而当"表演者"进行"表演"的过程中必然会采取各种措施进行形象管理，让他人准确认知自己所扮演的角色，让自己的一言一行符合此时此刻的"戏剧情境"。因此我们说社会如戏，"生活即戏剧"，戏剧属于我们普罗大众中的每一个人。

二、空间的转移 —— 教室即舞台

当我们阐明"生活即戏剧"之后，我们又将思考戏剧是否适用于中小学班级教学？学校的每一个班级都需要设置一个专属的戏剧舞台吗？这些问题都将戏剧局限于剧场之中。英国著名戏剧家彼得·布鲁克（Peter Brook）在《空的空间》一书中提出，"我可以选取任何一个空间，称它为空荡的舞台。一个人在别人的注视之下走过这个空间，这就足以构成一幕戏剧了。"[②] 因此戏剧的表演场域可以从剧场进一步的扩展，教室空间同样可以构成舞台，师生每一天都在这样的舞台上上演着不同的戏剧。

（一）教室与剧场舞台的相似性

在我们日常有关剧场舞台的印象之中，无论是镜框式舞台还是伸出式舞台都主要包含后台区、前台区与观众区三个主要区域。后台是表演者进行放

---

① ［美］欧文·戈夫曼：《日常生活中的自我呈现》，冯钢译，北京，北京大学出版社2008年版，第19页。
② ［英］彼得·布鲁克：《空的空间》，邢历等译，北京，中国戏剧出版社1988年版，第1页。

松、休息以及为表演做准备的区域，前台是表演者的主要演出区域，而观众席则是观众观看戏剧演出的区域（见图 3-7）。戏剧剧场舞台中的基本要素包括表演者、观众、演出内容和演出环境等。教室是中小学教育教学的主要场所，当我们将教师与舞台剧场进行对比的时候，我们会惊讶地发现，教室与剧场舞台是何其的相似！我们的教室同样也可以大致分为后台区、前台区与观众区三个部分，紧挨着教室的教师办公室是后台区，教师会在这里进行备课、批改作业等，为在教室中良好地开展教育教学活动做基础性准备工作。教室中的讲台可以看作是前台区，任课教师在这个区域通过板书、讲授、多媒体呈现等方式进行教育教学活动。而如秧田式排列的学生座位则可以看作是观众区，教室之中的每一名学生通过观看讲台上教师的"表演"，以个人反思与同伴交流的方式来开展自己的学习活动（见图 3-8）。教室中的教师、学生、教学内容和教学环境等基本要素也与剧场舞台十分类似。由此可见，我们中小学的教室与舞台剧场从物理结构上具有很大的相似性。

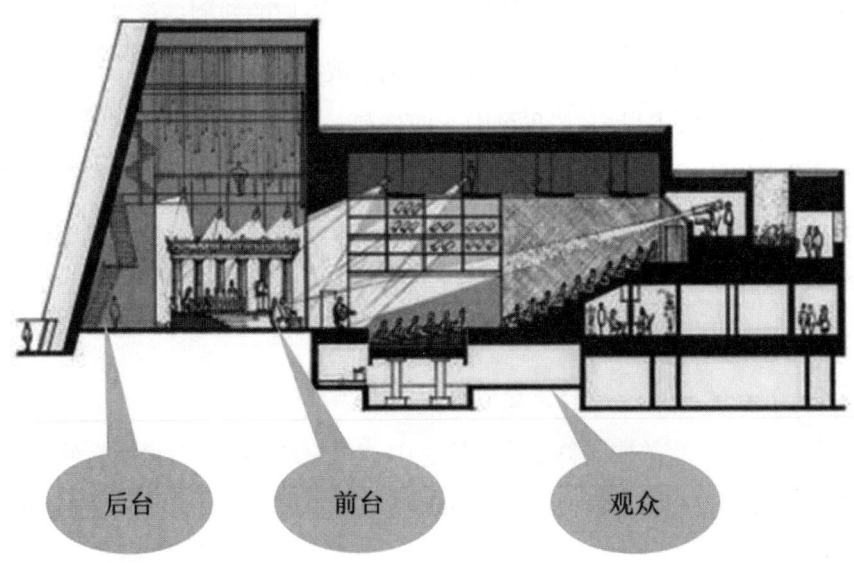

图 3-7　剧场舞台示意图

图 3-8 教室剧场示意图

一个空荡荡的舞台正是因为有了演员富有想象力的表演和观众带有反思性的观赏,才能让戏剧从案头走向台前,使无形变为有形。剧作家也正是通过这种有形的动作世界进入观众内心的感受世界。舞台为剧作家与观众交流创造了可能,而正是由于教师在深入了解学生的基础上开展的科学严谨、生动有趣的教学活动和学生基于好奇心与求知欲所进行的学习活动,教室才能让知识从书本走进课堂,使无形变为有形,让记载于冰冷文字上的知识在课堂教学活动之中成为学生具体可感知的经验,从而让学生能够在教师的指导下将知识得以内化。教室为教师帮助学生学习知识提供了条件,创造了可能。

(二)现代教室是打破了"第四堵墙"的舞台

"第四堵墙"是 19 世纪后期发展起来的现实主义戏剧运动的一个基本概念:[①] 舞台与观众之间仿佛有一面看不见的"墙",透过这堵墙观众可以看到

---

① 高音:《文化英雄:推翻妨碍中国戏剧七十年的"第四堵墙"》,《艺术评论》2005 年第 1 期。

演员的舞台表演，然而演员却仿佛看不见观众，不去理会观众任何的反应。演员的舞台演出以逼真于生活为目标，依靠真实的客观体验来呈现对于生活的模仿。斯坦尼斯拉夫斯基（Stanislavski）的体验派表演理论所强调的"当众孤独"正是"第四堵墙"理论的典型表征。然而，德国著名戏剧家布莱希特（Bertolt Brecht）却主张推翻这种在舞台上制造生活幻觉的"第四堵墙"，[①]通过"间离"的效果让演员成为故事的叙述者而非参与者，舞台演员通过一边演故事一边解释故事来与观众进行交流，演员的表演并非追求让观众与剧中人物产生共鸣，而是让观众通过理性的判断力对于戏剧故事以及戏剧人物进行反思。[②]打破了戏剧舞台的"第四堵墙"，观众才可以不断发展自己的批判思维，也能使理性重新回到长期被感性所主导的戏剧剧场。

而反观我们的传统教室，在讲台与学生书桌之间仿佛也存在着一堵看不见的围墙。教师在讲台上仿佛沉浸于封闭的舞台幻影魔盒，在以教师和教学内容为中心的教学活动之中，哪怕学生睡倒一片也只能怪这一届学生不爱学习，自己只要按照教学计划完成教学进度就可万事大吉。由于缺乏对学生学习发生规律和认知规律的了解，教师只能成为一名"半专业属性"的教师。[③]课堂往往成了教师的独角戏，教师与学生之间缺乏思想的交流与碰撞，枯燥、无趣的教室学习氛围严重阻碍了学生的学习与发展。而现代教室则打破了讲台与学生书桌之间的"第四堵墙"，在充满人文主义精神和科学主义精神的环境中，由学习专业、教授专业和学科专业兼备的"全专业属性"教师脱离"我演你看"的教学表征方式，在不同的教室空间中与学生对话，启发学生思考，在生成性的教育活动中促进学生的学习与发展。

---

① 黄佐临：《漫谈"戏剧观"》，《上海戏剧》2006年第8期。
② 周宪：《布莱希特的叙事剧：对话抑或独白》，《戏剧》1997年第2期。
③ 朱旭东：《论教师的全专业属性》，《教育发展研究》2017年第37期。

图 3-9 存在"第四堵墙"的传统教室

图 3-10 打破"第四堵墙"的现代教室

三、角色的共生 ——师生即演员

在现代教室这一全新的舞台之上,教师的教学活动与学生的学习活动是在感性与理性交织的对话中交互生成的。此时的师生关系并非单纯的教师表演、学生观看,在这一过程中,师生皆是演员,也皆是观众,课堂犹如一出浸没式戏剧,师生在和谐的互动中发现知识与建构意义。

(一)师生皆演员

在课堂教学活动中教师和学生皆扮演着一定的角色,并通过"表演"的方式向对方传达符合角色定位的信息。教师的教育行为需要符合教师的角色定位,学生的学习行为也需要符合学生的角色定位。从这一点来看,教师与学生在教室中的一切行为都可看作是表演性行为,教师与学生在这一刻皆可看作是演员。以表演和观看为基本形式的教育活动可以让我们的教师和学生有着全新的定位。

在现代课堂教学活动当中,教师的角色定位也在发生着一定程度上的改变。教师不再作为知识权威而占据着教育霸权,这种单向度的不平等关系受到了全世界范围的批判,正如联合国教科文组织编著的《学会生存:教育世界的今天和明天》一书中指出的那样:"我们应该从根本上重新评价师生关系这个传统教育大厦的基石,特别是当师生关系变成了一种统治者和被统治者的时候,这种统治和被统治的关系,由于一方年龄、知识和无上权威等方面的有利条件和另一方的低下与顺从的地位而变得根深蒂固了。"[①] 在当今提倡开放、创新、个性化与终身化教育的大背景之下,教师的角色也要顺势由知识的输出者转变为学生自主学习的引导者,由书本知识的复制者转变为学生创造能力的培养者,由知识的给予者转变为学习方法的给予者,要由强调

---

① 联合国教科文组织国际教育发展委员会:《学会生存:教育世界的今天和明天》,北京,教育科学出版社1996年版,第107页。

统一性的教育者转变为真正意义上的因材施教者。①在民主、和谐且充满活力的课堂中，教师被赋予了全新的角色内涵。

学生在现代课堂教学活动中不再是被动观看的观众，而是全身心投入"表演"的主动学习者。对于学生个体而言，学生不仅仅是坐在座位上听讲的被动学习者这样一种"工具性角色"，在师生交流以及同伴的交流过程中学生会在学习活动的参与中主动建构知识，主动向同伴展示自己的学习过程与学习结果。而在交流的过程中学生还需要扮演一定的"情感性角色"，②或是勤奋好学的小学徒，或是乐于助人的好朋友，人际间的情感依赖这时也走进了课堂。作为学生学习过程中理性分析的重要补充，人际间的情感支持也为学生的学习提供了极大的助力。对于"工具性角色"和"情感性角色"的扮演是学生学习过程中的一个重要环节。

（二）浸没式的师生观演关系

自从 2003 年英国眩晕（PunchDrunk）剧团在伦敦首次将浸没式戏剧（Immersive Theater）《不眠之夜》（Sleep No More）搬上舞台以来，这样一种让观众离开固定的座位，可以在演剧空间中随意走动自主决定观看路线而沉浸其中，主动探索剧情的演剧模式开始逐渐风靡全球。③比较具有代表性的有美国导演的扎克·莫里斯（Zach Morris）导演的《坠落的爱丽丝》（Then She Fell）、魏斯·格兰顿（Wes Grantom）导演的《玩偶酒吧》（Speakeasy Dollhouse）、中国孟京辉导演的《死水边的美人鱼》以及王潮歌导演的《又见平遥》。一方面，"浸没式戏剧"解构了演员和观众相分离的空间格局，打破了传统对立的观演关系，让观众可以凭借自己的意愿来探索多线叙事的剧情，赋予了观众极大的自主权。另一方面，"浸没式戏剧"其背离了戏剧的

---

① 霍力岩:《教育的转型与教师角色的转换》,《教育研究》2001 年第 3 期。
② 刘云杉:《课堂教学中的学生角色探析》,《江西教育科研》1997 年第 4 期。
③ 张青飞:《沉浸之美:"浸没戏剧"的兴起及未来》,《戏剧文学》2015 年第 9 期。

离间效果，增强了观众的情感体验与投入。在观剧的过程中观众即是旁观者同时也是剧中的角色，其将观众置身于戏剧故事场景之中，使戏剧成为一种超互动的观演艺术形式。[①]浸没式的观演关系使戏剧融入了观众，进一步推进了观众作为戏剧主体的在场性。

在现代教育中，班级课堂犹如"浸没式戏剧"的舞台，在浸没式的师生观演关系中达到师生角色的共生。随着新一轮基础教育改革的不断深化，以学生为中心的教育理念逐渐成为教育领域的基本共识，学习是学生自己的事情，教师则应创造适合不同学生学习的教育资源、教育环境。以获得2014年国家级教学成果特等奖的北京市十一学校选课走班教学模式为代表的现代教育样态，打破了如传统剧场一般的固定教室和行政班级，让学生如同体验浸没式戏剧一样自主选择适合自己的课程，每位学生都有一张自我专属且独一无二的课程表。教师则会在学生选课之前将不同层次课程的学习目标、学习任务全面系统地告诉学生，并站在学生学的角度设计课堂教学活动，[②]让学生的学习活动真实发生，让学生在学校中最大限度地发展自己的潜力，真正做到学有所得，这成为现代教育样态的一个重要价值目标。一个学生可能数学好，那么对数学学习其可以在A班探索书本以外更深层次的问题，但是他的英语可能差一些，那么对英语学习他可以在B班打牢基础，避免过于高深的内容让自己望而生畏。一个公认的"学霸"有可能在戏剧课中只是一个灯光师，一个舞蹈天才也可能只是化学课上的初级学徒，但不同的角色并没有妨碍学生的成长，反而让其学会了在不同的情境中尽最大的努力承担好自己角色的责任。每一个课堂中教师与学生互相参看，都在一种角色共生的关系中实现着自我的成长与发展。

---

① 段金龙：《"浸没式戏剧"价值略论》，《新世纪剧坛》2017年第1期。
② 李希贵：《面向个体的教育》，北京，教育科学出版社2014年版，第27页。

第三节　运用价值

教育的根本目的是促进学生的发展，中小学教师运用教育戏剧开展教学活动在促进学生认知、社会性和审美三个方面的发展上有着独特的价值。

一、促进学生认知发展

（一）教育戏剧充分尊重知识的具身性

不同于传统课堂教学以高度抽象化的知识为认知对象的表征主义认知方式，教育戏剧帮助学生通过身体来进行认知活动的具身认知方式成为教育戏剧的独特价值。西方传统的认识论对于身体充满了鄙夷，古希腊毕达哥拉斯学派就提出"理性灵魂是不朽的，它独立于肉体"。[①] 柏拉图（Plato）更是在其《斐多》中直言："我们要接近知识只有一个办法，我们除非万不得已，得尽量不和肉体交往，不沾染肉体的情欲，保持自身的纯洁。"[②] 以笛卡尔（Rene Descartes）心物二元论为代表的近代认识论进一步强化了这一倾向，强调人是认识客观事物的主体，理性的思想史认知的关键，人的身体是认知的障碍，甚至是灵魂的坟墓。自洋务运动之后，中国各地纷纷效仿西方班级授课制兴办新式学堂。中华人民共和国成立之后，我国又全面效仿苏联的教学模式，秧田式的桌椅排列成为全国性的统一教室空间组织形式。这种将学生身体紧紧限制于狭小座位的教学安排背后所体现的正是源于西方的忽略身体价值的认识论传统。

德国哲学家海德格尔（Martin Heidegger）在《存在与时间》一书中提出"在世"（being-in-the-world）的概念，强调人与世界并非主客对立的关

---

① ［希］第欧根尼·拉尔修：《名哲言行录》（下），马永祥译，长春，吉林人民出版社2003年版，第513页。

② ［希］柏拉图：《斐多》，杨绛译，沈阳，辽宁人民出版社2000年版，第17页。

系，人是参与世界之中，并沉浸于世界之中，①之后，西方近代分离主体的表征主义认识论观念随之瓦解。为区别以明述知识为代表的表征主义，英国哲学家波兰尼（Michael Polany）提出了默会知识这一概念，认为人是"通过寓居而认知"（Knowing by indwelling），强调这种非可言述的默会认知会重新定向和收紧我们介入世界的活动。②人类的默会知识包括能力之知（knowing how）和亲知（knowledge by acquaintance）等具体样态，而人类对于默会知识的认知途径则主要依赖关注身体的焦点觉知和关于自己身体的辅助觉知。人类心灵本质上是具身性的，它活动并寓居于身体之中③。承认人类知识的身体根源成为现代认识论的一个重要特征。

与西方传统哲学所不同的是，中国传统哲学将人的身体看作安身立命之本，是个体认识世界的重要载体与媒介，为教育戏剧通过身体来学习提供了良好的哲学历史传统。先秦老子所著《道德经》有言"宠辱若惊，贵大患若身"，认为身体是人喜怒哀乐的根源。庄子在《庖丁解牛》的寓言故事中也提到"臣之所好者道也，进乎技也"，以庖丁通过身体力行的反复解牛来悟道并强调通过身体来认知的重要价值。儒学经典《论语》中也提到"吾日三省吾身""一朝之忿，忘其身。"《礼记》中也提到"预齐其家者，先修其身"。作为中国传统哲学源头的儒道两家都强调人的身体作为认知的主体性地位。然而这种主体性却并非以主客二分为代价，言身必言心，论心必论身，身心一元论恰是中国传统哲学的显著特征。④王守仁提出"身乃心之身，心即身之心"，⑤人的身心是浑然一体的，是生命的一体两面。钱穆先生认为中国人视

---

① [德]海德格尔：《存在与时间》，陈嘉映、王庆节译，北京，生活·读书·新知三联书店1987年版，第76页。
② Michael Polanyi. *Personal Knowledge*, New York: Harper & Row, 1964, p.x.
③ 郁振华：《人类知识的默会维度》，北京，北京大学出版社2012年版，第130页。
④ 张永飞：《具身化的课程——基于具身认知的课程观建构研究》，昆明，云南人民出版社2017年版，第27页。
⑤ 王阳明：《王阳明全集·文录二》，上海，上海古籍出版社1992年版，第194页。

心身虽有分别，仍浑然和合为一体。[①] 当代新儒学的代表人物杜维明先生提出了"体知"的概念，强调体知是中国人特有的认识世界的方式，体知是整合身心灵神的体验之知，[②] 中国人通过身体来认识世界与表达意义，正如我们的汉字多以象形的方式表达与身体有关的动作以及人与人之间的关系。从"垂头丧气""咬牙切齿""高抬贵手""顺手牵羊""卑躬屈膝""俯首帖耳"等成语中也可以明显看出中国人借助身体来认知与表达情绪、情感以及其他难以明述的意义。

无论是戏剧教学法还是戏剧课程，教育戏剧都让学生通过身体雕塑、身体动画等方式来将抽象的意义具象化为具体的身体动作，使学生通过亲知与体知来获得意义的理解与表达能力。明述知识与默会知识共同构成了人类知识的大厦，传统将学生学习局限于可通过语言表征的明述知识领域无疑是有着极大漏洞与欠缺的教育教学理念，其结果便是将一个个活生生的生命个体禁锢于文字牢笼，失去了身体这一重要的认知途径与概念表达能力，学生群体中出现"高分低能"的异化个体也就不足为奇了。教育戏剧所主张的动作理解与表达充分尊重了人类知识的具身性特征，帮助学生构建了兼具明述知识与默会知识的完整知识体系，为学生拓展了全新的认知途径，同时，这也是对中国传统认知哲学的一种复归。

（二）教育戏剧符合华人大脑的认知特点

最新的脑科学研究成果对我们研究教育戏剧对学生认知发展的价值提供了一幅崭新的图景。中国的学生长期生活在由象形文字构成的汉语文化世界中，这就造成了中国学生与长期生活在拼音文字构成的西语文化世界的学生之间具有截然不同的认知规律与认知特点。在西语中，无论是早期的希伯

[①] 钱穆：《现代中国学术论衡》，北京，生活·读书·新知三联书店2001年版，第2页。
[②] 杜维明：《体知儒学——儒家当代价值的九次对话》，杭州，浙江大学出版社2012年版，第176页。

来文、拉丁文，还是当前较为广泛使用的英文、法文、德文、俄文、意大利文、西班牙文、葡萄牙文，其读音与字母之间都有着相对明晰的转换规则，知道读音就可以相对轻松的拼写单词。然而对于汉字学习而言，其包含字音、字形、字意三个阶段的认知过程，往往需要大量的手写等动作的参与才能够有效记忆与掌握。

当代脑科学研究为这一现象提供了有力的论据。香港大学萧慧婷（Wai Ting Siok）等学者通过核磁共振进行的研究表明，西方人英文认知加工中枢位于大脑负责听觉和视觉的左后脑部颞顶枕和枕颞区的威尔尼克区（Wernicke-area），[1] 华人大脑的中文认知加工中枢位于大脑负责动作与情感处理的左前额中回区（Left Middle Frontal Gyrus，LMFG）的第九脑区（BA 9）和第四十六脑区（BA 46），[2] 特别是第九脑区在中文认知中发挥着独特的作用，而威尔尼克区被激活的情形却不甚明显。后续的很多研究也表明，在中文的认知加工中，第九脑区在字形、语音、语意的转换过程中都被高度激活，[3] 承担着华人汉字认知的重要任务。华人脑认知中枢位于大脑前部决定了华人脑与西方人脑的认知机制具有较大的差异。

由此可见，人类汉语学习与英语学习存在着截然不同的大脑加工中枢与认知机制。脑神经科学的最新研究成果表明，人脑负责运动的区域位于中央沟至脑前部，负责听觉的区域位于大脑中部颞叶区域。[4] 中文认知加工中枢更接近于大脑运动区，英文认知加工中枢更接近于大脑听觉区，如果中文或英文的认知加工中枢灰质不足会严重影响儿童对于中文或英文的阅读和理解，从而造成阅读障碍（见图3-11）。语言认知加工中枢灰质数量主

---

[1] Hoeft F, Hernandez A, Mcmillon G, et al., "Neural basis of dyslexia: a comparison between dyslexic and nondyslexic children equated for reading ability", *Journal of Neuroscience* Vol. 26, 2006, pp. 10700-10708.

[2] Ting, Siok, Charles, et al., "Biological abnormality of impaired reading is constrained by culture", *Nature* Vol. 431, 2004, pp. 71-76.

[3] Wu C Y, Ho M H, Chen S H, "A meta-analysis of fMRI studies on Chinese orthographic, phonological, and semantic processing", *Neuroimage* Vol. 63, 2012, pp. 381-391.

[4] 尧德中：《脑功能探测的电学理论与方法》，北京，科学出版社2003年版，第15页。

要与后天的教育与训练密切相关。有关研究显示,因为英语和汉语语言认知加工中枢所在区域不同,英文和中文也形成了不同的认知网络加工通路,[①] 更多的感知运动训练会有助于儿童中文的学习,更多的听觉训练会有助于儿童的英文学习。

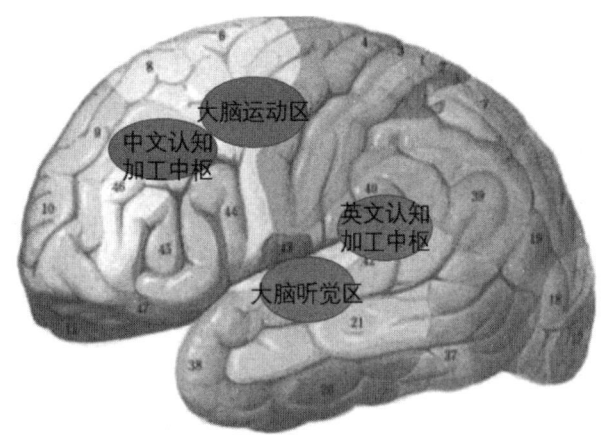

图 3-11 中、英文认知区域对比图

长期使用汉字的文化生活造就了华人与西方长期使用拼音文字的西方人截然不同的"中文脑"认知机制,因此我们在从事教育活动的过程中不能照搬西方教育理论,而应探索符合"中文脑"认知特点的教育方法。[②] 例如,语言心理学界长期认为,各种文字系统认知的核心环节是语音加工,但是有关学者通过实验研究表明,中国学生的中文的识字阅读能力与其自身的写字技能发展密切相关,特别是笔画、笔顺等技能的掌握程度影响中国学生的汉字及语言学习能力,[③] 而我们日常使用的电子设备拼音打字系统反而会阻碍儿

[①] Chen Y., Fu S., Iversen S. D., et al., "Testing for dual brain processing routes in reading: a direct contrast of Chinese character and pinyin reading using FMRI", *Journal of Cognitive Neuroscience* Vol.14, 2002, pp. 1088-1098.

[②] 李辉,王晶颖:《有关中文识字的脑科学研究最新进展及其启示》,《幼儿教育》2015 年第 33 期。

[③] Tan L. H., Spinks J. A., Eden G. F., et al. "Reading depends on writing, in Chinese", *Proceedings of the National Academy of Sciences of the United States of America* Vol.102, 2005, pp. 8781-8785.

童的识字与阅读能力发展。①

教育戏剧在与学科融合的过程中所发展出的"身体写字"游戏就是一种符合华人"中文脑"认知特点的具身认知学习活动。"身体写字"游戏继承并发展了中国古代"书空"的教学方法,在初级阶段教师可以带领儿童用手指在空中按照笔顺虚画字形;在中级阶段教师则可以启发儿童用身体的头、肘、脚、膝盖,甚至平时很少用到的脖颈、臀部作为虚拟笔端在空中写字;而在高级阶段则可以让学生尝试用身体摆出汉字的偏旁部首,甚至可以几个同学联合组成一个汉字。这不但可以有效调动学生尤其是初学写字的低龄儿童的学习兴趣,更可以促进学生中文认知中枢大脑皮质的增加与中文认知大脑加工通路的发展,有效促进儿童的语言认知与阅读能力提升。

二、促进学生社会性发展

(一)在戏剧观演中形成自我意识

教育戏剧会促进学生在戏剧表演的观演互动中习得社会符号,进而有效区分自我与他人,形成稳定的自我意识。自我既是一个哲学概念,同时也是心理学和社会学概念。哲学中的自我意识是一种把对象意识作为意识对象的意识,②是一种区分他人与他物的对象化意识。而心理学中的自我更多的是在强调个体的反身意识,③与学生的社会性发展关联度较低。社会学中符号互动理论可以让我们对于教育戏剧促进学生社会性发展的价值有一个较为清晰的认识。

以美国社会学家乔治·赫伯特·米德(George Herbert Mead)为代表的符号互动理论认为自我是自己的认知对象,从本质上说是一种社会结构,

---

① Tan L.H., Xu M., Chang C.Q., et al. "China's language input system in the digital age affects children's reading development",*Proceedings of the National Academy of Sciences of the United States of America* Vol.110, 2013, pp.1119-1123.

② 孙正聿:《哲学通论》,沈阳,辽宁人民出版社 1998 年版,第 205 页。

③ 金盛华:《自我概念及其发展》,《北京师范大学学报》(社会科学版)1996 年,第 1 期。

是从社会经验中产生出来的，①既有认知属性也有社会属性。人的"自我"（self）分为"主我"（the I）和"客我"（the me）两部分，"主我"是正在进行社会互动的主体，而"客我"是社会个体从他人的态度和视角出发观察及评价的自己。个体的"主我"决定了个体自发性和创造性的发挥，而个体的"客我"则决定了社会对个体的约束和调节。基于个体"主我"和"客我"的日益成熟，个体的自我意识便随之产生。在米德看来，自我意识是指由我们正在他人那里导致的态度组成的我们的自我的某种觉醒过程。②只要一个个体在影响他人的时候唤醒了这些存在于他的内心之中的反应，他就唤醒了他的自我。个体需在与他人在借助语言、动作、表情等多种符号的互动中才能够拥有自我意识，从另一个角度来觉察自己的内心，逐渐认识自我。

在教育戏剧中，儿童在一个虚拟、安全的环境中与老师和其他同伴进行互动，在互动的过程中儿童逐渐获得自我意识。也许有人说自我意识会随着儿童个体的生理成熟而自然获得，但是缺少了社会互动这一必要机制是断然不可的。设想一个儿童独自玩耍的时候，他只有"主我"，自己可以为所欲为，由于外界不存在任何社会约束，所以儿童不会由于受挫而进行自我省察，反观自我。当幼儿的眼睛看出我、他和你的区别的时候，"角色意识"也随之出现了。③正是在教育戏剧中儿童扮演一定的角色，而且这种扮演角色需要受到故事线以及课堂纪律的约束，儿童才会在这一戏剧共同体中为了寻求认可与和谐而不断反观自我的言行，使自己的一言一行能够符合群体态度和社会规范。正是在这种戏剧观演活动中不断的自我反观与自我省察，儿童逐渐形成并发展了"主我"与"客我"相统一的自我意识。

---

① [美]乔治·赫伯特·米德：《心灵、自我和社会》，霍桂恒译，北京，北京联合出版公司2013年版，第155页。
② [美]乔治·赫伯特·米德：《心灵、自我和社会》，霍桂恒译，北京，北京联合出版公司2013年版，第181页。
③ 李政涛：《教育生活中的表演》，华东师范大学博士学位论文，2003年。

(二) 在戏剧观演中达成社会化

当具有自我意识之后,儿童便步入社会化的道路上来。在教育戏剧之中,学生会通过观剧和演剧而逐渐习得课堂规则与社会规范,逐渐去适应社会,达成自我的社会化。

中国自古就有通过戏剧来化民成俗,向民众传递忠、孝、节、义等伦理道德思想的传统。这从宋元以后的市井戏剧取材多为英雄故事可见一斑。而清末民初一大批有识之士更是看到了戏剧促进民众启发心智,进而改造社会的独特价值,为戏剧救国和国民教化做了很多探索性的工作。[①] 梁启超曾改编传统戏剧《劫灰梦》《情侠记》来激发民众的爱国主义与民主主义。李叔同则在东京组建"春柳社",通过排演《黑奴吁天录》《茶花女》的方式启迪在日留学生的民主思想。南开大学的"南开新剧团"则直接以"练习演说,改良社会"为宗旨。陈独秀更是直接指出"戏园者,实普天下人之大学堂也;优伶者,实普天下人之大教师也"。[②] 这就直接点明了近代戏剧改良社会、促进民众适应新社会的独特价值。

在教育戏剧中学生首先会通过习得规则而达成初步的社会化。戏剧游戏是建立规则的重要方式。在教育戏剧授课之初,老师就会和学生通过共同协商的方式约定好不能大声喧哗、安静地欣赏他人的演出、有秩序地进场与退场、不能抢台词、不能抢戏等戏剧规则。由于儿童年龄尚幼,对于规则的习得难以一步到位,这时老师可以通过提醒甚至批评来帮助儿童将规则逐步内化。在戏剧课堂中有一个相对安全的环境,这时儿童即使违反了规则也不会受到过于严重的处罚,但是却可以让儿童认清对与错。如果孩子在小时候愿意遵守规则,长大后孩子才会愿意遵守法律。如果每个个体都能够遵守规则与法律,一个有秩序的法治社会才能够得以建立。

儿童在就学期间首先要扮演好"学生"的角色。这时老师和同学则是他

---

① 张生泉:《戏剧教育新论》,上海,上海教育出版社2016年版,第58页。
② 陈白尘,董健:《中国现代戏剧史稿》,北京,中国戏剧出版社1989年版。

的观众，他就需要通过刻苦学习、乐于助人等符合角色期望的言行来扮演好自己的角色。同时，儿童并不是天生就会表演的，他也需要通过观察老师和同伴的表演来逐渐习得如何扮演"学生"这一角色。在童年期，学生通过模仿和想象良好地扮演角色（role-play），成年后，学生才能够通过理性做出符合社会对于自我角色期望的言行，进行符合社会规范的角色维护，进而良好地承担角色（role-taking）。个体的社会化就是在这一连串的观看与表演中，通过不断地扮演角色与承担角色而逐步达成的。

这种社会化一定是外在规约对个体的单向度驯化吗？也不尽然。因为在教育戏剧中教师会让儿童不断地进行选择来发展儿童的自主性与独立思考的能力。联合国教科文组织编著的《学会生存：教育世界的今天和明天》一书中指出，艺术教育除了培养个体领悟美和吸收美的能力之外，还是"我们和自然与社会环境相互沟通的一种手段；它是了解环境的一种手段，而且当某种情况发生时，它又是对抗环境的一种手段"。[1]著名教育戏剧家盖文·伯顿（Gavin Bolton）也提出，教育戏剧的目的之一是"帮助学生知晓如何以及什么时候来适应他生活的世界（或什么时候不去适应）"。[2]当儿童具有自我意识之后，它会依据自我的价值判断来对自我的言语与行为进行选择。如果你所在的地区充满暴力与腐败，你也要去适应这个社会吗？显然，教育的从善价值传统会让教师在教育戏剧中引导儿童去改变丑恶的社会而去创造崭新的社会。

三、促进学生审美发展

（一）沉浸于过程美学

戏剧本质上属于艺术范畴，而教育戏剧的美育价值更是不能忽略的。教

---

[1] 联合国教科文组织国际教育发展委员会：《学会生存：教育世界的今天和明天》，北京，教育科学出版社 1996 年版，第 96 页。

[2] [英]大卫·戴维斯：《想象真实：迈向教育戏剧的新理论》，曹曦译，北京，中国人民大学出版社 2017 年版，第 27 页。

育戏剧的重点不是在最后呈现一出精美奢华的"大戏"来让学生感受戏剧之美,而是从最初的戏剧游戏开始,就会让师生共同沉浸于一种过程美学之中,在一学期的整个学习过程中去感受美、欣赏美,进而创造美。

过程美学是一种运用过程理论的方法研究和思考美学基本问题的美学理论。①西方近代著名哲学家弗里德里希·威廉·尼采（Friedrich Wilhelm Nietzsche）和阿尔弗雷德·诺斯·怀特海（Alfred North Whitehead）均在不同著作中对于过程美学进行过深刻的论述。尼采曾在《悲剧的诞生》（*The Birth Of Tragedy*）中提到"一切过去的——以创造来补救"。②他主张人可以在不完满中去努力追求完满,通过创造来拯救过去的缺陷,成为他想成为的人,甚至成为"超人",而这需要一个美的过程,在美的过程中使个体成为自我超越的桥梁,在美的过程中达到美的意义。在怀特海看来,美是一个动态的过程,单调静态的美会使人产生厌倦。③在过程中达到动态的和谐才是美所应追求的目标。教育戏剧所追求的过程育人、过程审美正是以过程美学作为坚实的美学根基。

沉浸于教育戏剧过程美之中的师生在感受美的过程中也会创造美。联合国教科文组织编著的《学会生存：教育世界的今天和明天》一书中指出："艺术活动的有形结果不是我们唯一所关心的事情,精神状态以及由它所产生的爱好也是重要的。真正重要的是要唤起创造的热忱,帮助人们提高到一个更高的水平。"④在教育过程中唤起学生创造美的意识,培养学生创造美的能力是教育戏剧的重要价值追求。过程美,产生于张弛之中。⑤在教育戏剧中既有紧张刺激的"故事棒""坐针毡""良心巷"等戏剧习式,让学生的内

---

① 陈军科：《过程美学：当代美学与马克思主义理论的新探索——对新时期思想解放进程中一种美学理论的反思》,《湖南大学学报》(社会科学版)1999年第4期。
② [德]尼采：《悲剧的诞生》,周国平译,长沙,北岳文艺出版社2004年版,第98页。
③ [英]怀特海：《观念的冒险》,周邦宪译,贵阳,贵州人民出版社2000年版,第303页。
④ 联合国教科文组织国际教育发展委员会：《学会生存：教育世界的今天和明天》,北京,教育科学出版社1996年版,第96页。
⑤ 周彪：《谈戏剧的造型美与过程美》,《戏剧之家》2016年第11期。

心在炙烤中思索行为的价值与后果，同时也有形体雕塑、定格动画等戏剧习式，让学生在静态戏剧中体悟人体造型之美与静态叙事之美。教育戏剧中动中有静，静中有动，在这一张一弛的过程之中，学生不但能将停留在文本上的戏剧之美内化于心，同时在动作创作中也可以将戏剧之美外化于行。沉浸于过程之美的师生一方面可以获得美感，另一方面也可以习得审美活动的基本格调与能力。

（二）领悟审美意象

教育戏剧中学生所获得的审美发展重点不在于对外在客观美的欣赏，也不在于对内在主观美的分析，而在于戏剧过程中审美意象的领悟。正是对这种戏剧审美意象的持续领悟促进了学生审美能力和审美素养的发展。

学生审美的发展关键在学生领悟审美意象能力的发展。20世纪中叶，我国学术界曾开展过一次有关美的本质的大讨论。蔡仪认为美是客观的，美在物，美的规律从根本上说就是典型的规律。[①]吕荧、高尔泰认为美是主观的，美在心不在物，美产生于美感。[②]李泽厚认为美是客观性和社会性的统一，美不能脱离人类社会而存在。[③]而朱光潜则认为美是主客观的统一，美在心与物的关系上，人的审美对象不是物，而是人根据表象来加工出的"物的形象"。[④]我国当代美学家叶朗先生将其总结为"美在意象"。[⑤]我国唐代诗人柳宗元曾在《邕州柳中丞作马退山茅亭记》中提出"美不自美，因人而彰"，即不存在外在于人的美，美离不开人的审美活动。唐代禅宗大师马祖道一提出"心不自心，因色故有"，即不存在纯粹主观的美，美是通过主观对于客观事物的美感体验而获得的。因此，美在意象，审美活动要在物理世界之外

---

① 蔡仪：《新美学》，北京，中国社会科学出版社1985年版。
② 高尔泰：《论美》，兰州，甘肃人民出版社1982年版，第3页。
③ 李泽厚：《美学论集》，上海，上海文艺出版社1994年版，第30页。
④ 朱光潜：《朱光潜美学文集》，上海，上海文艺出版社1982年版，第34页。
⑤ 叶朗：《美学原理》，北京，北京大学出版社2009年版，第38页。

构建一个情景交融的意象世界。① 教育戏剧所要培养的就是学生对于意象世界的构建能力。

中国传统戏曲文化为学生在教育戏剧中领悟审美意象提供了深厚的文化土壤。中国传统戏曲是一种写意的体系，戏曲人常说在中国戏曲表演者中常见"两三人千军万马，五六步万水千山"。一位主将后跟随两三个人就可以代表千军万马的庞大军队，戏剧演员在舞台上走五六步、转两圈就可以代表从远方的战场渡过万水千山班师回朝。在这里，中国戏曲并没有用西方体验派戏剧完全写实的布景与道具，一条马鞭就可以代表一匹骏马，一桌两椅就可以代表厅堂、衙门，甚至金銮宝殿。虽然没有奢华的实物道具，但是观众依然可以借助演员的表演而体悟戏剧之情，在情与景的交融之中构建出一个戏剧故事的意象世界。美学大师宗白华称之为"景中全是情，情具象为景，因而涌现一个独特的宇宙，崭新的意象"。② 戏剧表演者与观众共同对戏剧意象世界的构建是中国传统戏剧美学的一个突出特征，这种传统戏剧美学的根基为中小学教育戏剧的实施提供了良好的历史文化传统。

在中小学教育戏剧实施的过程之中，教育戏剧的教学场域多为学校普通教室或者舞蹈排练厅，这就从客观上决定了教育戏剧教学活动不可能在奢华的舞台现场展开。教师与学生无论是在课堂中进行戏剧游戏，还是在戏剧课中采用故事棒、身体雕塑等戏剧习式开展教学，师生均是在戏剧故事情境中通过身体动作共同创造审美意象来开展学习活动，在审美意象的构建中来体悟美、感受美以及创造美。英国著名教育戏剧家乔纳森·尼兰德斯（Jonothan Neelands）曾指出，"学生如能认识、理解戏剧习式及其内容的关系，便能鉴赏剧作家的作品。"③ 学生的审美鉴赏能力正是在戏剧的体验与审

---

① 叶朗：《美学原理》，北京，北京大学出版社2009年版，第55页。
② 宗白华：《艺境》，合肥，安徽教育出版社2006年版，第153页。
③ [美] 强纳森·尼兰德斯，东尼·古德：《建构戏剧：戏剧教学策略70式》，舒志义，李慧心译，台北，财团法人成长文教基金会2005年版，第29页。

美意象的生成中所获得的。这种领悟审美意象的教学活动不需要太多的道具作为物理实在,师生的审美对象是一个充满意蕴的戏剧感性世界。正是在对戏剧审美意象的构建中,师生共同获得了美感,在生活世界中找到了属于自己的精神家园。

第四章　我国中小学教师开展教育戏剧的实践探索

学科教学中采用戏剧教学法、戏剧课进入校本课程和学校组织戏剧社团是我国中小学教师开展教育戏剧实践探索的三种主要方式。本书所选取的四所学校和七位教师均作为近两年在参与教育戏剧相关会议时所结识的一线实践者，较能反映当前我国中小学教师开展教育戏剧实践的现有生态。由于质性研究特有的目的性抽样原则，[①] 本书不做信效度的讨论，只是希望能够呈现我国中小学开展教育戏剧实践的部分真实状态，为今后教育戏剧在我国中小学教师中推广使用提供一些案例与启发。

第一节　学科渗透，整校推进——探索中的戏剧教学法

J 学校是北京市石景山区的一所十二年一贯制重点中学，包含从幼儿园到高中的所有学段。自从 2015 年学校探索开展教育戏剧与学科融合以来，就一直将教育戏剧作为一种教育教学方法运用到各个学科之中，很多教师也开发出了适合本学科的教育戏剧教案，形成了学校的一项特色与品牌。J 学校的 S 校长与 L 老师作为深度参与教育戏剧与学科融合的代表在探索戏剧教学法的过程中感触良多。

---

① 陈向明：《质的研究方法与社会科学研究》，北京，教育科学出版社 2000 年版，第 101 页。

一、开展方式：以戏剧教学法开展学科教学

以戏剧教学法开展学科教学的突出特点就是能够让学生通过身体理解学科知识，通过教学过程中对于语言、动作、情节等戏剧符号的运用来达成促进学生认知、社会性与审美发展的教育目的。戏剧教学法一直都是一个针对全课程的教学方法，而不是对于单一主题的处理，[①]任何课程只要适宜采用戏剧艺术形式进行开发均可以采用戏剧教学法进行授课。

以小学数学课程为例，在教授"集合"这一知识概念的时候，传统的讲授法很难让小学生快速理解抽象的数学符号，例如交集、并集等基本概念，总是有学生会将其混淆。于是J学校的一位数学老师就将"集合"这一知识概念改编成了一个有关找朋友的微型戏剧故事。老师先在教室中央摆上两个中间有重叠的绳圈，之后会从学生群体之中寻求几个志愿者站到绳圈之中。这时有3个同学站在两个绳圈交会处，2个同学站在左侧绳圈，1个同学站在右侧绳圈。之后老师会向其他同学询问喜爱语文的左侧绳圈中的好朋友都有谁，喜爱数学的右侧绳圈中的好朋友都有谁，语文、数学都喜爱的好朋友都有谁等一系列问题。这时几个概念就不再只是黑板上那些抽象的数字符号，而成为学生日常学习生活中随处可见的事情。将抽象的概念具象化并通过学生身体的空间感知来将知识内化的戏剧教学法十分适合抽象思维发展水平有限的中小学生，整节课取得了很好的教学效果（见图4-1）。

在语文课上运用教育戏剧同样具有巨大的价值。学习教育戏剧有利于学生通过身体表演来准确理解人物感情，并能将这种细致的理解准确迁移到语文作文的写作上。J学校初二的语文老师通常会安排学生写课堂小作文，但是这种小作文老师都会给非常具体的评价，评价完之后学生会写第二篇。在一次课堂小作文课上，学生想描写自己爷爷对自己的严厉管教，

---

① [英]桃乐丝·希斯考特，盖文·伯顿：《戏剧教学：桃乐丝·希斯考特的"专家外衣"教育模式》，郑黛琼，郑黛君译，台湾心理出版社2006年版，第12页。

图 4-1　学生利用身体动作学习数学"集合"概念

在学习教育戏剧之前,他只能很直白地描述如下一些粗线条的概念。

    他就是我的爷爷,严厉沉默,是我对他仅有的记忆。
    "春眠不觉晓,处处闻啼鸟。夜来风雨声,花落知多少。"那是我第一次背诗,到底是什么意思,我也不知道,便囫囵吞枣地背下了这首诗。谁知,爷爷还要我背给他听,一背错,爷爷就用一个木板子打我的手掌,疼得我哇哇直哭,那时候,我最讨厌的无非就是那个木板了吧(见图4-2)。

    语文教师对于这样的描写就会在旁边批注"怎么打的,看爷爷的表情了吗?""'严厉''沉默',你只写了严厉。"由于学生还没有学过戏剧,不太会关注人如何通过表情和动作传达信息,因此会对一些人物细节把握不到位,文章缺乏细致的描写。之后这位语文教师就会将爷爷打孩子手掌的情节进行情景再现,教师扮演那个学生,文章的作者来扮演爷爷。这时语文老师就会提醒文章的作者注意回忆当时爷爷的表情是喜是怒?眼神是什么样的?眉毛是什么样?脸色是什么样的?动作是缓是急?当学生能回忆出并表演出这些细节时,他便能够准确体会爷爷的心情,作文写作也能够将人物细节做深入描写。

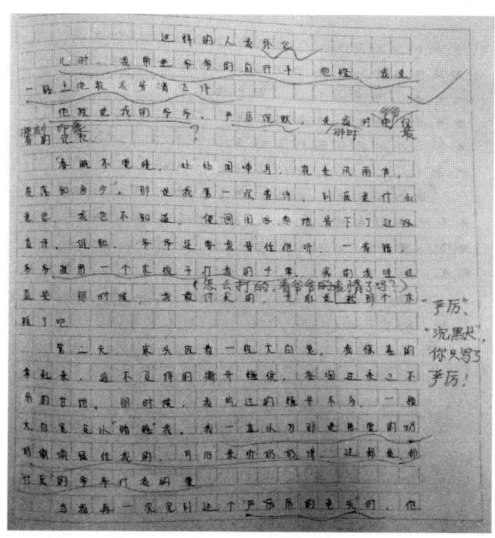

图 4-2 初中学生学习教育戏剧之前的作文

当学生与老师共同表演完这一戏剧情境之后,学生的第二篇习作可谓是焕然一新。这位学生在文中进行了以下描写。

我的爷爷,不苟言笑,严厉而又沉默便是那时的我对爷爷深刻的印象。

"春眠不觉晓,处处闻啼鸟。"那是我第一次背诗,因为不理解诗的意思,所以我总是不求甚解,囫囵吞枣,谁知,爷爷竟要检查,我有些慌了神,却依旧镇定自若地背出了前两句,爷爷只是微微点头,依旧冷冰冰地板着一张"木头脸"。眼看就要成功了,这时我却偏偏忘记了最后一句诗,爷爷的脸色一下就低沉了,眉头紧紧地皱在了一起,严厉地对我说:"手伸出来"。我乖巧地伸出了手,心里却早已兵荒马乱。爷爷又拿出令我惧怕的木板,爷爷紧紧皱眉,就像那乱绳缠绕的死结儿,怎么解也解不开,他用力地打了我三下,两只眼睛炯炯有神,又问我:"记住了吗?要想得到他人的尊重,就必须付出努力!"说罢,他转过身走了。我哇的一声哭了出来,你这个臭老头！我再也不要理你了（见图4-3）。

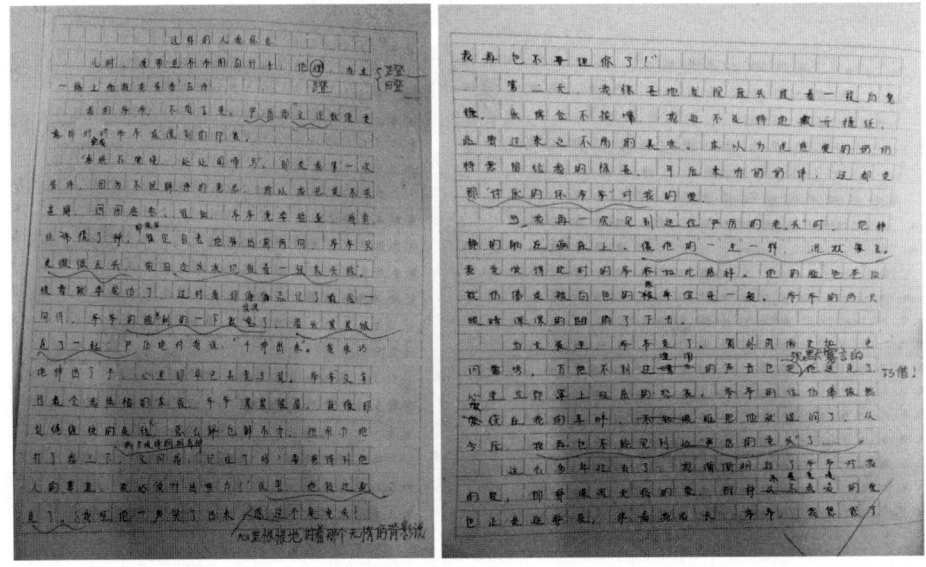

图4-3　初中学生学习教育戏剧之后的作文

学生第二篇习作由于有了之前的戏剧表演经验，学生就可以注意到"微微点头""依旧冷冰冰地板着一张'木头脸'""爷爷的脸色一下就低沉了，眉头紧紧地皱在了一起""说罢，他转过身走了"等这些人物细节。对于人物细节的体悟，传统讲授式的授课方式很难让学生准确把握，然而仅仅3~5分钟的戏剧表演就可以让学生瞬间将人物细节描写的关键点了然于心。让学生通过身体来进行具身认知在这方面显现巨大的优势。

除了数学、语文等其他这些传统科目外，对于心理课等当前进入中小学课程不久的新兴学科，教育戏剧同样可以发挥其他教学方法不可比拟的优势。戏剧的一个突出特点是有角色替代，当遇到一些有关性教育等较为敏感的话题的时候，正处于青春期的初中生会由于害羞而不愿去探讨这些问题，但是通过角色替代则可以让学生有效避免为维护个人形象和规避道德惩罚而做出虚伪的道德承诺，使得道德认知与道德行为相脱节。当学生进行角色扮演的时候，他可以在戏剧角色外衣下表达自己真实感受，教师也可以通过对戏剧角色的引导真正让学校的性教育、道德教育走进学生内心，进而进行正向引导。正如 J 学校的心理教师 L 老师就曾使用莎士比亚的经典戏剧《罗密欧与朱丽叶》来通过角色替代对学生进行性教育。

> 罗密欧跟朱丽叶情感部分会有很多的观点和角度值得讨论。比如我们模拟个场景，他们私奔了，然后分手了，假如时间重来，这个男孩要求晚上要睡在你旁边，你会不会答应他？如果看学生的观点一般有 4 个选择，第一个是坚决不答应他，会分手；第二个是答应但是会让他睡远一点，就是不知道怎么办，到时候再看，答应他；第三个就是答应他；第四个可能是答应但是有条件的，它得有个递进关系嘛。就会发现他们在乎的那个角度会很有意思，如果你直接问他们的话，一般孩子们都会说拒绝，让他们分手。但是有故事来包裹之后，因为学生们有安全性了，有不少同学都会选答应他，但是会让他睡远一点。有不少人都选第二个，选第三个的也有，这还让我挺意外的。

除了角色替代之外，在教育戏剧中物件、动作以及空间运用等，皆可成为突破文字的意义焦点。① 在教育戏剧进行的过程中，这些基本的戏剧元素符号会被赋予全新的内涵，而教育戏剧的参与者也可以通过动作符号去探寻自己的内心以及更为深邃的人生意义。中小学生虽然认知水平有限，但是通过动作来表达意义常常会表现出超出教师预期的效果。

> 后来我们还用过小青的故事，就是一个未婚少女怀孕的故事，有点性教

---

① [美]强纳森·尼兰德斯，东尼·古德：《建构戏剧：戏剧教学策略 70 式》，舒志义，李慧心译，台北，财团法人成长文教基金会 2005 年版，第 35 页。

育的内容在里面。这个故事里面加了一些"一人一剧场"的因素，让学生用一个动作来代表自己的情绪。有的小孩演怀孕，就摸自己的肚子，那个孩子令她蛮震撼的，让我们都觉得鸡皮疙瘩都起来了。然后她就突然把肚子里的"孩子"拿出来了，放在手上看着，过后把那个"孩子"放下。通过这些动作，让学生们一块儿去体验这个事件会对未婚少女带来什么样的灾难。

J学校的心理教师L老师试图通过让初中生扮演未婚怀孕少女的角色体验未婚先孕的心理状态。在老师的教学预设中只是考虑到学生可能会摸摸自己的肚子，陷入一丝纠结之中。但是令老师意想不到的是，有一个学生会突然把肚子里的"孩子"拿出来，拿在手上看一看再放下。因为这是戏剧课堂，在这样一个安全的环境之中学生不用承担真实生活中的生理和道德伤害。因此，这一"拿"一"放"会真实投射出学生在这一年龄阶段对于"怀孕"以及"孩子"的态度。并且，这些动作符号也会给观看的老师和同学带来震撼的感觉以及深度的思考。正是这一"假怀孕"带给了学生"真反思"，让学生在青春期能够全方位的考虑，在恋爱心理中有所进退，避免因为未婚先孕而给自己和他人带来伤害。

二、教师角色：互动中的执行者

J学校2015年11月起就开始推动学科教师探索使用戏剧教学法，由于有校长的积极推动，戏剧教学法在J学校得以迅速推广。由于在J学校戏剧教学法是通过校长自上而下来推动开展的，虽然J学校的S校长多次邀请国内外知名教育戏剧专家对教师开展教育戏剧培训，但是普通教师更多的是承担着一种互动中的执行者角色。令戏剧教学法真正得到教师的认同并作为一种常用的教学方法来实施还是颇费了一番周折。

J学校的S校长是一位从教十余年的有着丰富教学经验的教师，多年来一直困惑于如何改善课堂死气沉沉的"老师讲学生听"的固有教学模式。他认为这种教学模式对于教师而言最简单、最容易，也最省事。但是这种教学模式仅仅关注教师的教，教师讲完课就算完成了教学任务，学生具体学没学到知识、学没学会则不是教学的重点，学生成绩差，教师只会推脱责任说学生不用功。并且这种"老师讲学生听"的固有教学模式中学生参与度太低，会培养出一些高分低能、自私自利、没有同情心、缺少同理心、不善于与人沟通、不合群、不合作的学生。因此，S校长决定在J学校大力推行戏剧教学法，彻底改造课堂教学，培养孩子的全人品质。

一开始很多教师对于教育戏剧这一全新的教学方法也会采取抵抗的态度，例如在访谈J学校S校长的时候，他就谈到以下想法。

一开始还是会遇到一些困难。最初学校里的老师们一听用教育戏剧教学，大家都会说：天哪，孩子玩起来都疯了，这课堂还怎么管理呀？老师们可能会因为害怕课堂秩序带来混乱而苦恼。我有一次在与老师交流的过程中问他们：管理课堂是严格的外在约束使课堂更好管理，还是与学生商定日常的纪律使课堂更好管理？包括我在内很多老师都把票投给了后者。在教育戏剧课堂中首先就是要与学生共同商定课堂的戏剧游戏规则，在共同遵守规则的课堂中，孩子们的表现与常规课堂中学生容易出现的秩序混乱是截然不同的。之后老师们在实践的过程中也会慢慢接受教育戏剧这种教学方式。

但是，仅凭借一番愿景性的说服依然无法让一线教师真正认识戏剧教学法、会用戏剧教学法。于是，J学校的教师在S校长的带领下，先是参与香港和台湾地区教育戏剧专家的工作坊体验如何教授教育戏剧，之后再在专家的指导下尝试撰写本学科的教育戏剧教案。2015年年末，在接受完香港地区教育戏剧专家的初阶培训之后，J学校的教师就尝试以语文学科的《雪孩子》《雨说》《罗布泊——消逝的仙湖》，地理学科的《人口问题》，历史学科的《美国内战》，生物学科的《传染病》，思想品德学科的《关爱生命》

这几节课来撰写学科教育戏剧范例。之后，更多的教师又在2016年年中接受完教育戏剧中阶培训后开发出小学语文学科的《风娃娃》《詹天佑》，心理学科的《职业特工队》以及生命教育课程的《校园踩踏事件》《地震灾后重建》等课程。

通过理论的培训与实践的探索，J学校的教师在理论与实践的互动中逐渐掌握了戏剧教学法的教育理念与教学流程。在实践中教师逐渐接受并开始认同戏剧教学法，并且随着实践次数的增多以及深度的增加，教师实践教育戏剧也不再拘泥于固定的教育戏剧范式，而是根据教学内容和教学目标进行灵活掌握。在这一过程之中教师也逐渐认识到通过戏剧故事与动作呈现来开展教育较之于单纯语言传递的优势，对于这一点L老师有如下很深的体会。

我们在讲情绪这节课的时候，让学生用动作来呈现当时的那个情绪，比如说很孤独，他们总是拿捏不出什么样的动作最能够反映这个情绪，他们就呆呆地站在那儿。这些都是一些弊端，这一方面确实是因为羞涩，另外确实是在生活中对这个方面观察得少，演出来就很假，而且不知道该怎么去呈现。学生没有把握这个情绪下人的动作表情，他没有去观察所以表现出来也挺难的。但是如果他在老师的引导下，尤其是这个老师对于这个情绪动作有比较深刻的体会，然后引导他做出来的话，他就会体会到那种感觉。比如说我们在讲情绪的时候，可能让一个学生蹲在地上，然后让其他学生看，他们就会觉得需要帮助他，想上去主动地围在他旁边陪伴他。这不光对当事人有影响，对其他同学去观察别人的情绪也是有帮助的。这些得克服掉很多的困难才能够呈现出来，要不然的话真的很难起到作用。学生们在教育戏剧中会有很好的体验，情节具象化表演的呈现会比单纯的语言说教效果更好、更有感染力。

在 J 学校推行戏剧教学法的过程中，校长是主导力量，一线普通教师是理论与实践互动过程中的执行者。这种互动中的执行者角色是很多一线教师所共有的特征，如果没有前期教育戏剧大师培训的理论学习与稍微带有半强迫性质的戏剧教学法实践，很多教师依然还是习惯于传统讲授式、满堂灌的教学模式，不会考虑到戏剧中的这些动作符号会对学生开展体验式学习有多大的益处。当学生在学习教育戏剧的过程中逐渐能够体悟他人，学生获得同理心的发展，这种戏剧教学法才能够真正得到教师内心的认同，教师也会自发地将戏剧教学法应用于日后的课堂教学之中。

三、教师改变：重新理解教学

教育戏剧可以有效促进教师的改变。教师改变是 20 世纪 90 年代在国外一种新的教师教育理论，聚焦于教师主体在观念、行为等方面的变化。[1] 香港地区对于教师学习戏剧教学法的相关研究表明，教师学习教育戏剧可以有效促进教师对于教学方法的理解和对于教学本身的反思。[2] 在 J 学校所开展的戏剧教学法实践探索过程中，呈现一种明显的"实证—理性策略"，[3] 体现了由变革的决策者与促进者对教师改变的条件、维度、模式及评价等方面施加一定影响的过程。[4] 在这一过程之中，无论是校领导还是普通教师都开始重新思考教育、重新思考教学，甚至重新思考教育戏剧在中小学教育教学过程中所扮演的角色。对于这一点，J 学校的 S 校长有着如下深刻的体悟。

---

[1] 赵英：《教师改变：一个亟待拓展的教师教育理论范畴》，《教育学术月刊》2013 年第 8 期。
[2] 梁承谦：《转变是如何发生的——教师学习运用"戏剧教学法"作为教学工具的学习及理解意义过程》，香港中文大学博士学位论文，2012 年。
[3] 李茂森：《从"角色"到"自我"——教育变革中教师改变的困境与出路》，《教育发展研究》2009 年第 22 期。
[4] 刘义兵，郑志辉：《促进教师改变的思维范式转向》，《中国教育学刊》2009 年第 7 期。

教育戏剧是一种即将普及的教育方式。教育戏剧的本质是运用戏剧元素，即运用情境、场景、情节、角色扮演、情感体验等元素，把情感、态度、价值观及相关教学内容传递给孩子，培养孩子各方面的人格品质。教育戏剧是把戏剧运用在各学科里的教学法，而不是排练、演出的儿童戏剧运动，是促进个人个性张扬的，而不是标准化的教学；是注重过程，而不是呈现表演的结局；是注重学生参与、互动教学，而不是教师主导的教学。教育戏剧是一种开放学习平台，而不是专项的单一的学习活动；是注重遵守规则，而不是注重遵守纪律；是体现主动、积极、自我参与的合作活动，而不是强调个体学习。

在教育戏剧的实际推动中，S校长从观念、认知、行动上都体现了很多具体的改变。在观念上，S校长由起初不了解到后来逐渐认同，直至全身心地投入其中。在认知上，则由将教育戏剧理解为校园戏剧转变为将其理解为一种培养学生全人品质且可以运用在各个学科之中的教学法。而在行动上，S校长更是大力推动一线学科教师学习运用戏剧教学法，让一线教师能够从迈克·弗兰（Michael Fullan）所称的"表层变革"（surface change）转向"真正变革"（real change），[①]从态度到行为等各个方面真正认同戏剧教学法。在S校长的大力推动下，J中学的教师也在学习戏剧教学法中经历了实实在在的改变。

最开始的时候，我虽然觉得这个事情其实挺好的，但是感觉好像挺专业的，离我们比较远，必须学戏剧的人才能做好。后来接触之后，我就发现其实不是，它是一种教学方法，可以整体使用，也可以化整为零，学科老师、没有基础的老师都可以按照自己适合的方式去采用，为自己的教育目标服

---

① M. Fullan, A. Hargreaves, *Teacher development and educational change* // Fullan, M., Haregreaves, A.(Eds.), *Teacher development and educational change*, London: The Falmer Press. 1992.

务。这样理解也更有可能推动这个事情。学界有很多关于教育戏剧还是戏剧教育的争论。我们把它定义为一种教学方法，在学校里面更好地推动，更好地服务于学生。第一个阶段，因为觉得这个事离我们很远，是戏剧人做的。我们觉得还是要完整地按照范式来展示，第二个阶段就是能用了。现在就觉得这更是一种方法和理念，比如说45分钟的课程，全部使用也可以，部分使用也可以。大概可以分成这三个阶段。

J学校普通教师L老师在学习运用戏剧教学法过程中历经了局外人、被动推动和主动探索三个不断深入的阶段，这也是大部分一线学科教师共同的经历。在局外人阶段，L教师认为教育戏剧必须是戏剧专业的人才能够做的，离中小学教学还很遥远。这也代表着中小学老师长期与戏剧艺术存在较远的距离，其内心由于不具备较强的戏剧素养而对于戏剧教学法存在一定的不自信。在被动推动阶段的教师由于参加过教育戏剧工作坊而对于基本的教育戏剧习式有了一定的了解，可以进行一定程度上的模仿与尝试。而在主动探索阶段的教师由于有了较多的实践经验，可以将教育戏剧作为一种理念和方法，根据自身的教学内容和教学目的进行有的放矢的创作性应用而非生搬套用，真正将教育戏剧内化于心。

四、存在问题：缺乏教学支架

由于教育戏剧在J学校还处于起步阶段，教师在课堂管理、教学方式等方面还存在很多困惑。J学校遇到的最为突出的问题就是教师在开展戏剧教学法的过程中缺乏教学支架。从内部来看，无论是理论界还是教育戏剧师资培训机构大多侧重于运用教育戏剧开展学生品格、道德、人际沟通等社会性方面以及艺术审美方面的培养，对于与学科融合的理论与实践探索依然不足，一线学科教师在运用戏剧教学法的过程中遇到困难的时候，很难找到相应的专家寻求指导与帮助。这也造成了个别学科"初期热后期冷"的现象。L老师对此深有体悟。

  公立学校毕竟有考试的任务，基础知识肯定要跟上。按照之前一个专家的说法，教育戏剧也是可以做基础知识的。但是，不管是机构里面还是学校做的研究比较少，实行起来比较难。教育戏剧可做一些品格、情境上的体验，思辨、情感的东西更容易做。所以为什么即使有学科老师参与进来，主要是语文、英语这种文科类的。之前 Matthew 的工作坊给我们展示地理学科的教育戏剧，尤其是在小学或初中需要形象思维的阶段，一些形象物体是很好用的，但是这种结合是比较难的。

  从外部来看，中小学教师运用教育戏剧单纯依靠学校领导的力量还是不够的。区县教研员在教师教学方法的使用上有着较强的影响力，如果一个地区的教研员对戏剧教学法不够认同和推崇，普通学校的教师实际上是无法被激发出强烈的探索欲望的。L老师与校长在交流的过程中也提到了这一点。

  我跟校长交流为什么很难推动教育戏剧，校长的一个观点是教育评价方式没有改变，主要是教研员评价方式没有改变。因为学科老师在专业上受教研员影响很大。比如一个数学老师在数学专业的一些问题，每周都会有区教研员培训这些内容。所以如果区教研员不觉得这是一种教学方法，学科老师在专业上没有这样的引领，只是受一种行政命令推动，他就会觉得这和我有没有关系，因而比较难以推动。除非有个别的老师觉得这个教育戏剧是很好的，自己尝到甜头了，才会愿意去琢磨。这种新方法需要去琢磨，否则一开始是难以开展的，就算开展也难以看到它的好处。

由于一线学科教师无论是评奖评优，还是职称评定、教学指导都主要受区县教研员评价方式的影响，当教师与教研员的教学理念与教学方法有冲突的时候，最后还是以教研员的意见为准。因此推动中小学教师使用戏剧教学法的一个重要外在支持就是让区县教研员了解戏剧教学法，会用戏剧教学法。当戏剧教学法成为区县教研员考评中小学教师的一个重要影响因素时，中小学教师才会更为主动地去探究戏剧教学法，而不是让这种教学方式成为自己日后发展的阻力。

第二节　表演先行，独立课程——异彩纷呈的校本戏剧课

Z中学是北京市朝阳区某重点中学，包含初中和高中两个级部。2015年学校开展教育戏剧以来，就一直以独立的校本戏剧课程为特色，聘请校外专业的教育戏剧教师为每个班级开设每周一节的教育戏剧课程。而在这几年的校本戏剧课程探索过程中，Z中学A校长和外聘教育戏剧专家X老师均经历了许多波折，而在其中也获得了很多的幸福与感悟。

一、开展方式：开设独立的校本戏剧课

独立的校本戏剧课程是当前中小学教育戏剧实施的一种主要形式，虽然很多教育戏剧专家主张教育戏剧重在对于学生的过程性人格塑造，不太注重最后是否能够排出一部成品戏剧[1]，但是在我国教育戏剧探索的初期阶段，很多校领导需要将教育戏剧的教学效果显性化，以获得来自教委、教科院以及学生家长的广泛支持，因此所开设的校本戏剧课大都会在学期末或其他固定时间以举办戏剧节的方式进行戏剧汇报展演。有些学校甚至会

---

[1] ［美］强纳森·尼兰德斯，东尼·古德：《建构戏剧：戏剧教学策略70式》，舒志义，李慧心译，台北，财团法人成长文教基金会2005年，第55页。

开发出一些具有学校特色的戏剧，例如清华附小的校史剧《丁香花开》，海淀区教师进修学校附属实验学校的教改剧《我们学校的名字很长很长》，中关村一小京剧《木偶奇遇记》，中关村二小舞剧《野斑马》，这些剧目的展演都具有较强的表演性特征，这也是当前我国中小学教育戏剧开展初期难以回避的现象。对于校本戏剧课程的开展，Z 中学的 A 校长有着自己的一番规划。

　　在教育戏剧课程实践探索方面，目前我们形成的教育需求的课程结构有三个层面，第一个层面是基础普及课程，就是面向初一、初二全体学生，开设教育戏剧的入门必修课程，重在整体感受和体验，每周 1 课时。这一个学年是由我校聘请的教育戏剧专家团队在此授课。加上最后年终大戏的加课排练，一学期也不到 30 节课。第二个是拓展选修课程，在基础课程的基础上，开设专题模块选修课程，比如剧本创作、表演技巧、播音主持等。拓展选修课程是每周都有，有各自特长的孩子可以选课。那我们期待的最后面第三个层次就是有专长培养课程，成立学生话剧社团，为学有专长的学生提供更加专业、更加系统的培训，提供更加广阔的舞台。期待有专业的社团能够参加北京市、全国甚至国外展演。这是我们目前教育戏剧课程结构。

　　由于高中学生有着较大的高考压力，在教育戏剧初期教师还没能在将教育戏剧与学科教学融合方面探索出一条成熟的路径，因此教育戏剧在 Z 校主要还是以初一、初二两个年级开设普惠性质的校本戏剧课为主。同时在学期末，学校还会安排每个班排演一出大戏作为汇报演出及考评之用。由于北京地区每年都会评选"金帆艺术团"作为中小学艺术教育的最高荣誉，因此很多学校也希望通过教育戏剧来打造学校的戏剧艺术教育特色，通过高质量的戏剧作品表演来冲击"金帆艺术团"戏剧组的荣誉奖项。

　　然而，虽然以 Z 学校为代表的很多学校都有着明显的"表演先行"的取向，但是并不意味着这些学校所开展的教育戏剧就回归到培养表演艺术人才的传统戏剧教育道路，坚持教育性的基本教育规律还是这些学校开展教育戏剧的本真含义。Z校的教育戏剧课堂一般会分为开场、暖身活动和主题活动三个部分。在开场部分一般会由教师对于本次课程的大致流程与安排向学生进行简要的介绍；在暖身活动部分一般会通过一些戏剧游戏来为主题活动做铺垫。比如主题活动如果是触觉反应的训练，暖身活动教师就会安排"音乐座椅"等戏剧游戏，让学生在音乐停止的一刹那找到房间中的一个座椅，没有找到的人则被淘汰出局。通过戏剧游戏让学生进行肌肉与节奏的放松，进而全身心投入教育戏剧学习。

我们学校教育戏剧的育人策略是"全员育人"，在汇报演出上体现。为了完成这个汇报演出，我们在每个班级里面分出若干职能小组，包括编剧组、导演组、演员组、后勤组、宣传组、服化组、舞美组等。孩子们根据自己的一些兴趣、特长和爱好选择进哪个组。不是只有那些会演戏的孩子参与，其他孩子也都全部参与了。这个是全员育人，在这个过程中，本着"一个都不能少"原则让孩子们找到适合自己的角色，同时发挥各自优势，让职能组成员之间优势互补，形成团队协作。

以培养表演艺术人才为目的的传统中小学戏剧教育很大程度上只会关注几个表演较为出彩的主演，学校甚至会在接下来的戏剧教育过程中将其培养成"小明星"，以此来作为学校的一张名片。但是在教育戏剧中，教师更为关注的是孩子们能否像一个团队一样去合作。一场大戏的演出并不是仅仅靠几个演员就够了，除了舞台上的演员之外，在排练的过程中需要有人准备排练场地，制定排练时间表，制定及公布剧团章程，分发和管理剧本，绘制灯位图、舞台图、提示本，记录排练日志和管理道具。在戏剧制作中需要有人负责安排场景迁换、监督技术合成、给演出计时、维护布景道具服装、管理道具。在戏剧演出中需要有人进行演出前检查、催场、监督场景迁换、执行演员签到和掌控整场演出等。这么多复杂的工作均需要有专人负责,整场演出才能够得以顺利进行。而当整个班级每一个成员都能在本班级的戏剧演出中明晰自己职责的时候,当这些符号任务切实出现在学生的生活中的时候,学生才能够在责任的承担中扮演好自己特殊的"角色",在共同奋斗中实现自己的社会化(见图4-4)。

图4-4 Z中学的教育戏剧展演

教育戏剧终归是要通过戏剧来育人,让学生能够在不断的选择中获得独立自主的思想与意识,避免沦为古斯塔夫·勒庞(Gustave Le Bon)口中的"不善于推理却急于采取行动"的"乌合之众"。[①]因此,在整个教育戏剧过程之中,每时每刻都是培养学生独立思考的教育契机,"全过程育人"也成为Z中学教育戏剧的一大特色。

我们实际上是全过程育人,那么全过程育人分为三个阶段,一个是戏

---

① [法]古斯塔夫·勒庞:《乌合之众》,冯克利译,北京,中央编译出版社2004年版,第4页。

前,一个是戏中,一个是戏后。戏前我们分成这样几个组:特长评估、确定分组、剧本创作、角色选择、参观学习、分组培训、反复排练、舞台彩排等。我们根据孩子们自己特长进行评估,然后确定分组。这个过程中很重要的是进行剧本创作。我们所有的剧本都是孩子们自己写的,当然有专业的教育戏剧师资团队一起指导,一起写作同时进行修改。剧本改完之后是进行角色的选择。每个戏只有一个主角,现在独生子女在家里面都是主角,可能很多孩子都想扮演这个主角,可是主角只有一个,怎么办?那么我们就指导孩子们要懂得正确的定位,要他们知道在这个集体中只有一个主角,让他们把角色进行细化,同时有主角和配角及他们之间的合作。所以角色的选择是为了更好地扮演。我们还带着孩子们去学习、去参观。我们带着同学们到了话剧院看了专业的戏剧,同时还参加了有关的研讨,参观与服装化妆有关的一些制作以及专业人员的排练。通过这样的参观学习及有关的培训,反复排练后进行舞台的彩排。这个是戏前。戏中包括"团结协作、情绪调控、舞台表演、临场应对"。过程中有个别的孩子戏没有接上,但是有的孩子能够很好地把戏给他搭上,那么这个搭上很重要,需要团队协作,需要我们孩子能够控制好情绪。舞台上的表演要能够做到临场应对。戏后包括"经验总结、结果反思、表彰评价、研讨改进"。这个是我们戏后要给各个班级参演的所有的同学做的事情,要进行经验总结,要进行结果的反思,同时还要表彰,进行有关研讨改进。这个是我们对教育戏剧的理解,是全员参与。

校本戏剧课的核心还是培养学生、教育学生,育人的价值要高于表演的价值。Z中学的A校长在推动校本戏剧课程的过程中,虽然以戏剧表演作为教育戏剧成效检验的突破点,但是他并没有被戏剧表演牵着走,而是在戏前、戏中和戏后三个阶段皆把握住了教育戏剧的育人属性,让学生在行动中获得新知,在选择与反思中学会与周遭环境乃至外在社会的相处之道。而经过教育戏剧的熏陶,学生们也取得了多方面的收获,很多小故事让A校长十分难忘。

像上一届初二（1）班的学生Y同学，一个被父母溺爱的男生，通过教育戏剧，有意引导他扮演了一位父亲的形象。他在排演过程中感受到了父母的辛酸与不易，从此懂得尊重他人，并下定决心走艺术之路。现在这名学生已经去了清华附中朝阳学校。初一（2）班女生S同学，酷爱漫画，但性格内向，缺乏自信。在教育戏剧课程里，她为班级设计了精美的服饰，获得了最佳服装设计奖，她也变得更加的自信了。初二（5）班女生D同学，性格急躁，脾气不好，不容易理解他人，但是通过参与编剧导演并饰演了剧中的主要角色"妈妈"，获得了学校评选的最佳女演员奖，后来整个人变得温和了很多，善解人意，与母亲的关系也改善很多。

戏剧表演的过程其实也是儿童心理成长与社会化发展的过程，当学生在扮演他人角色从而获得同理心的时候，他才会理解他人的想法与行为的合理性。学生通过扮演自己的父母才会设身处地地从父母的角度来考虑问题，很多情况下，这种换位思考无法通过言语说教来实现，而教育戏剧则为学生基于他人角度来思考问题提供了一个良好的平台与机遇。

我们让孩子们通过演历史剧来学历史、知历史，懂得我们的新中国来之不易。比如说小红军，他就因为没有粮食吃，被饿得牺牲在草地上。那一刻，现在的孩子感受不到怎么办呢？就要用一顿饭、两顿饭不吃饭去体验，让孩子们知道当时到底是怎样一回事。最终孩子们演得淋漓尽致，这样的剧每演一场，成人和小孩都会感动得流泪。

如何令青少年理解革命小英雄的事迹成为当今教育界的一个难题。很多中小学生认为过去的革命英雄故事都是编造的、不真实的。而学生通过教育戏剧中对于小红军角色的扮演以及现实体验饥饿感，才会真切地感受到当今幸福生活的来之不易，以前的革命先烈是在一种什么样的环境之下进行艰苦卓绝的奋斗。

二、教师角色：囚笼中的精灵

在 Z 学校开展教育戏剧课的教师很多都是毕业于上海戏剧学院、中央戏剧学院等专业艺术院校的表导演专业的老师。在教授教育戏剧之前，他们也曾接受过台湾和香港地区一些教育戏剧专家的培训，了解教育戏剧的一些基本概念、习式与开展流程。但是受其资深专业背景的影响以及学校学期末戏剧展演的压力，他们不能完全按照教育戏剧重过程而非重结果的基本理念开展教学活动。任教于 Z 中学的一位教育戏剧老师形容他们自己就如同一个"囚笼中的精灵"，他们也希望像一个纯洁的精灵一样去单纯地做教育戏剧，但是外在环境的囚笼却让他们不得不面对现实，去主动适应这个囚笼，进而在力所能及的范围内对其稍加改造，逐渐回归教育戏剧那淳朴的本真。

这群教育戏剧"囚笼中的精灵"受困的另一方面是来自教育戏剧中的师生关系。在教育戏剧中，教师与学生之间不是一种导演与演员之间的关系，演员不会被强迫按照导演意志执行，而是在协商中建立"共识"。教师应该通过"反映式的倾听"来让儿童诚实地表达自己的信念和情感，而没有被拒绝的恐惧。[①] 然而这与其长期以来所接受的专业演出戏剧教育还是有一定的区别的。如何与孩子相处，如何协调教育戏剧中教师的意志与学生的意志之间的矛盾冲突，也是这群教育戏剧的新手教师所不得不面对的课题。然而，通过长时间的教育戏剧理论学习与实践教学，很多教育戏剧教师也逐渐摸索出了一些能够挣脱传统师生关系与表导演关系"囚笼"的教育戏剧中的全新师生关系。

[①] 林玫君：《儿童戏剧教育活动指导：肢体与声音口语的创意表现》，上海，复旦大学出版社 2016 年版，第 215 页。

鼓励学生要主动地去学习,不能被迫、强迫。我们的教育戏剧教师不会强迫学生做事情。他不想演这个戏,我们就换戏。在这次的12个剧目展演当中,我们反反复复不停地换戏,有的班级换了很多遍。有班级不肯演这个戏,说明这个剧本有问题,学生不是小孩子,他想演什么让他们自己选。传统教育中,我给你什么,你就吃什么。现在我们教学生学会挑食。这个我不想吃,我要吃别的,你老师有能力给我吗?这是对我们老师的考验。我们老师的能力有多少?不要把我们所学的那些过时的东西传授给学生。我们很多学校也存在这个问题,教的知识都是过时、过气的。我们要一刻不停地跟着这个时代的脚步走,才能进步,才不至于老。所以我希望我的学生做比较,主动学习。

任教于Z中学的教育戏剧课程的X老师在长期的教育戏剧实践以及与其他任课教师的交流过程中逐渐体悟到,在教育戏剧中不再是传统教育模式中教师向学生单向度地传递知识,也不再是传统戏剧模式中演员坚决执行导演的艺术设计。教育戏剧归根到底是学生自主创造的,教师只是起着一种启发诱导的角色。你不能强迫公牛吃肉,老虎吃草,而是引导公牛哪里找到草吃,引导老虎哪里找到肉吃。教师需要与学生一同去探索在新时代、新背景中如何去主动学习,如何去适应社会,如何去优雅地审美。当教师与学生能够平等相待,共同去探索,共同去创新的时候,教育戏剧促进师生共同成长的价值才能够得以体现。

三、教师改变:重新理解戏剧

不同于J校由校长自上而下地推动学科教师学习运用教育戏剧,Z校主要借助外力来促进教师改变。在Z校中由于教育戏剧教师都是外聘的已经接受过教育戏剧培训的专业人士,因此在Z校中教育戏剧的教师改变大多属于一种弗吉尼亚·理查德森（Virginia Richardson）所称的由教师自己发起的"自愿性改革"。① 由于这些教育戏剧教师所接受的是戏剧艺术院校的专业教育，之前的经历大多为专业的舞台表演，很少有机会在中小学的教学情境中教授戏剧。当戏剧与教育相碰撞的时候，他们会主动反思自己的舞台表演经验，重新去理解戏剧，思考教育戏剧的本真含义与戏剧在中小学教育中的可能空间。

教师改变首先是观念上的改变。X 老师通过反思自己之前所接受的戏剧教育与当前所从事的教育戏剧，找出了教育戏剧课与传统的戏剧课之间的差别。教育戏剧中不要求学生的表演技巧有多么的纯熟，也不需要学生能够把每一个表情、每一个动作都如同专业演员一般表演到位、准确，但是戏剧是教育的一种有效途径，不管是当前的教育戏剧还是传统的戏剧教育，育人都是一个核心目的，只不过在教育戏剧中更强调的是过程性育人。

教育戏剧更多的是把戏剧作为一种手段应用在教育当中，而传统的戏剧课更多的是戏剧教育，更多的是戏剧专业培养。举个例子来说，教育戏剧可能更多地应用于中小学及普通大学，那么戏剧教育更多的可能是在我们专业院校比如艺术类的专业性学校。但是作为我个人来讲，我一直觉得不管是教育戏剧或者戏剧教育，育人是我们最终的目的。

西方教育戏剧主要有"学习有关戏剧艺术的概念"（learning about drama）、"通过戏剧而认识自我"（learning about self though drama）和"通过戏剧来探讨议题"（learning though drama）三种主要的课程模式，② 而这三种课程模式通过校本戏剧课皆可以有效得以实施，只不过在不同的阶段这三种

---

① V. Richardson, "How teachers change: What will lead to change that most benefit student learning", *Focus on Basics* 1998, p.7.
② 林玫君：《儿童戏剧教育的理论与实务》，上海，复旦大学出版社 2015 年版，第 50 页。

教育戏剧课程模式会各有侧重，但形式只是手段，当教师在不同的教育戏剧课程形式中反思戏剧，反思教育，对于戏剧在中小学中重新定位，才是促进教师观念与行为改变的根本动力。对于这一点，X老师有着深刻的体悟。

一是情境化的教学。情境化教学当中分成三个阶段，第一个阶段就是让孩子们自知、内观，认识我是谁。这个阶段可以做一些基础的戏剧元素的培养。第二个阶段，要利用一些现成的经典性的文章、剧本，还有一些各种各样的资料，包括时事，鼓励学生对一个素材进行一些编创、欣赏与学习。第三个阶段其实才到自编原创的阶段。二是教学特色。我们是心理认知性的教学，俗话说："戏如人生，人生如戏"，戏剧一般所采用的素材就是人本身的一种状况。戏剧中所提供的环境其实是假设和模拟性，它具有一定的现实性。所有的人物也是假设，所以在戏剧的学习状态当中，所有的学员心情是最放松的，也觉得是最安全的，也是没有什么心理压力的，很简单。我让你来演别人，你犯了错误也不怕，因为他不是你，他是别人，我们都愿意在这个状态下去尝试别人的生活。体会不一样的人生最好的办法是用戏剧！这样就可以比别人多活很多年。三是社会性教学。因为戏剧是跟人的生活分不开的，它注重于专注理想，外在的魅力和表现力，还有移情的能力、理解的能力、思辨的能力，这些都需要来感受，所以说它是跟社会分不开的，它也是一个人感知和成长必须经过的过程，也是帮助他人服务于社会的必要阶段。四是程序性的教学。戏剧不是天马行空，也是有一定程序的。比如说一开始的时候，我们一定要从呼吸开始学，要从我们的六个感觉器官开始学，像现在直接上来不管怎么先来一段莎士比亚是不适合的，因为没有基础积淀，心里都是空的。所以我们的教学就是从最基础的喘气开始。人从一生出来就要呼吸，因此我们的教学是从呼吸开始，那么从内容的选择上，我们是鼓励学生在课堂活动当中做自己的选择，并且对选择带来的结果做反思。

X老师认为在教育戏剧中情境化教学、心理认知性教学、社会性教学与程序性教学是教育戏剧教学的四大特色。这既是对其所接受的传统戏剧教育的传承，也是对创新型的教育戏剧的总结。通过在教育戏剧实践中重新理解戏剧，这些教育戏剧老师跳脱了程式化戏剧表演的藩篱，更加关注学生在教育戏剧学习过程中的认知发展与社会性发展，真正做到了教育为体、戏剧为用。借助戏剧来让学生认识真实的自己，在教育戏剧中发展自己的观察力、注意力、感受力、适应力、想象力、表现力、判断与思考力。而通过这些能力的培养，一个有着形象感、幽默感、节奏感的具备基本戏剧素养的个体也能够很好地适应未来社会。

四、存在问题：缺乏专业的教育戏剧教师

当前中小学教育戏剧开展的过程中一个明显的问题就是缺教师。而对于聘请校外专业戏剧专家开设校本戏剧课的学习而言，更为缺乏的是理解儿童的教师。由于校外专业戏剧专家在戏剧院校所接受的戏剧教育培养内容并没有为培养中小学教师所设立的师范院校中开设的"教育基本原理""发展心理学""教育心理学""儿童心理学"等帮助理解儿童发展的课程，这就造成了他们与儿童相处的过程中常常会出现互相不理解，从而给教育戏剧的教学造成阻碍。因此教育戏剧教师的缺乏，尤其是兼备师范素养与戏剧素养的教育戏剧教师的缺乏是当前最为突显的一个问题。中学的 A 校长提到了这一点。

困难肯定是有的。首先，我们在实施的过程中感到教育戏剧课太专业了，需要专业的教育戏剧教师。我两年都在向教委申请进一个教育戏剧的研究生，但是教育系统的编制里面又没有教育戏剧的学科老师，所以到现在我也要不到，这就是现状。如果说我们学校有稳定的教育戏剧老师跟 Z 教授和 C 大学的专家学习一段时间，可能会更扎实一些。

Z 中学的 A 校长认识到了教育戏剧的价值，也想在学校中有一个稳定的

教育戏剧师资团队。但是，一方面，教育戏剧专业毕业的学生数量难以满足学校需求，Z 中学很难招到教育戏剧专业的学生。另一方面，即使 Z 中学在外聘专家开展实践的过程中遇到了合适的教育戏剧研究生，又由于教育编制系统中没有这一学科的教师编制，合适的教师招进学校也难以入编，很难保证教育戏剧师资的待遇与稳定性。因此 Z 中学当前主要还是依靠外聘教育戏剧师资为主，同时鼓励本校教师跟着高校教育戏剧专家进行学习，逐步培养自己学校稳定的教育戏剧专业师资。当前基础教育阶段的中小学对于专业教育戏剧师资有着强烈的需求与期盼。

第三节　社团补充，可有可无——挣扎中的戏剧社团

B 中学、C 小学和 D 小学皆是位于北京市海淀区的重点学校，由于这几所学校刚刚开始接触教育戏剧，学校领导对此还是以尝试、观望的心态来探索，因此这几所学校皆是以聘请校外教师组织戏剧社团活动的方式来开展教育戏剧实践。而分别任教于这几所学校的教育戏剧老师 F 老师、W 老师和 Y 老师均接受过一定的教育戏剧培训，但是在实践开展的过程中却由于外在环境的影响而产生深深的无力感，内心也陷入了无限的挣扎之中。

一、开展方式：组织课后戏剧兴趣社团

由于北京市海淀区教育科学研究院的大力推动，截至 2016 年，海淀全区已有将近 60% 的学校切实开展了戏剧教育，近 70 所中小学将戏剧纳入正式的校本课程或成立了戏剧社团。而 B 中学、C 小学和 D 小学虽然是重点学校，但是限于师资的匮乏以及对于教育戏剧课程标准的欠缺，学校尚未形成一个大力推行教育戏剧的落实方案。因此，当前这三所学校主要以在学校中组织一个课后戏剧兴趣社团的方式来开展，而教育戏剧的师资则主要来自青

年的外聘兼职教师。

图 4-5　B 中学的教育戏剧日常授课

由于戏剧社团不属于正规的校本课程，教育戏剧课的授课时间就很难得以充足的保证。B 中学一学期只给教育戏剧教师十次课的授课时间（见图 4-5），而 C 小学和 D 小学一学期仅有八次课的授课时间。主管学生社团的学校老师还总是希望一学期下来能够排演出一部小短剧。这就给指导戏剧社团教学的教育戏剧教师带来了极大的挑战。F 老师、W 老师和 Y 老师一般都会安排前两三次课让学生通过"身体点名""大风吹""抢椅子"等集体性的戏剧游戏来让学生互相熟识，打破对于动作表演的羞涩感与僵硬感。在之后的 5~7 次课，教育戏剧教师则会与学生共同对于友谊、生命、公德等焦点主题的探讨与表演逐步创作一部小短剧。教育戏剧中的剧本一般不会采用经典戏剧或戏曲剧本，而会在每次授课的过程之中基于学生的创造来进行集体商讨与改编。在这一过程之中，学生的创造力经常会给教师带来意想不到的惊喜。

在戏剧社团教学过程中，很多情况下学生是在一种即兴的状态下进行创造性的表演。正如美国斯坦福大学即兴戏剧大师帕特丽夏·瑞安·麦德森（Patricia Ryan Madson）所说，即兴戏剧（Improves）是开启正念（mindfulness）和潜能的钥匙。① 任教于 C 小学的 W 老师就利用绘本故事来组织学生去开启正念，反思故事与学生个体的生活，让学生在对绘本故事的再创作中开发个体的潜能，领悟为人处世与交友之道。

《阿吉的许愿鼓》主要讲的是对不完美自我的接纳。在这个过程中，我会把照片打印出来，让孩子们去看。你觉得它是一个什么小动物，你就写它是什么样的。其实与其是写小动物，倒不如说是写孩子他们自己。让孩子去表达怎么去观看别人，或者怎么去评价别人。在写的过程中间，孩子们去表达，去听别人怎么看自己。讲过之后，因为阿吉要参加一个选美比赛，我们要做一个雕像，或者是摆一个姿势，让孩子们分析。先让他们引入肢体的动作，然后在这个过程中，强调阿吉是一个最瘦、最弱、最丑的一个动物，是不受欢迎的。然后就要排一个小短剧。因为它很丑不受欢迎，短剧表现出一种疏远、排斥、受欺凌的场景。在这个过程中，让孩子们去反思，为什么他们要这样？难道阿吉就应该被这样对待？你在扮演欺负或者排斥他的时候，你是怎么想的？你觉得什么样才是真正的自己，你觉得虽然你不完美，但是你们心目中怎么样才算是美的？怎么样才算是强壮？如果他说强壮要像大象一样，我说你要像大象，那还有比大象更强壮的还有恐龙啊，那你要是恐龙，你会觉得可能有很多比恐龙更强壮的。孔雀是美的，长颈鹿不美吗？长颈鹿是美的，其他的可能更美啊。怎么样去评判美，以此教育孩子怎么样去看待自己。当觉得自己不完美，和别人觉得自己不完美，怎样处理这样一种冲突。教育戏剧也不是说一定在课上就要改变孩子什么，更多的是给他们一个"小引子"，就是给他们头脑里面放一些小的"定时炸弹"。带着这些"小包袱"或者"小炸弹"，在日常生活中，说不定哪一天自己经历或者看到别

---

① ［美］派翠西亚·莱恩·麦德森：《即兴的智慧》，七印部落译，武汉，华中科技大学出版社 2014 年版，第 9 页。

人经历了他之前的一些偏见或一些想法，他想到教育戏剧课上，可能老师说了两句话或者什么跟这有冲突，那个时候就引爆了这个东西，会在生活中感受到这种冲突。

绘本中的阿吉是一只瘦小、丑陋且常被其他动物欺负的小尤猪，在教育戏剧的授课过程中，W老师并不会带领学生完完整整地按照绘本既有的故事线索复现相同的故事情节，而是会向孩子们提问"你觉得它是一个什么小动物？""它在日常生活中会遇到什么事件？""你在扮演欺负或者是排斥它的时候，你是怎么想的？""你们心目中怎么样才算是美的？"等这样一系列问题，将小学生带入阿吉的故事当中，让学生去思考阿吉在故事中应该如何自处。另一方面，在课程结束之后，教师也会促使学生思考自己是一个什么样的人？当遇到被人欺凌或者看到同伴间的欺凌现象时应该如何应对？这种专注于当下、有意识地觉察便是正念，让学生学会未来在社会中如何心怀善念地自处以及与他人交往则是教育戏剧课所探讨的重点。

当前中小学教育戏剧社团的开展依然处于"百花齐放、百家争鸣"的状态，每个学校都在探索适合自己学校校情、学情的教育戏剧实施模式，然而在探索的过程中，由于我国教育戏剧理论界尚未形成较为权威的教育戏剧教学模式，因此在实践开展的过程中很多学校经常会将教育戏剧与传统的戏剧表演课相混淆，无论是采用戏剧教学法的学校，还是开展校本戏剧课或采用戏剧社团形式的学校均会在不同程度上陷入实施混乱的泥淖之中。对于这一点，W老师认为还是需要加以明确区分为好。

我觉得教育戏剧应该是 Drama in Education 和 Creative Drama 结合。过程很重要。目前，中小学阶段不可能一下就说大家都不要结果，大家肯定也要结果。我觉得比较好的状态就是通过孩子们的演出，这种即兴的过程，自然而然地生发出一个令孩子们觉得属于他们的 Creative Drama。可能故事是我们给的,情节是我们给的,我们不会说这个时候你要表现,你这句台词必须得加重,这一句话必须得语气怎么样。我们就是按照教育戏剧那一套把这个故事绘本做完。孩子们经历了这个过程。可以在之后,比如说我们抽一两个星期或者三四个星期,比如说我们这个学期排了这些,把这个完整的戏剧串一下,变成大家去表演。孩子们既能够有一种教育戏剧的过程性的体验,又能有最后表演性的呈现,家长也能够接受,学校也能接受。而且我觉得表演其实对孩子也是一个锻炼,那么一种大的舞台经验对他们的成长也会有帮助。

无论是戏剧教学法(Drama in Education)还是创造性戏剧(Creative Drama)皆是英美教育戏剧界经过长期探索所形成的教育戏剧教学模式,但是在中国大陆的学校情境中显然不能照搬照用。中国中小学传统的校园剧、课本剧给了中小学校长和教师一种戏剧就应该是面向大众进行精心表演的思维定式,而这一固有心理也非短期之内能够整体扭转的。因此将教育戏剧的过程性体验与戏剧教育的表演性呈现相结合不失为当前我国大陆地区在教育戏剧探索初期的一种折中路径。有待教育戏剧能够在如火如荼的推广大势下得到更多中小学领导与教师的认知之后,再恢复教育戏剧的本来面目。

二、教师角色:无力的打工仔

F老师、W老师和Y老师分别任教于B中学、C小学和D小学。而在一年多的教育戏剧教学实践的过程中,"无力的打工仔"成为这三位教师的共同心声。很多时候学校领导听到教育戏剧这一新鲜事物便匆匆上马,当了解到教育戏剧重在过程性育人而非传统的戏剧表演时,又会以教学效果不显著为由抽掉很多学校层面的支持。这些外聘的教育戏剧教师有时也很无奈,内心充满了无助感与无力感。任教于C小学的W老师就对此有着较深的感受。

首先我们要摆正自己的定位，讲难听一点，其实就是给别人打工。我觉得教育戏剧在体制内推行很困难的原因，首先是老师校长们的观点没有转过来，他们觉得教育戏剧就是演戏。其次从学校功利性的角度来说，希望最后参加演出或比赛。如果上了一个学期课，最后啥也不演，学校会觉得亏。

任教于 B 中学的 F 老师也有着同样的感受。在短短的一学期十次课中涵盖所有的教育戏剧主题与习式显然是不现实的。由于我国的社会环境与教育体制与英美等西方国家依然存在较大差异，整体对待戏剧的社会态度还需要慢慢地向正向扭转，因此在这一情景下教育戏剧尤其是教育戏剧社团处于一种可有可无的尴尬境地，这也是教育戏剧在我国发展的初期难以逾越的阶段。

现在学校教育戏剧是十次课，包括汇报，是挺紧凑的，但是也差不多够用。因为让学校给再多的时间是不可能的，只要教育体制不改变，这是绝对不可能的。因为这只是一种技能课、辅助课，所以不能"喧宾夺主"。但是据我了解，在西方国家戏剧还是一个非常高雅、高尚的事情，解决温饱和基本的需求后，精神层面的需求就要跟上。我觉得在国内，这个市场在慢慢开启，萌生阶段就还是不要太功利。我们能做的就是尽量一点点改变。

要让教育戏剧教师摆脱"无力的打工仔"这一尴尬角色，一方面需要教育戏剧的理论界、实践领域对于教育戏剧进行扎实的实践探索与科学的宣传推广；另一方面也需要中小学教师尤其是校领导能够主动跳出功利心态，持有一种一切为了学生成长，功成不必在我的心态，尊重教育戏剧的教学规律，让真正懂教育戏剧的教师做好教育戏剧的育人工作，并在工作中获得成就感与认同感。当教育戏剧教师能够看到学生在教育戏剧教学过程中一点一滴的成长的时候，他们才会将自我的定位由"无力的打工仔"转变为"充满自信的主人翁"。

三、教师改变：重新理解学校

学校的外在环境会深刻地影响着教师，教师在与学校的互动中会重新理解他每天工作的重要场域——学校。教育戏剧教师的改变不仅要关注教师观念与行为的改变，也要关注教师情感的改变，因为这也是教师专业成长的重要影响因素。将学校对于教师情感的影响考虑在内，才会让教师的改变得到合理的解释与正向的促进，然而这一点却是当前很多开展教育戏剧社团实践的学校所疏于关注的，导致很多指导教育戏剧社团活动的教师感受到挫败感以及与学校的疏离感。

教育戏剧教师在学校中的定位是什么？其如何在学校中得以安心的自处？这些问题既是教师的个人定位问题，同时也是决定教师与学校关系的重要纽带。当学校能够对于教育戏剧教师开展教学工作提供必要的支持与配合的时候，教育戏剧教师才会对学校产生强烈的归属感与使命感，认为学校是其实现教育理想的奋斗之地与重要平台。而当学校，尤其是校领导的主张与教育戏剧任课教师相背离的时候，一线教师则会经常感到处处掣肘，会对学校产生一种淡淡的不信任感与冷漠感。这时他所理解的学校则有可能是一个阻碍其专业发展与教育理想实现的伤心之地。教师对于学校的理解很大程度上由学校对其提供的外在支持强弱而定。

我觉得最关键就是定位。之前那个项目我觉得之所以没有做好就是因为定位不明确，学校不知道自己想要什么，我们也不知道他们需要什么，或者他们需要的不是我们能给的。希望中小学校能够把定位明确，而且有宽容度，能够容忍一个可能跟想象中有差距的一个事物。新生事物的存在需要试一两年，再去更好地推动。现在中小学教育戏剧很火，但还是处于一种起步期，北京、上海这些发达地区观念比较开放，在一些优质学校推行比较容易，英国华威大学的英语教育戏剧模式是一个比较好的案例。教育戏剧到底是一个系统化的课程，还是只有一个社团或者是一个课程兴趣班就可以？抑或是我们可以把它拆散，融入我们的传统教学中去。不一定一个小时都要做教育戏剧，可以就像培训，比如说中学语文、英语老师，你去参加工作坊，学习一些习式或者理念。在传统课堂中，比如上语文课，带来一个故事棒，我读一句大家来演一句。这样可能不是那种很完整的教育戏剧，但是可能相对跟课程联系很紧，老师们也不会觉得这东西耽误太多时间。我觉得这也不失为"曲线救国"的一种方式。

在B学校的教育戏剧社团教学实践过程之中，W老师经历过成功，也经历过挫败，而他觉得决定成败的重要因素是学校对于教育戏剧的定位以及后续所提供的各种支持，不论校领导将其准确定位为融合学科的戏剧教学法或者独立开展的教育戏剧课程，都能将教育戏剧进行深度的探索与发展。然而，由于领导对于教育戏剧的定位不明，导致了从事教育戏剧教学的教师经常处于一种混乱的政策环境之中，哪条路径也无法持续地走下去。这种教育戏剧的定位不明是很多采取戏剧社团形式开展实践的学校的一种通病，而这也导致了教育戏剧教师在情感上的一种疏离感与挫折感。很多青年教育戏剧教师初入学校的豪情往往也在这一次又一次的混乱中消磨殆尽，导致教师进行一种负向的教师改变，而最终的结果便是教师个体的落寞或忍无可忍的逃离。

四、存在问题：缺乏规范的课程标准与评价标准

教育戏剧从大类上来讲属于艺术教育的范畴。当前我国虽然有《义务教育艺术课程标准》，但是专门针对戏剧课尤其是教育戏剧课的课程标准与评价标准尚未出台，这也为探索教育戏剧课程教学的青年教师带来了极大的困扰与疑惑。由于课程标准与评价标准的匮乏，很多指导教育戏剧社团课程的教师常常在授课的过程中陷于不知所措的迷茫状态。

教学标准犹如一根指挥棒，会给教育戏剧授课教师提供一个明确的授课方向与教学指南。教育戏剧课的课程标准与评价标准的制定与完善在基层有着巨大的需求，应是我国未来中小学教育戏剧发展的一个重要探索领域。

第五章 我国未来中小学教育戏剧发展

从对中小学一线校长和教师的访谈中可以发现，课程标准与评价方式欠缺以及师资培养匮乏是当前我国中小学开展教育戏剧过程中遇到的最为突出的两个问题。由于我国教育戏剧处于大规模实施的起步阶段，无论是政策支持还是实践经验都相对比较薄弱，因此借鉴英美在教育戏剧课程标准与评价方式的国家标准以及师资培养方面的院校经验，进而将其结合我国国情进一步本土化是我国未来中小学教育戏剧发展的必由之路。

第一节 教育戏剧的课程标准与评价方式

英国和美国是世界教育戏剧发展的两大源头国，两国通过法律文件的方式将教育戏剧纳入国家中小学课程体系。因此，借鉴英、美两国中小学阶段相对成熟的教育戏剧课程标准与教学评价方式，进而结合我国国情进行编制是我国探索未来中小学教育戏剧评价方式的一条可行之路。

一、英国中学戏剧课程纲要中的戏剧课程评价

英国是中小学系统发展教育戏剧的重要先驱国家。1992 年，英国议会就通过《教育法》(*Education Reform Act*)，将戏剧纳入英语课程学习领域，但是却没有以一门独立的课程进行开展。时至今日，在英国小学阶段戏剧依然从属于英语课程，教师会教戏剧，但重点依然是英语的听说读写。直到中学

阶段学生才会接触到独立的戏剧课程，其中一种是每个公立院校都会开设的作为英文课程四大重点领域（说、听、团体探讨与互动、戏剧）之一的戏剧课；另一种是在 A 段班 (Advanced Level) 开设的选修课。[1] 在此，本书将着重对英国中学戏剧课程纲要进行探讨。

（一）英国中学戏剧课程纲要框架

英国中学戏剧课程纲要是英国普通中等教育课程的重要组成部分，同时戏剧也纳入英国普通中等教育证书 (General Certificate of Secondary Education, GCSE) 考试。英国普通中等教育证书考试是检验中学生学业成绩的毕业考试，其考试成绩直接影响学生是否能够进入高中进而获取升入高校的资格。[2] 英国教育部将戏剧纳入普通中等教育证书考核课程，很多中学生会选修戏剧课程作为 GCSE 会考时的考试科目。即使学习成绩稍差，不在 GCSE 系统学习，而在全国通用职业资格 (General National Vocational Qualification, GNVQ) 教育系统学习，依然有机会学习戏剧课程。但在 GNVQ 系统学习的戏剧课程则更偏重于表演、服装、化妆等演出制作内容的学习。英国虽然直到中学阶段才开设独立的戏剧课程，但是由于学生从小在英语课中就接触过戏剧，且英国国家课程框架文件中明确提出小学阶段"所有学生都应该有机会参加并获得戏剧艺术相关的知识、技能和理解"，因此英国学生从小就都对戏剧有一定的学习经验，学习 GCSE 课程不会感到陌生与无所适从。

英国中学戏剧课程纲要是 GCSE 考试课程纲要的重要组成部分，其主要分为前言、学习目标和学习成果、学习内容、知识与理解、技能五个部分，[3]

---

[1] 郑黛琼：《游溯戏剧教育的原乡——英国戏剧课程扎根现况》，《美育》2003 年第 135 期。
[2] 张飞彦：《英国 GCSE 考试的历史变革及其启示》，《现代中小学教育》2016 年第 12 期。
[3] Department of Education. Drama GCSE subject content [EB/OL].(2017-02-01)[2017-09-15]. https://www.gov.uk/government/uploads/system/uploads/attachment_data/file/589145/Drama_GCSE_revised2017_FORMATTED__004_.pdf.

并据此制定详细的课程框架。英国中学戏剧课程纲要中明确提出，中学戏剧课程应该为学生提供机会来参与和理解戏剧，将戏剧看作是一种通过形式、风格和习式的选择将观念与意义传达给观众的实用性艺术形式。课程应该让学生为未来学习和升学机会做出明智的决定提供必要的准备。英国中学生通过学习 GCSE 戏剧课程应该能够探索表演文本，了解他们的社会、文化和历史背景，包括创作时期的戏剧习式，在此基础上还要发展一系列戏剧技巧，并将其应用于创作表演。为了培养学生的创造性，英国中学戏剧课程纲要还要求学生能够共同合作创编、发展和交流想法，发展学生的创造性、高效性、独立性和反思性，使其能在过程和表演中做出明智的选择。英国中学的戏剧课不仅仅是单纯的案头文学，英国中学戏剧课程纲要还提出学生需要个体独立参与戏剧表演，反思和评估自己和他人的工作，在当代专业戏剧实践中发展对其所扮演的角色和过程的认识与理解。由此可见，学生的个人反思能力和创造能力是英国中学戏剧课的教学重点。

（二）英国中学戏剧课程纲要中的评估要求

英国中学戏剧课程纲要中的评估主要包括学习内容评估、知识与技能评估两部分。在学习内容评估方面，英国普通中等教育证书考核课程规定学生必须至少学习一个完整充实的表演剧本和至少两个截然不同的完整片段，并且在学习的基础上要参与两次演出，设计一个演出计划，编写一个表演剧本。[1] 由此可见，案头文学的创作和表演实践的呈现在英国戏剧课程纲要中缺一不可，对于戏剧文本的理解和舞台表演的感悟共同组成了学生把握戏剧本质的两条重要途径。

在知识与技能的评估方面，英国中学戏剧课程纲要同样做出了明确的规

---

[1] Department for Education. GCSE drama[EB/OL].(2015-02-12)[2016-09-15]. https://www.gov.uk/government/uploads/system/uploads/attachment_data/file/405327/Drama_GCSE_180215.pdf .

范。在知识与理解领域，英国中学戏剧课程纲要要求学生准确理解表演剧本和戏剧作品的特点（包括戏剧的体裁、结构、角色、形式和风格、语言、舞台指导、社会、历史和文化背景，还包括表演剧本创作时期的戏剧习式）。在理解戏剧如何解释和传达意义方面，英国中学戏剧课程纲要要求学生掌握表演习式；表演空间和舞台上的空间关系；表演者和观众之间的关系；舞台设计，即舞台上的设备（包括道具）、服装、灯光和声音；演员对角色的声音和身体的解释；戏剧制作人的戏剧和剧场术语，以及如何恰当地使用这些术语；当代专业实践中戏剧制作人的角色（包括表演者、导演和舞美）。在戏剧技能发展领域，英国中学戏剧课程纲要要求学生通过研究、发展创意、解释文本、设计、排练、在过程中改进和修改作品、评估他人对最终表演的贡献、分析和评估他人独自编创演出戏剧的过程、让他人来分析和评估演出戏剧作品等方式在现场环境中创设情境、表达思想并实现艺术设想和实现艺术设想（详见附录三）。①

  标准如同指路的明灯，只有出台明确的标准，中小学教育戏剧教师才能有明确的学习目标与教学方向。对于学生学习内容以及知识和技能的评估，英国中学戏剧课程纲要均做出了明确的规定与要求，这一点是我国未来建设中小学教育戏剧课程标准与评价标准需要重点学习与借鉴的。并且在英国 GCSE 戏剧考试课程中，绝大多数的受控评价是由考试机构的考官进行，教育戏剧教师可以将精力专注于自身的课堂教学，减轻教师给学生评分的压力，② 这种将戏剧课程考评采用第三方委托的专业化考评方式，将艺术课程的考评做到了最大限度地客观化，保证了考评的质量，同样值得我们借鉴。

---

  ① Department of Education. Drama GCSE subject content [EB/OL]. (2017-02-01)[2017-09-15]. https://www.gov.uk/government/uploads/system/uploads/attachment_data/file/589145/Drama_GCSE_revised2017_FORMATTED_004_.pdf.
  ② 张家勇，朱玉华：《英国普通中等教育证书考试改革的缘由、举措和特点》，《世界教育信息》2017 年第 24 期。

二、美国《国家核心艺术课程标准》中的戏剧课程评价

与英国直到中学阶段才有独立的戏剧课所不同，美国从幼儿园阶段便有独立的戏剧课程，对于中小学戏剧课的课程标准与评价标准发展的也相对成熟。美国国会在 1994 年通过的《2000 年目标：美国教育法》（Goals 2000: Educate America Act）中就明确规定了中小学戏剧教育属于国家核心课程。[①] 此后美国艺术教育标准全国委员会（National Committee for Standards in the Arts）制定的《艺术教育国家标准：每一名青年美国人都应该在艺术上知道并去做》（National Standards for Arts Education：What Every Young American Should Know and Be Able To Do in the Arts）又详细规定了戏剧课从幼儿园到 12 年级各阶段学习的"内容标准"和"成就标准"。[②] 2014 年，美国国家核心艺术标准联盟在原有的 1994 年《艺术教育国家标准》基础上制定并颁布了《国家核心艺术课程标准》（National Core Art Standards），再次对于从幼儿园到 12 年级各阶段戏剧课程的内容与评价做出了详细的规定。

（一）美国《国家核心艺术课程标准》中的戏剧课内容框架

戏剧是美国《国家核心艺术课程标准》五大课程（舞蹈、音乐、戏剧、媒体艺术、视觉艺术）中的重要一环，美国基础教育阶段教师可以依据该标准掌握不同阶段学生戏剧素养的培养目标和培养内容。美国《国家核心艺术课程标准》采用了杰伊·麦克泰（Jay McTighe）和格兰特·威金斯（Grant Wiggins）在《理解性教学设计》（Understanding by Design）一书中所强调的逆向设计理念（A Backwards Design Approach），即先设计课程预期成果，

---

① Goals 2000: Educate America Act[EB/OL]. (1994-03-31) [2016-09-15]. http://www2.ed.gov/legislation/GOALS 2000/TheAct/index.html.

② National Standards for Arts Education：What Every Young American Should Know and Be Able To Do in the Arts[EB/OL]. (1994-03-31) [2016-09-15]. http://files.eric.ed.gov/fulltext/ED 365622.pdf.

之后设计达成这些预期成果的成就标准，最后再设计具体的达成路径。[1] 在《国家核心艺术课程标准》戏剧课程部分，其内容框架主要包括艺术过程（Artistic Processes）、落实标准（Anchor Standards）、持续理解（Enduring Understan-ding）、关键问题（Essential Question）、表现标准（Performance Standards）五个部分，很好地反映出这一设计理念。在学段上戏剧课程标准将学生划分为幼儿园前至4年级、5~8年级以及高中阶段三部分，高中阶段又划分出"熟能"（Proficient）、"精成"（Accomplished）和"优秀"（Advanced）三级评价指标，[2] 这就将戏剧课程标准在不同学段细分为多个不同程度的教学目标，为戏剧课教师提供了重要的教学设计依据。

在艺术过程部分，戏剧课程标准将戏剧艺术分为了创造（Creating）、表演（Performing）、回应（Responding）和关联（Connecting）四个主要环节。其中创造是第一个环节，要求学生构思并发展新的艺术观念和艺术作品。表演是第二个环节，要求学生通过诠释和演出来实现艺术观念和艺术作品。回应是第三个环节，要求学生理解和评估艺术是如何来进行意义传递的。关联是最后一个环节，要求学生将艺术观念和作品与个人意义与外部背景联系起来。

在落实标准部分，美国国家戏剧课程标准将每个艺术过程都详细划分了2~3个落实标准，每个落实标准又对应多个过程要素。创造部分的三个落实标准分别是：（1）生成和概念化艺术理念和作品；（2）组织和发展艺术理念和作品；（3）改善并完成艺术作品。表演部分的三个落实标准分别是：（1）选择、分析和解释所呈现的艺术作品；（2）发展和改善艺术技巧和演出作品；（3）通过艺术作品的呈现来传达意义。回应部分的三个落实标准分别是：（1）感知和分析艺术作品；（2）诠释艺术作品的意图和意义；（3）应用标准来评价艺术作品。关联部分有两个落实标准，分别是（1）综合并联系知识与个人经验来创作艺术；（2）将艺术思想和作品与社会、文化和历史背

---

[1] G. Wiggins, J. Mctighe, *Understanding by Design*, Pearson: Merrill Prentice Hall. 2005.
[2] National Core Arts Standards[EB/OL].(2016-09-15)[2016-09-15].http://www.nationalartsstandards.org.

景相连以加深理解。这些落实标准为教师提供了学生在某一阶段所需要达成的具体目标，为学校一线戏剧教师的教学提供了方向。

在持续理解部分，美国国家戏剧课程标准更为关注戏剧艺术学习过程中具有核心意义的重要概念和课程内容，即杰伊·麦克泰（Jay MeTighe）和格兰特·威金斯（Grant Wiggins）所强调的当学生离开课堂依然可以留在学生头脑中的信息。[①] 例如在戏剧艺术的创造环节中，美国国家戏剧课程标准就提出了三个学生需要重点关注的内容，其分别是：（1）戏剧艺术家依赖于直觉、好奇心和批判性探究；（2）戏剧艺术家努力发现不同的沟通方式；（3）戏剧艺术家通过排练来改善他们的作品并练习他们的技艺。美国国家戏剧课程标准希望学生能够通过对于这三个内容的重点关注和持续理解，了解戏剧艺术家在创造戏剧作品的过程中重点关注了哪些问题，进而学生自己也能在戏剧课程的学习与实践过程中尝试进行戏剧文本创作与创造性的舞台呈现。

在关键问题部分，美国国家戏剧课程标准设置了很多可以激发学生思考，引发学生进一步提出更多的问题，从而促进学生持续理解的关键问题。例如在戏剧艺术的回应环节中，美国国家戏剧课程标准就提出了三个学生需要重点关注的关键问题，其分别是：（1）戏剧艺术家如何理解戏剧过程和戏剧体验的本质？（2）同一件艺术作品如何向不同的人传达不同的信息？（3）戏剧艺术家的过程和观众的视角如何受到分析和综合的影响？通过对于这些问题的思考和回答，学生可以深入了解如何去欣赏一部戏剧作品，进而从审美的角度对其进行有深度的诠释与分析。

在表现标准部分，美国国家戏剧课程标准为幼儿园前到高中不同年级的学生进行戏剧课程学习提供了12个表现标准，这12个表现标准分别是：想象／概念化、发展、排练、选择、准备、分享／呈现、反馈、诠释、评价、移情、相互关联、研究。这12个表现标准涉及学生进行戏剧课程学习不同方

---

① G. Wiggins, J. Mctighe, *Understanding by Design*, Pearson: Merrill Prentice Hall. 2005, p.370.

面的关键要素,并且美国国家戏剧课程标准还为不同年级的学生在不同戏剧艺术过程中不同表现标准的学习中提供了 1~3 个不断深化的程度要求,不同的程度要求都是十分具体且可测量的。例如美国国家戏剧课程标准在 3 年级创造艺术过程的想象/概念化这一表现标准中就划分出创造戏剧作品中的角色、描述角色的想法、合作讨论决定角色的语言和动作这样三个逐渐加深的程度要求(见表 5-1)。由于戏剧课程标准中的表现标准内容十分丰富,由于篇幅所限美国国家戏剧课程标准中表现标准的具体内容不做赘述(详见附录一)。

表 5-1 美国国家戏剧课程标准框架

艺术过程	落实标准	持续理解	关键问题	表现标准			
				学前至 8 年级	9~12 年级		
					熟能	精诚	优秀
创造	3 个落实标准						
表演	3 个落实标准						
回应	3 个落实标准						
关联	2 个落实标准						

(二)美国《国家核心艺术课程标准》中的戏剧课基石评估模型

美国国家戏剧课程标准清晰回答了不同年级的戏剧课应关注哪些教学内容的问题,而与之相配套的戏剧课基石评估模型(Model Cornerstone Assessments)则有效解决了学生戏剧课学习结果的评估和成就标准衡量的问题。基石突出了该评估模型的基础性定位,即让学生通过对戏剧知识和技能的学习"固定"最为重要的学习结果,让学生对于戏剧课的学习内容进行彻底的掌握。与戏剧课程标准内容有所不同的是,戏剧课基石评估模型并没有将具体的评估内容按照幼儿园前到高中每个年级逐级划分,而是在义务教育阶段只划分出 2 年级、5 年级、8 年级 A 和 8 年级 B 四个学习阶段。每个学习阶段又详细列出了评估简介、评估程序和评估量规,①为戏剧教师和专业的评估人员提供了具有较强操作性的评估依据。

以戏剧课程的 5 年级基石评估模型为例,在评估简介方面,戏剧课基石评估模型所关注的艺术过程包括创造、展示和回应三个部分。其所关注的主题是将文学或民间故事中的角色改编成一个即兴戏剧。为此学生将用身体和声音通过有计划的即兴演绎来解读文学作品或民间故事的场景。他们将为观众表演即兴演出,并将使用戏剧/剧场的术语对同伴的表演进行反馈。特别值得一提的是,基石评估模型提出了嵌入式教学策略,这一阶段的 9 个嵌入式教学策略包括:(1)想象一个故事的世界和给定的情境(创造/发展);(2)复习剧情结构,增加创意(创造/发展);(3)用身体和声音创造一个角色(创造/想象);(4)探索给定故事中的各种角色(创造/想象);(5)安排空间创建一个环境(创造/发展);(6)用故事戏剧的方法将一段文学作品改编成一个场景并有简易对话(展示/分享);(7)使用完善的舞台和投影(展示/分享)呈现场景;(8)展现对观众尊重的行为(回应/反思);(9)使用戏剧表演词汇评估同伴的戏(回应/反思)。这些嵌入式教学策略的一大突出特点是与课程目标和主题高度融合,有利于教师在戏剧课堂教学中有效实施。

在评估程序方面,戏剧课基石评估模型共列出了简介、评估目标、评估过程、关键词、知识与技能五个方面的内容。在简介中,5 年级戏剧课基石评估模型特别强调在使用这个评估基础模型之前,所有学生都应该接受支架式指导,评估者需要彻底和全面阅读所有材料,以确保评估能够有效开展。并且这一评估模型可以用于课程计划、教学、前期或后期评估、形成性、中级或总结性评估等多个阶段,并非只用作课后评估。评估目标对于评估的适用对象、使用方式、评估时机、评估录像的具体格式均做出了详细的规定。而具体的评估过程主要分为 6 个阶段,分别是:(1)作为一个热身,选择一

---

① Theatre Model Cornerstone Assessments[EB/OL].(2016-09-15)[2016-09-15]. http://www.nationalartsstandards.org/mca/theatre.

小部分选定的场景发展为叙事哑剧。让学生在个人空间单独工作，由老师从一篇文学/民间故事中描述一段场景，让学生用动作、表情和手势默默地表演。（2）教练将讲述所选场景的整个故事。列出并公布场景中的角色，为学生显示场景动作的开始、中间和结束。（3）学生在小组中用对话、声音和身体表征设计一个场景，专注于设计场景的开始，中间和结束。（4）在课堂展示/分享前让学生有时间计划和排练场景。（5）分享场景。（6）让每个小组通过使用戏剧/剧场术语来对另一个小组的表演进行积极性评价，口头或书面的评估均可。在此基础上，5年级戏剧课基石评估模型还提供了叙事哑剧、身体表征、声音表征、集团合作、批判性评价、哑剧、适应、对话、故事背景、冲突、即兴、形象表现、面部表情、给定情境和内心想法共15个关键词作为评估的重点关注对象，为戏剧教师开展评估提供细致的评估参考依据。

在评估量规方面，戏剧课基石评估模型共列出了超越标准、达到标准、接近标准和低于标准四个层级的评价等级。这种非分数化的逐级深入、提升的等级评价体系既能够为学生戏剧学习提供努力方向，同时也避免了僵化的分数考评带给学生的负面压力，有效地促进学生在戏剧体验中进行深度思考（见表5-2，详见附录二）。

表 5-2 美国国家戏剧课程标准戏剧课基石评估模型

年级			
	评估简介	艺术过程	
		主题	
		简要的评估描述	
		嵌入式教学策略	
	评估程序	简介	
		评估目标	
		评估过程细则	
		关键词	
		知识与技能	
	评估量规	超越标准	达到标准	接近标准	低于标准

三、我国中小学教育戏剧课程和评价方式的探索性尝试

我国中小学教育戏剧本质上属于中小学的艺术教育范畴，与英美有相对明确的中小学教育戏剧课程标准与评价标准所不同的是，当前我国学术界对于中小学艺术教育研究大多集中于音乐、美术、舞蹈等少数传统学科领域，[①]对于中小学教育戏剧的研究成果依然较为匮乏。然而无论是教育部出台的包含戏剧的《艺术课程标准》，还是部分中小学教育戏剧教师的实践均为未来中小学教育戏剧走向科学化和规范化做出了有益的探索性尝试。

（一）我国《义务教育艺术课程标准》中的戏剧课程标准

我国教育部 2001 年颁布的《全日制义务教育艺术课程标准》就将戏剧作为重要的一部分。[②] 2011 年教育部在新版的《义务教育艺术课程标准》之中又再次强调了戏剧是艺术课程的重要门类。虽然当前在国家的课程标准之中戏剧还没有像英美及我国台湾地区一样成为一门单独的课程，但是 2011 年新版的《义务教育艺术课程标准》中的一些重要论述还是为我国中小学教育戏剧课程和评价走向科学化与规范化提供了重要条件。

2011 年新版的《义务教育艺术课程标准》明确提出学生要通过戏剧等其他艺术形式与生活、情感、文化、科技四个方面的联系来获得艺术的感知与体验、创造与表现、反思与评价等渐进式发展的能力。[③]《义务教育艺术课程标准》中不同学段的课程内容与教学建议也基本上是按照这一要求所设计的（详见表 5-3）。参与 2011 年新版《义务教育艺术课程标准》制定的滕守尧教授提出，艺术不是艺术知识技能发展到极致的产物，真正的艺术来自

[①] 付钰：《我国艺术教育的研究进展探析》，《现代教育科学》2016 年第 9 期。
[②] 教育部：《全日制义务教育艺术课程标准》，北京师范大学出版社 2001 年版。
[③] 教育部：《义务教育艺术课程标准》，北京师范大学出版社 2011 年版，第 11 页。

艺术知识技能与人文素养的有机结合。① 戏剧作为艺术课的重要教学内容与艺术载体，其所培养的不仅仅是学生的戏剧知识与戏剧技能。因为未来中小学生长大后并不都是要从事戏剧行业，戏剧课更重要的是通过戏剧来培养学生的一种艺术与人文素养。这一点恰好与教育戏剧的教学理念高度吻合，教育戏剧所培养的并非戏剧专业人才，而是通过教育戏剧这一载体促进学生的认知发展、社会性发展与审美发展。在《义务教育艺术课程标准》中也在课程内容参考实例中，借助"悲伤"主题的哑剧表演来探讨不同文化的情感表达，为中小学戏剧课的开展提供了良好的范例。因此，在《义务教育艺术课程标准》框架的指导下设计未来独立的"教育戏剧课程标准"有很大的可行空间。

表 5-3 我国《义务教育艺术课程标准》内容框架

		第一学段 1~2 年级		第二学段 3~6 年级		第三学段 7~9 年级	
		课程内容	教学建议	课程内容	教学建议	课程内容	教学建议
艺术与生活	感知与体验						
	创造与表现						
	反思与评价						
艺术与情感	感知与体验						
	创造与表现						
	反思与评价						
艺术与文化	感知与体验						
	创造与表现						
	反思与评价						
艺术与科技	感知与体验						
	创造与表现						
	反思与评价						

---

① 滕守尧：《艺术课程标准 (2011 年版) 有哪些亮点》，《基础教育课程》2012 年第 Z1 期。

（二）我国部分中小学教育戏剧课程评价标准

我国大陆地区教育行政部门尚未正式出台针对中小学教育戏剧的评价标准，但是众多发现了教育戏剧独特价值的中小学早已开展了多种探索，初步建立了多种教育戏剧校本评价方案。以北京市海淀区为例，北京市海淀区教育科学研究院从 2012 年开始推动海淀区公办中小学开展戏剧教育，无论是市内还是郊区县都有多所中小学在海淀区教育科学研究院的指导下进行了实践探索，截至 2016 年，海淀全区已有将近 60% 的学校切实开展了戏剧教育，近 70 所中小学将戏剧纳入正式的校本课程或成立了戏剧社团。[①] 针对中小学教育戏剧缺乏课程与评价标准的问题，2017 年，海淀区教育科学研究院又颁布了《海淀区中小学戏剧教育课程实施指导手册》，为中小学一线的探索提供帮助。[②] 与此同时，一些优质中小学也建立了自己的评价方案，例如北京市清华大学附属小学（简称"清华附小"）在其《基于核心素养的戏剧课程方案》中就提出评价要以戏剧课程的理念为导向，基于学生核心素养的发展，进行发展性、综合性评价的设计。评价主体以教师（戏剧教师和班主任）评价为主，辅之学生自评与同伴他评。评价载体采用主题护照、成长档案袋、观察记录、学习反馈以及电子储存等。评价方式上将过程性评价与终结性评价相结合，在基础类课程中侧重评价学生对戏剧基本知识的掌握和基本表演技能的掌握情况，以及学生在戏剧课程中小组互助合作的能力，能否积极踊跃地提出自己有建设性的建议，是否具有责任心，是否按时出勤，是否遵守课堂纪律，是否积极投入戏剧活动当中。在拓展类课程中则着重评价学生是否将自己所学的知识、能力以及自己的理解与情感放进戏剧之中，进而产生富有创造性、综合性的戏剧表演，并以星级奖励的方式进行考评。在终结性评价方面，清华附小会在每学年第一学期的期末举办清华附小戏剧节，各班参演一个戏剧作品，通过由学校艺术老师及各班家长代表组成的专家评审团

---

① 吴颖惠：《中小学戏剧教育区域创新实践探索》，《创新人才教育》2016 年第 4 期。
② 乔键：《海淀区中小学戏剧教育课程实施指导手册》，北京市海淀区教育科学研究院 2017 年版。

评选各年级的"戏剧明星班""观众最受欢迎奖""曹禺剧本奖""最佳舞美奖""最佳音乐奖"等，让参与戏剧演出每一个环节的每一个孩子都能够受到关注，得到应有的评价。

获得 2014 年国家级教学成果特等奖的北京市十一学校在选课走班的教学模式下，为各个年级都提供了戏剧课的学习资源，学生可以进入自己感兴趣的剧组进行戏剧课学习。以音乐剧"High School Musical"为例，在一学期 30 课时的戏剧课学习中，教师会将来自不同年级的 46 名学生分为导演、创编、舞美、表演、后期和剧务 6 个职能分工各不相同的组别，每节课教师都会设计 4 个具体可操作的学习目标，按照学生全部达成目标、达成 3 项目标、达成 1~2 项目标和未达成目标分为 A、B、C、D 四个评价等级。除了这种过程性评价之外，每学期期末各个剧组还要在学校戏剧节上进行汇报演出方可取得学分。

第二节 教育戏剧的师资培养

师资匮乏是当前阻碍中小学教育戏剧推广的一个重要原因。现阶段我国主要是戏剧艺术类院校开设有教育戏剧专业，少数师范院校的个别教师开设有教育戏剧相关课程。英美发达国家大部分是在知名院校的教育学院开展教育戏剧的师资培养，因此，我国教育戏剧师资培养的主体从戏剧院校转向师范院校应该是一股不可回避的潮流。

一、我国教育戏剧师资培养的现状

（一）我国教育戏剧师资职前培养集中于戏剧艺术院校

上海戏剧学院、中央戏剧学院和云南艺术学院是当前我国教育戏剧师资培养的三大主要艺术院校，在这三所院校中均开设有教育戏剧专业。由于教育戏剧这一概念引入我国时间还不长，这些专业艺术院校对于教育戏剧师资的培养尚处于起步阶段。

上海戏剧学院是我国最早开始关注教育戏剧师资培养的高校。2005年，上海戏剧学院在戏剧戏曲学科带头人、时任戏文系主任叶长海教授的推动下，在戏文系下开设艺术（戏剧）教育这一新专业，是中国首家构建了以戏剧教学法（DIE）和教育剧场（TIE）为主干课程体系的教育戏剧师资培养专业。上海戏剧学院艺术（戏剧）教育专业在培养方案中明确提出该专业"致力于培养在非艺术类大学艺术专业或中小学从事戏剧（影视）教学工作，以及将戏剧运用于其他领域的艺术专门人才。要求学生能够掌握戏剧（影视）编、导、演的基础理论和基本技能，熟悉戏剧（影视）发展的历史和现状，具有一定的戏剧（影视）编导和研究能力，较强的戏剧活动策划和管理的实践能力，并系统掌握艺术教育的基本理论与专业技能，了解相关学科的知识，有较高的文化艺术修养，有较强的审美感觉和创造思维。毕业后能在中小学担任艺术教育教师；担任戏剧教师的培训工作；在各类社区开展戏剧活动；具备在各企事业单位从事戏剧培训，在心理咨询行业从事戏剧治疗的潜力。"[1]

上海戏剧学院在艺术（戏剧）教育专业开设之初就聘请被誉为"中国教育戏剧第一人"的李婴宁老师为兼职教授，为该专业的学生开设"教育戏剧理论发展和实践"课程，并于2008年为学生实践建立了"陶冶教育剧场"来开展教育剧场和儿童剧演出。[2] 在此基础上，上海戏剧学院与全国各地多所中小学、幼儿园以及社会办学机构合作，开展教育戏剧的教师培训工作。[3] 2010年以后，在编剧学学科带头人、时任戏文系主任陆军教授带领下，上海戏剧学院出版了教育戏剧专业教材，徐珺副教授接棒李婴宁老师开设的《教育戏剧的理论与实践》课程也被评为上海市重点课程。为推动教育戏剧

---

[1] 艺术(戏剧)教育专业[EB/OL].(2015-09-15) [2016-09-15]. http://xw.sta.edu.cn/detail.aspx?id=18477.

[2] 教育性戏剧在中国的引进和现阶段发展[EB/OL].(2017-12-25) [2018-01-01]. https://mp.weixin.qq.com/s/nanemDMGK1wvXpmjUJaa_w.

[3] 李婴宁：《"教育性戏剧"在中国》，《艺术评论》2013年第9期。

更好地服务于中小学教育，2015 年在上海市教育委员会的支持下，上海戏剧学院成立了上海教育戏剧与应用中心，这一中心更是在 2017 年 3 月 29 日作为主要联盟单位参与筹建了上海学生戏剧联盟（名单见表5-4），[①] 以上海戏剧学院和复旦大学为基地，推动教育戏剧深入中小学，实现大中小学戏剧教育一体化，并在与中小学的交流合作中培养更多的中小学一线教育戏剧师资。

表 5-4　上海学生戏剧联盟成员名单

顾问	导师	高校	中小学
尚长荣	谷公胜	上海戏剧学院	复旦附中
	杨绍林	复旦大学	格致中学
	吕凉	华东师范大学	延安中学
	谷好好	同济大学	进才中学
	茅善玉	上海交通大学	市二中学
	钱惠丽	上海财经大学	宜川中学
	王佩瑜	东华大学	北虹高中
	喻荣军	华东政法大学	新中初中
		上海师范大学	青浦高中
		上海大学	闵行中学
		上海立信会计学院	松江二中
		上海工程技术大学	张堰中学
		上海海洋大学	奉贤中学
		上海中医药大学	上戏附中
		上海海事大学	嘉定一中
		上海电影艺术职业学院	上大附中
		上海电力学院	城桥中学
			市三女中
			上海音乐学院附属安师实验中学
			上海市第五十四中学
			上海市延安初级中学
			上海市姚连生中学
			徐汇区青少年活动中心

[①] 上海学生戏剧团及上海学生戏剧联盟成立 (2017-05-32) [2017-09-15]. http://www.shanghai.gov.cn/nw2/nw2314/nw2315/nw31406/u21aw1220279.html.

2015年，中央戏剧学院成立了戏剧教育系，在上海戏剧学院成立艺术（戏剧）教育专业的基础上进一步将这一专业提升为院系，扩大了师资人才培养的规模与层次。由于目前教育部学科目录中尚未收录教育戏剧或戏剧教育专业，因此中央戏剧学院戏剧教育系是在戏剧影视导演专业下设戏剧教育方向，以培养优秀的大中小学戏剧教育师资力量为方向，重点培养学生的戏剧艺术创造力和戏剧教学的组织策划的能力，使学生成为具有扎实的戏剧教育基础的复合型人才。这一专业开设的主要课程有：戏剧教育、戏剧教育课堂、表演、导演、舞台语言技巧、舞台形体技巧、作品解析与改编、舞台美术基础、音乐基础、教育心理学、戏曲导演基础、戏剧美学、编剧基础、公共必修课等。①从课程设置的情况可以看出，中央戏剧学院戏剧教育系试图探索适合我国中小学戏剧教育发展的有效途径。

中央戏剧学院成立戏剧教育系是与其长期的实践探索分不开的。自2014年起，中央戏剧学院就积极参与"北京市高校、社会力量参与小学体育美育发展"项目，与东城区地坛小学、东交民巷小学、分司厅小学、回民实验小学、昌平区平西府中心小学、天通苑小学、天通苑学校七所小学开展合作。中央戏剧学院根据各小学的不同特点，组织本校专业的戏剧教师和表演、导演专业的硕士生和本科生，通过开设戏剧课程、举办系列讲座、组织优秀剧目观摩等方式参与小学的美育课程建设，在理念引导、课程教学、师资培训、社团建设等方面给予上述七所小学大力的支持。北京市东城区的小学在中央戏剧学院指导下所创排的众多剧目也在东城区教委以及北京市教委所组织的各大比赛、艺术节展演中荣获了多种奖项与荣誉称号。正是基于长期的实践积累，2016年10月22日，由中央戏剧学院牵头，全国18所艺术类院校和科研机构以及北京、宁波、常州、深圳、济南等地的21所中小学共同组建了全国性的"中小学戏剧教育研究中心"，②共同谋划我国中小学戏剧教育的发展方

---

① 戏剧教育系 [EB/OL].(2016-05-32) [2016-09-15]. http://web.zhongxi.cn/xyjg/jxkyjfbm/xjjyx/.
② 中小学戏剧教育研究中心在京成立 [EB/OL].(2016-05-32) [2016-09-15]. http://edu.people.com.cn/n1/2016/1023/c1006-28800449.html.

向（详见表 5-5）。该中心每两年举办一次交流活动，旨在通过建立一个联系中国戏剧教育机构的有效机制，为全国的戏剧教育专家、学者和教师在从事中小学戏剧教育方面提供一个教学、研究和交流的平台，以此促进我国中小学戏剧教育事业的长足发展。通过中小学戏剧教育研究中心这一平台，中央戏剧学院将中小学戏剧师资的培养与指导从北京进一步延伸到了全国。

表 5–5 中小学戏剧教育研究中心成员名单

牵头院校	理事院校	成员院校 （高校及科研机构）	成员院校 （中小学）
中央戏剧学院	中央戏剧学院	中央戏剧学院	北京市十一学校
	中国戏曲学院	中国戏曲学院	北京市建华实验学校
	上海戏剧学院	上海戏剧学院	清华大学附属中学
	北京舞蹈学院	北京舞蹈学院	清华大学附属小学
	北京大学	北京大学	北京大学附属中学
	南京艺术学院	南京艺术学院	北京市定安里小学
	香港演艺学院	香港演艺学院	北京市回民实验小学
	"国立"台湾艺术大学	"国立"台湾艺术大学	北京市第二十二中学
		北京城市学院	北大附中朝阳未来学校
		北京市海淀教育科学研究院	北大附中石景山学校
		四川大学艺术学院	北京市东四九条小学
		广西艺术学院	北京市海淀实验中学
		吉林艺术学院	北京市中关村第一小学
		大连艺术学院	北京市上地实验学校
		西安培华学院	北京市海淀区五一小学
		天津体育学院运动与文化艺术学院	北京市二十一世纪国际学校
		北京市国际艺术学校	北京东城区分司厅小学
		石家庄艺术学校	宁波李惠利中学
			常州市第一中学
			深圳市高级中学
			济南外国语学校开元国际分校

云南艺术学院戏剧学院在2010年"十二五"学科建设规划中就详细论证了教育戏剧专业设置的可行性，①并于2011年正式开设戏剧学（戏剧教育）本科专业，进行专业化教育戏剧师资人才培养。但限于师资力量、生源质量等多方面的问题，教育戏剧师资培养的质量及影响力与上海戏剧学院和中央戏剧学院相比稍有逊色。

（二）我国教育戏剧师资职后培训集中于社会培训机构

见学国际教育文化院、国际戏剧教育大会、香港明日艺术教育机构等社会机构也是当前我国大陆地区教育戏剧师资培养的重要力量。相较艺术院校而言，这些社会机构大多以某些教育戏剧专家为核心，教师培训的内容与方式也更为符合教育戏剧的本真含义。

见学国际教育文化院是"中国教育戏剧第一人"李婴宁老师在推动教育戏剧在大陆地区发展过程中参与创办的机构，也是大陆地区谈及教育戏剧教师培训所不能不提及的重要机构。该机构最早可追溯到2005年李婴宁老师在上海创办的"静安戏剧工作坊"。因为李婴宁老师刚开始在大陆地区引入教育戏剧，很多学校还不太能接受这一新鲜事物，因此该戏剧工作坊只是作为社区戏剧机构为中老年人开展成人教育戏剧活动。②但以此为基础，李婴宁老师逐渐将教育戏剧推广到上海地区的一些中小学校。2009年以后，一些商业背景的社会机构开始进入教育戏剧领域，例如北京的"抓马宝贝教育体验中心"（简称"抓马宝贝"）就聘请李婴宁、大卫·戴维斯（David Davies）、克里斯·库佩（Chris Cooper）等教育戏剧名家培育自己的教育戏剧师资，致力于将父母、学校和环境在教育戏剧中共同建构。2013年初，李婴宁老师

---

① 戏剧学院十二五学科建设规划暨2010年工作部署研讨会[EB/OL].(2010-03-12) [2016-09-15]. http://xjxy.ynart.edu.cn/xydt/31729.shtml.
② 教育性戏剧在中国的引进和现阶段发展（一）[EB/OL].(2017-12-25) [2018-01-01]. https://mp.weixin.qq.com/s/nanemDMGK1wvXpmjUJaa_w.

开始退出上海戏剧学院的教学工作。为了解决普通教育中教育戏剧教师极度缺乏的问题，李婴宁老师带着几个研究生创建了"上海李婴宁戏剧工作室"，开始对上海地区的上海市第三女子中学、世界外国语学校、华东师大附幼附小、闵行实验小学、康弘幼儿园等学校的在职幼、小、中学教师进行教育戏剧方法培训。2014 年，"上海李婴宁戏剧工作室"借鉴国际教育戏剧研究中心的教育戏剧项目在青岛首创在职教师教育戏剧暑期学校初级班，对 40 余名教师进行了为期两周的密集课程培训。2015 年暑假，"上海李婴宁戏剧工作室"联合"抓马宝贝"继续在北京和青岛举办暑期学校，将培训层次进行细化，通过初级班、中级班不同层次的教学将教育戏剧培训引向深入。

2016 年，李婴宁老师在北京将"上海李婴宁戏剧工作室"升级为"李婴宁戏剧与教育发展中心"，并在北京、上海和深圳三地的在职教师暑期学校课程升级为初、中、高三级共三年的系统化培训课程。在国际救助儿童会、北京荷风艺术等基金会的支持下，"李婴宁戏剧与教育发展中心"也开展了大量的针对全国农村教师的教育戏剧师资培训。2017 年，李婴宁老师联合"抓马宝贝"将"李婴宁戏剧与教育发展中心"改建为"见学国际教育文化院"。该院聘请"抓马宝贝"的曹曦先生为国内总监，英国教育戏剧专家克里斯·库伯为国际总监，力求把见学国际教育文化院建设成一个具有国际视野，集教学、研究、国际交流合作为一体的综合民间学术研究机构。在这一时期见学国际教育文化院所组织的教育戏剧师资培训不仅仅是采用授课和工作坊的传统培训形式，还要求教师提交个人授课教案、个人授课录像、组织论文答辩，对教师培训进一步进行系统化与科学化的改造提升。

国际戏剧教育大会是（International Drama Education Congress,IDEC）是由北京外国语大学及外语教学与研究出版社举办的，致力于推动中国戏剧与教育多元融合的戏剧教育交流平台。2014 年至今，IDEC 已累计组织近万人次教师参加由英国华威大学教育戏剧专业毕业的师资所举办的各类戏剧教育培训，有效推动了教育戏剧在我国大陆地区的发展。[①] IDEC 组织的教育戏剧师资培训主要分为阳光普惠工作坊、国际名师工作坊和特色实践工作坊三大系统，让参与培训的老师在深度参与和体验的基础上掌握教育戏剧的方法，并且 IDEC 后续还会通过线上微课等方式为参与工作坊的老师提供相关教学资料及后续教学指导服务。

教育戏剧师资培训三大工作坊（阳光普惠工作坊、国际名师工作坊、特色实践工作坊）中，阳光普惠工作坊以实践操作为重点，通过阶段性集中培训、教学延伸服务、实践指导等方式，持续关注教师的提高与成长。阳光普惠工作坊的培训主题包括文本选择与故事讲读、多种木偶制作、戏剧游戏、即兴编排、教案实操练习、儿童剧创编与导演等，更多地倾向于让一线教师能够通过培训直接上手开展教学工作。国际名师工作坊主要针对对戏剧教育有一定了解的教师进行深入的交流，IDEC 会邀请"范式之父"乔纳森·尼兰德斯（Jonothan Neelands）、国际戏剧教育主席罗宾·帕斯科（Robin Pascoe）、国际青少年剧场艺术联盟秘书长伊维萨·西米奇（Ivica Simic）等专家授课，通过国际理念与本土内容的融合为参与者提供深度启发。特色实践工作坊主要包括戏剧游戏与即兴创编、戏剧教育与阅读、戏偶制作与戏偶创编三大主题，[②] 希望通过戏剧游戏、戏剧化阅读和戏偶来促进教师进一步掌握基础教育阶段教育戏剧的实践方法。

香港明日艺术教育机构成立于 1984 年，2012 年在总监王添强的推动下开始在内地开展教育戏剧师资培训。2016 年一年间就开展了 150 天的教育戏剧师资培训，3000 余名教师受益。[③] 2017 年 7 月 14 日起，香港明日艺术教育机构以深圳骑士教育科技有限公司作为国内独家营运合作伙伴，负责香港明日艺术教育机构在内地的教育戏剧师资培训工作。香港明日艺术教育机构

---

① 国际戏剧教育大会介绍 [EB/OL].(2017-12-25) [2018-01-01]. https://mp.weixin.qq.com/s/oIqFjI-WPsfMauv92nJDQoQ.
② 《2017IDEC 会刊》，外语教学与研究出版社，2017 年版。
③ 机构概览 [EB/OL].(2017-12-25) [2018-01-01]. http://www.mingri.org.hk/group/d_1.

在王添强老师的带领下，主要通过初、中、高三个阶段，每阶段5天（30小时）的工作坊形式进行教育戏剧师资培训。培训内容主要是让受训教师了解教育戏剧的概念、学习戏剧游戏与教育戏剧技巧、掌握编写教案方法，并透过实习及专家点评掌握带领课堂技巧。① 与此同时，在培训结束后王添强老师还会通过"教育戏剧咖啡吧"这一微信平台为各阶段的参与培训教师提供不同学段、不同学科的教育戏剧教案和剧本，为一线教师在教学活动中实践教育戏剧提供必要的支持。

此外，北京地区的中国戏剧文学学会应用戏剧研究中心、时维空间教育科技有限公司和广东地区的Artogether(艺汇)教育艺术中心等机构都在教育戏剧师资培训方面做出了有益的探索。中国戏剧文学学会应用戏剧研究中心常务主任林航于2016年和2017年连续两年举办全国戏剧与教育应用大会，通过邀请约翰·奥图（John O' Toole）、大卫·戴维斯（David Davies）等国际教育戏剧名家开设短期工作坊的方式开展教育戏剧师资培训活动。② 周笑莉老师开展的"P.L.A.Y. 计划"依托于时维空间教育科技有限公司，以台湾艺术大学的张晓华教授为核心，开展了六个阶段（创作性戏剧、教育戏剧、戏剧疗育、教育剧场、儿童戏剧赏析、课程设计与评量）的师资培训项目。③ 在此基础上，周笑莉老师还推动教育戏剧进入中国传媒大学附属中学、上海明强小学这样的公立学校以及阿里巴巴云谷学校、绿地集团翡翠学校、重庆御湖小学等一大批私立中小学的教师培训和学校课程之中。广东地区苏毅老师的Artogether(艺汇)教育艺术中心以"国际教育戏剧大会（IDEC）"前任秘书长金伯利·斯奈德（Kimberley Snider）担任教学总监，英国华威大学乔·温斯顿（Joe Winston）教授作为项目教学顾问，以莎士比亚戏剧为特色

---

① 工作坊简介与合作模式 [EB/OL].(2017-12-25) [2018-01-01]. https://mp.weixin.qq.com/s/FiVLB-WTD1cjx7-MhTjiSGA.
② 罗玲琛：《戏剧与教育：打开儿童教育的另一扇窗》，《幼儿100：教师版》2016年第6期。
③ "P.L.A.Y. 计划"戏剧培训——点亮之旅 [EB/OL].(2017-12-25) [2018-01-01]. http://www.365yg.com/group/6424371358813143297/.

来开展教育戏剧教学活动，通过教育艺术专家分享工作坊以及戏剧和剧场教育师资培训课程来帮助机构或学校定点打造戏剧教育的师资团队。[①] 当然，当前在大陆地区的教育戏剧师资培训机构还有广东省广州市的木棉剧团、四川省成都市的自由戏剧、福建省厦门市的壹豆戏剧等新生力量，限于篇幅不能一一列举，但是在教育戏剧初兴的大地上，这些社会机构在师资培养方面也是一支我们无法忽略的重要力量（详见表5-6）。

表5-6 国内代表性教育戏剧师资培训机构统计表

地区	机构名称	机构负责人	培训核心专家
北京	见学国际教育文化院	李婴宁	克里斯·库珀、曹曦
	抓马宝贝教育体验中心	王威	李婴宁、大卫·戴维斯、克里斯·库珀、卡梅尔·奥沙利文
	国际戏剧教育大会	吴辉、吴雨珊	乔纳森·尼兰德斯、乔·温斯顿、罗宾·帕斯科、伊维萨·西米奇
	中国戏剧文学学会应用戏剧研究中心	林航	李婴宁、约翰·奥图、大卫·戴维斯、克里斯·库珀、亚当·齐波里
	时维空间教育科技有限公司	周笑莉	张晓华、何莹
上海	李婴宁戏剧与教育发展中心	李婴宁	李婴宁、曹曦、曹春慧、陈媛、童凌
广东	香港明日艺术教育机构（深圳骑士教育科技有限公司运营）	王添强	王添强
	Artogether(艺汇)教育艺术中心	苏毅	金伯利·斯奈德、乔·温斯顿
	木棉剧团	郭昭莹	郭昭莹、蔡述群、陈志君、丹·巴伦·科恩、丹·查姆利
四川	自由戏剧	蔡洁	蔡洁、李岩、欧阳瑞苓
福建	壹豆戏剧	黄丽香	黄丽香、文婧

二、师资培养从戏剧院校转向师范院校

（一）师资培养重心转向的必要性

虽然我国当前有众多的戏剧艺术类院校在进行教育戏剧师资培养，众多

[①] Artogether(艺汇)教育中心课程计划[EB/OL].(2017-12-25) [2018-01-01]. http://mp.weixin.qq.com/s/Fk1oFj8p18Dy8l8aGJ9xTg.

社会机构开展了多种教育戏剧师资培训项目,但是当前教育戏剧师资培养依然面临两个亟待解决的问题,一个是"量不够";另一个是"留不住"。

首先,从教育戏剧师资培养的数量来看,当前开设有教育戏剧专业的艺术类高校所培养的教育戏剧师资远远无法满足我国实践需求。如前文所述,当前我国只有中央戏剧学院、上海戏剧学院和云南艺术学院三家艺术类院校开设有教育戏剧或戏剧教育专业。从2016年这三所高校的招生简章来看,中央戏剧学院戏剧教育系仅招收40名本科生,①上海戏剧学院戏剧影视文学(教育戏剧)专业仅招收15名本科生,②云南艺术学院将"戏剧教育"列为戏剧学专业下与"戏剧史论与批评"并列的专业方向,合并招生10人。③也就是说,中央戏剧学院、上海戏剧学院和云南艺术学院这三所院校每年合计仅能培养65名教育戏剧师资。而2016年我国义务教育阶段共有177633所普通小学和52118所初中,④仅北京一地就有984所小学⑤和341所初中⑥,当前戏剧艺术类院校所培养的师资远远无法满足全国甚至北京一地的中小学教育戏剧开展的需求。

其次,从教育戏剧师资培养的留任情况来看,艺术类院校培养的师资也很难长期在中小学从教。其中很重要的一个原因就是中小学教师待遇与艺术类学生培养成本的差距过于悬殊。中央戏剧学院戏剧教育系本科生四年学费

---

① 中央戏剧学院2016年本科招生简章[EB/OL].(2016-09-12)[2016-11-15]. http://web.zhongxi.cn/uploads/soft/2016/01/07/14521313601602.pdf.
② 上海戏剧学院2016年本科招生简章[EB/OL].(2016-09-12)[2016-11-15]. http://image.sta.edu.cn/%E4%B8%8A%E6%B5%B7%E6%88%8F%E5%89%A7%E5%AD%A6%E9%99%A22016%E5%B9%B4%E6%9C%AC%E7%A7%91%E6%8B%9B%E7%94%9F%E7%AE%80%E7%AB%A0.pdf.
③ 云南艺术学院2016年本科招生简章[EB/OL].(2016-09-12)[2016-11-15].http://www.ynart.edu.cn/images/xwgg/yyyw/2015/12/8/55430547-38e8-4e8d-92e3-a07a99aecb6c.pdf.
④ 各级各类学校校数、教职工、专任教师情况[EB/OL].(2016-09-12)[2016-11-15]. http://www.moe.gov.cn/s78/A03/moe_560/jytjsj_2016/2016_qg/201708/t20170823_311669.html.
⑤ 小学校数、教学点数及班数[EB/OL].(2016-09-12)[2016-11-15]. http://www.moe.gov.cn/s78/A03/moe_560/jytjsj_2016/2016_gd/201708/t20170824_311869.html.
⑥ 初中校数、班数[EB/OL].(2016-09-12)[2016-11-15]. http://www.moe.gov.cn/s78/A03/moe_560/jytjsj_2016/2016_gd/201708/t20170828_312526.html.

共 4 万元，加上前期的艺考培训费、备考生活费最低也要在 10 万左右，[①] 然而据访谈中一位北京市的小学戏剧教师 L 透露，小学戏剧教师月工资仅有 4500 元，因此很多进入中小学的戏剧教师在 2 年之内就会离职转行或者进入社会上开办的戏剧培训机构工作。戏剧艺术类院校毕业的中小学专职戏剧教师留任率过低是一个无法忽视的问题。

当前戏剧艺术院校所培养的教育戏剧师资不仅数量难以满足中小学需要，而且很大一部分由于工资待遇问题难以进入中小学。针对这些问题，李婴宁[②]、吴戈[③]等众多学者提出应将教育戏剧师资培养的重心转向师范院校，在师范大学建立相关的教育戏剧科系，让师范生学到教育戏剧的相关理论与方法，使其能够运用于自己的教师生涯。这种转向的需求不仅存在于我国，同时也是世界上许多国家所面临的共同问题。2010 年欧盟教育委员会在欧洲 12 个国家开展的一项"教育戏剧在教育中提高关键能力（Drama Improves Lisbon Key Competences in Education，DICE）"的研究中发现，很多欧洲国家同样面临教育戏剧教师师资短缺的问题。因此 DICE 项目研究报告中强烈建议在所有的高校和教师培训机构建立教育戏剧专业，并在需要的时候寻求国际专家的帮助，[④] 通过专业化的教育戏剧师资培养来塑造一批高质量的教育戏剧师资队伍。因此，教育戏剧师资培养重心从戏剧艺术类院校转向师范类院校无论从国内需求还是国际趋势来看都是一种必然。

（二）英美教育学院中教育戏剧师资培养概况

聚焦于英美等教育戏剧发达国家教育戏剧师资培养，不难看出国外很多著名高校的教育戏剧师资培养放在教育学院而非艺术学院。例如在 2017 年

---

① 陈雯：《晒晒艺术生培养成本》，《东莞日报》2009 年 11 月 10 日第 C02 版。
② 李婴宁：《"教育性戏剧"在中国》，《艺术评论》2013 年第 9 期。
③ 吴戈：《戏剧与教育》，《学园》2009 年第 2 期。
④ The DICE has been cast. Research findings and recommendations on educational theatre and drama[EB/OL]. (2011-09-12)[2016-09-15]. http://www.dramanetwork.eu/file/Policy%20Paper%20long.pdf.

泰晤士高等教育（Times Higher Education，THE）世界大学排名中位列第 82 位①的英国华威大学（The University of Warwick），就将教育戏剧专业（MA Drama and Theatre Education）开设在社会科学部（Faculty of social Sciences）的教育研究中心（Centre for Education Studies），而非艺术部（Faculty of social Sciences）下的戏剧与表演研究学院（School of Theatre & Performance Studies）。②其所培养的学生也主要是将来到大中小学、社区和教育剧场工作的教育戏剧工作者、戏剧顾问或培训者。华威大学教育戏剧专业人才的培养包括一学年间四个课程模块和最后的毕业论文。这四个课程模块包括戏剧和剧场的理论与实践（Drama and Theatre in Theory and Practice）、戏剧教育中的故事角色（The Role of Story in Drama and Theatre Education）、戏剧与文学（Drama and Literacy）、戏剧和创造性学习（Drama and Creative Learning）。这四个模块都是在 10 周的时间内每周 3 课时，每个模块 30 课时，四门课累计 120 课时。每门课程结束时老师都会要求学生撰写 5000 字的文章作为考评依据，一学年结束后每位学生需要提交 2 万字的毕业论文。戏剧和剧场的理论与实践课程模块会为学生提供基本的戏剧理论与戏剧史基础学习，并且会重点通过符号学和人类学的方法教会学生如何将戏剧作为教育与艺术传播的手段。戏剧教育中的故事角色课程模块则会着重训练学生将传统故事改编为适合不同年龄阶段学生学习的戏剧的能力。戏剧与文学课程模块则会注重将戏剧作为一种促进语言学习的方式，让师范生掌握通过戏剧来促进儿童口语、听力、识字、阅读、写作以及双语习得的能力。戏剧和创造性学习课程模块则会让师范生通过在合作中探讨一系列不断深入的问题的方式掌握戏剧教学方法，进而培养儿童的好奇心、同理心和批判性思维。③华威大学教育

---

① World University Rankings 2016-2017[EB/OL].(2017-12-25) [2018-01-01]. https://www.timeshighereducation.com/world-university-rankings/2017/world-ranking#!/page/0/length/25/sort_by/rank/sort_order/asc/cols/stats.

② Faculty of Arts[EB/OL].(2017-12-25) [2018-01-01]. https://warwick.ac.uk/fac/arts/aboutus/.

③ MA Drama and Theatre Education[EB/OL].(2017-12-25) [2018-01-01]. https://warwick.ac.uk/fac/soc/ces/prospective/postgraduate/taught/drama/.

戏剧专业的课程每周都会以工作坊（workshop）的形式开展，力求使学生亲身体验教育戏剧的方法和思路，以便学生日后能将其应用于自身所开展的日常教学活动之中。

作为教育戏剧师资培养的另一重要高校，2017年泰晤士高等教育（Times Higher Education，THE）世界大学排名中位列第32位①的美国纽约大学（New York University）同样没有把教育戏剧（Educational Theatre）专业放在本校知名的帝势艺术学院（Tisch School of the Arts），而是放在了斯坦哈特文化、教育和人类发展学院（Steinhardt School of Culture, Education and Human Development），目的是将学生培养成为学校、文化机构和社区的教育者。②纽约大学教育戏剧专业在本科阶段会为学生提供多种课程、演出以及赴英国、爱尔兰、波多黎各留学的机会，③其中培养方案中下设戏剧教学法（drama in education）、应用戏剧（applied theatre）和戏剧表演与创作（theatre performance and production）三个方向，课程方面包括英语戏剧文学、社会科学、自然科学、定量研究、论文写作等共60学分的文科通识教育类课程，表演、导演、戏剧史、舞台艺术、即兴身体剧场、小学课堂戏剧活动、中学课堂戏剧活动等共30学分的戏剧核心类课程，以及创造性戏剧开展方法、戏剧教学法、特殊人群戏剧等共12学分的教育戏剧专业课程，再加上26学分的自由选修课，学生需要修满各类共128学分的课程方可毕业。④在研究生阶段纽约大学教育戏剧专业为学生提供了基础类证书、高校和社区等多个研究方向。其中在基础类证书（MA in Educational Theatre, All Grades: Initial

---

① World University Rankings 2016-2017[EB/OL].(2017-12-25) [2018-01-01]. https://www.timeshighereducation.com/world-university-rankings/2017/world-ranking#!/page/1/length/25/sort_by/rank/sort_order/asc/cols/stats.

② Educational Theatre[EB/OL].(2017-12-25) [2018-01-01]. https://steinhardt.nyu.edu/music/edtheatre/.

③ BS in Educational Theatre[EB/OL].(2017-12-25) [2018-01-01]. https://steinhardt.nyu.edu/music/edtheatre/undergraduate.

④ BS in Educational Theatre[EB/OL].(2017-12-25) [2018-01-01]. https://steinhardt.nyu.edu/music/edtheatre/undergraduate/curriculum.

Certification）方向的研究生课程包括与纽约州艺术学习标准相关的戏剧活动、戏剧文学和戏剧制作课程。该方向会要求学生必须在纽约市的小学和中学完成实地考察和学生教学工作，并在黑盒剧场（Black Box Theatre）和普罗温斯敦剧场（Provincetown Playhouse）演出，之后可获得纽约州K-12阶段戏剧教师初始资格证书。[①]高校和社区方向（MA in Educational Theatre in Colleges and Communities）的研究生课程包括教育戏剧核心概念的课程以及戏剧美学核心概念的课程。该方向不会提供纽约州教师资格证，但会提供英语教育和社会教育的基础类证书。[②]社会研究和教育戏剧双认证方向（MA in Educational Theatre, All Grades, and Social Studies, 7–12: Dual Certification）的研究生课程包括世界戏剧、戏剧教学法、美国和世界史、通过戏剧探索社会问题等课程。该方向会提供社会研究和初级教学双认证学位。[③]英语和教育戏剧双认证方向（MA in Educational Theatre, All Grades and English, 7–12: Dual Certification）的研究生课程包括戏剧文学、戏剧创作和表演、戏剧教学法、中学课堂教学策略。该方向会提供英语和初级教学双认证学位。[④]纽约大学教育戏剧专业的本科生和研究生培养虽然下设不同方向，但是其终极目标都是为中小学培养教育戏剧教师，通过戏剧促进中小学生的身心发展。

（三）当前我国部分师范高校开设有教育戏剧课程

当前我国大陆地区开设教育戏剧课程的师范院校主要有华东师范大学、北京师范大学、北京师范大学珠海分校、首都师范大学、湖北第二师范学院等为

[①] MA in Educational Theatre, All Grades: Initial Certification [EB/OL].(2017-12-25) [2018-01-01]. https://steinhardt.nyu.edu/music/edtheatre/masters/edta.

[②] MA in Educational Theatre in Colleges and Communities[EB/OL].(2017-12-25) [2018-01-01]. https://steinhardt.nyu.edu/music/edtheatre/masters/edtc.

[③] MA in Educational Theatre, All Grades, and Social Studies, 7–12: Dual Certification[EB/OL]. (2017-12-25) [2018-01-01]. https://steinhardt.nyu.edu/music/edtheatre/masters/etss.

[④] MA in Educational Theatre, All Grades and English, 7–12: Dual Certification[EB/OL].(2017-12-25) [2018-01-01]. https://steinhardt.nyu.edu/music/edtheatre/masters/eted.

数不多的高校。虽然在师范类高校中教育戏剧还没有形成一个独立的专业，但在我国大陆地区教育戏剧如火如荼的发展态势下，广大中小学的庞大需求也会促进师范高校加大对教育戏剧课程乃至未来专业化、学科化的重视程度。

华东师范大学教育学部在艺术教育专业本科生培养方案中，明确要求该专业本科生在大学三年级秋季学期修满每周2个学时、一共36个学时2个学分的专业课的核心课程——《戏剧表演基础》。在学前教育专业本科生培养方案中，专业拓展类课程（选修课）的艺术素养类课程提供了36个学时2个学分的《儿童剧创编（研究型）》课程，幼儿英语类课程提供了18个学时1个学分的《儿童英语故事与表演》课程。

北京师范大学教育学部教育心理与学校咨询研究所的马利文副教授从2004年开始接触教育戏剧，并从2006年开始做中小学教师教育戏剧培训，在积累了大量的实践经验的基础上开始在自己所承担的研究生心理健康教育类课程中融入教育戏剧内容，加之2016年在英国华威大学访学期间接受了系统的教育戏剧培训，其在2017~2018年秋季学期为研究生正式开设了兼具理论与实践的《教育戏剧在中小学的应用》课程。[①]

作为学前教育学科带头人和儿童戏剧教育研究中心主任，北京师范大学珠海分校教育学院的张金梅老师从2014年开始为本科生在大学三年级下学期开设54个学时3个学分的《学前儿童戏剧教育》专业核心课程，其中理论课36个学时，实践课18个学时。这门课程包含学前儿童戏剧教育基本理念、实践模式、幼儿园戏剧教育课程设计与实施，力求使学生能够通过学习树立正确的学前儿童戏剧教育观念，掌握儿童戏剧教育的各种模式；学会设计不同类型戏剧活动的具体方案、实施与评价的策略。[②]与此同时，张金梅老师

[①] 北京师范大学2017~2018学年秋季学期教师课表[EB/OL].(2017-09-22) [2017-10-15]. http://zyfw.prsc.bnu.edu.cn/public/dykb.jskb.html.

[②] 2017级人才培养方案[EB/OL].(2017-09-19) [2017-10-15]. http://edu.bnuz.edu.cn/info/1066/2721.htm.

还为南京师范大学研究生开设《儿童戏剧教育研究》课程。

首都师范大学学前教育学院自 2017 年起就在学前教育专业本科培养方案中为学生提供了戏剧课程，并逐渐建立了学前教育专业戏剧教育方向，① 由该学院的张迪老师具体负责《儿童戏剧》和《戏剧表演》两门课程的讲授。与此同时，张迪老师还通过主持 2014 年青年教师课程改革项目《创作性戏剧活动融入儿童戏剧课堂的实践研究》并参与北京市"面上项目"《戏剧教育融入学前教师教育模式的实践研究》，对师范院校的教育戏剧课程体系化进行了深入的推进与探索。

2017 年，湖北第二师范学院教务处副处长王培喜副教授参加了台湾艺术大学张晓华老师开办的教育戏剧工作坊，之后开始在武汉地区以光谷第一小学和湖北第二师范学院作为实践基地，推动教育戏剧与语言类课程与艺术类课程融合、德育融合以及与高校课程相融合。王培喜副教授在 2017~2018 年秋季学期为本科生开设有 30 学时 2 学分的《教育戏剧理论与实践》通识选修课程，并于 2017 年 11 月 9 日筹办了"第一届'戏剧与教育融合'理论研讨会暨教育戏剧实践成果展示会议"，吸引了武汉、上海、珠海等多地的教育戏剧专家学者与多位大中小学一线教师参与，极大地推动了教育戏剧在武汉地区中小学的普及。

三、未来师范高校培养教育戏剧师资的可行性路径

（一）建立教育戏剧学科

教育戏剧本质上是一门教育学与戏剧学的交叉学科。面对广大中小学对于教育戏剧师资的巨大需求与师资"量不够"与"留不住"的巨大矛盾，很多师范类院校已经开始以开设教育戏剧课程的方式进行教育戏剧师资培养

---

① 学前教育（师范）四年制本科 [EB/OL].(2016-09-22) [2016-10-15]. http://xqjyxy.cnu.edu.cn/jyjx/bksjy1/90202.htm.

的探索。而随着教育戏剧在高校以及中小学中理论与实践领域探索的不断深化，教育戏剧学的建立将只是一个时间的问题，①成为一个独立的学科门类也将在不久的将来得以实现。

教育戏剧学如同教育心理学、教育管理学、教育经济学、教育人类学等教育学与其他学科跨界而产生的分支学科门类一样，是教育学与戏剧学交叉而产生的二级学科。教育学自从哲学的母体中分离出来，就不断通过与其他学科交叉来拓展研究领域与专业边界。②而教育学与戏剧学的交叉更是深化教育学的人文性与戏剧学的教育性的有益探索。建立教育戏剧学科门类来专门培育教育戏剧师资，一方面体现着教育学与戏剧学分化发展的学科专业化内生逻辑，同时也可以满足教育戏剧师资队伍建设的外在需求。

当教育戏剧学成为一个独立的学科门类之时，必然面临着基本概念、研究对象、基本问题、研究方法、知识体系、课程体系等一系列问题。本书在概念内涵部分将教育戏剧界定为在普通中小学中由具备戏剧素养的教师面向全体学生开展的，以学科知识和社会性认知为主要内容的一种培养全面发展的个体的教育方式。基于此，教育戏剧学的学科定义应当为研究教育戏剧基本原理与教学规律的一门科学，其直接为教育戏剧师资人才培养而服务。

教育戏剧学的研究对象主要分为教育戏剧基础研究和教育戏剧应用研究两大主要部分。其中教育戏剧基础研究主要包括教育戏剧的概念、发展史、国际比较以及教育戏剧课程和教学论等回答教育戏剧"是什么"问题的原理性质的研究。教育戏剧由于主要存在与学校场域，因此教育戏剧应用研究则主要包括各级各类学校中教育戏剧的开展方式、教学模式等一切在教育戏剧教学活动中出现的教育现象与教育问题，即回答教育戏剧"如何做"等问题的实践性质的研究。教育戏剧学研究的基本问题源于教育戏剧在理论与实践中所存在的基本

---

① 徐俊：《教育戏剧的定义："教育戏剧学"的概念基石》，《湖南师范大学教育科学学报》2014年第6期。

② 郑金洲，程亮：《中国教育学研究的发展趋向》，《教育研究》2005年第11期。

矛盾，即教育戏剧发展的不成熟性与教育戏剧巨大的实践需求之间的矛盾。

教育戏剧学的研究方法则应兼容教育学经常采用的量化研究（实验研究、测评研究等），质性研究（个案研究、叙事研究、扎根理论等）与行动研究（实践研究、决策研究等），① 以及戏剧学经常采用的经典叙事、精神分析、原型批评、女性主义批评、跨文化研究等方法，② 做到兼容并蓄、有的放矢。而教育戏剧学的知识体系与课程体系则要从本体论（教育戏剧学是什么）、价值论（教育戏剧学为什么进行研究与实践）与方法论（教育戏剧学怎样研究与实践）三个层面清晰地对教育戏剧学学科体系进行构建，使其形成清晰完整的学科体系。

（二）普遍开设教育戏剧课程

截至 2017 年，我国仅有华东师范大学、北京师范大学、北京师范大学珠海分校、首都师范大学、湖北第二师范学院等为数不多的高校开设教育戏剧课程，而作为培养基础教育阶段教师主力的广大地方师范院校和综合院校的教育学院却知之甚少，鲜有开设教育戏剧课程的探索与实践。为了满足基础教育阶段日益增长的教育戏剧需求，在师范院校和综合院校中的教育学院普遍开展教育戏剧课程成为大势所趋。

2010 年，欧盟教育委员会在欧洲 12 个国家开展的一项教育戏剧在教育中提高关键能力（Drama Improves Lisbon Key Competences in Education, DICE）的研究报告中就强烈建议，在高等教育中师范生需要有一门最少 5 学分且必修的教育戏剧概论课程，来帮助师范生掌握教育戏剧的多种应用方法，并使其能够将教育戏剧作为一种教学方法与语言、社会、历史等学科科目教学进行整合。如果想获得教育戏剧教师资格证则需要研修至少 30 个学分

---

① 陈向明：《教育研究方法》，北京，教育科学出版社 2013 年版，第 7 页。
② 严程莹、李启斌：《戏剧研究：方法与案例》，昆明，云南大学出版社 2014 年版，第 29 页。

的教育戏剧专业课程。①英美等发达国家很多知名高校已经为师范生提供了相关的教育戏剧课程，为当地基础教育阶段的学校提供高水平的教育戏剧师资。在高等教育中为师范生提供教育戏剧课程已经成为一股世界范围的潮流。

教育戏剧在我国仍然处于起步阶段，地方高校中了解教育戏剧的专业师资依然不足，我们无法要求所有的师范高校立刻开足、开全教育戏剧课程。因此，地方师范院校可以首先鼓励对教育戏剧感兴趣的教师参加国内的教育戏剧师资培训或到英国华威大学、美国纽约大学这些知名高校进修，之后再依靠这些学成归来的教师结合本地实际情况，探索适合本地、本校学生的教育戏剧课程体系与教学模式，这不失为一种可行的路径。教育戏剧课程的中国化需要一大批专业的师资进行长期的深入探索。

（三）为中小学教师提供专业化培训

教师培训是教师专业发展不可或缺的外在条件，②当前我国中小学教师所参加的教育戏剧师资培训大多为见学国际教育文化院、国际戏剧教育大会、香港明日艺术教育机构等社会机构所承担，同时社会上也存在一些打着教育戏剧旗号而进行单纯表演培训的伪教育戏剧培训机构，其并不能为中小学教师提供教育戏剧专业化的指导。面对教育戏剧培训市场鱼龙混杂的现状，由师范高校和专业的教育戏剧机构进行合作，联合为中小学教师提供专业化的培训应当成为未来中小学教师教育戏剧培训的主流。

教育戏剧师资职前培养和职后培训由高校和社会机构两个互不相关的体系分别承担，这会使教师的培养和培训缺乏连续性，同时培训中缺乏学科专

---

① The DICE has been cast. Research findings and recommendations on educational theatre and drama[EB/OL]. (2011-09-12)[2016-09-15]. http://www.dramanetwork.eu/file/Policy%20Paper%20long.pdf.

② 朱旭东:《教师教育标准体系的建立：未来教师教育的方向》,《教育研究》2010年第6期。

业知识与专业能力的引领,也会导致教师教与学的脱节。[1] 教师职前培养和职后培训一体化是我国新时代教师教育转型的一个显著特征,[2] 在美国、英国、澳大利亚、新西兰等西方国家教师培养培训均集中于大学开展,这也是世界潮流。因此,师范院校不仅要做好教育戏剧师资的职前培养工作,对广大中小学及幼儿园教育戏剧师资开展专业的职后培训,也应是师范院校所承担的基本职能。高等师范院校无论是在教育戏剧的理论,还是教育戏剧的教学模式、教学方法方面均应为一线教师提供前后连贯、体系严谨的专业化培训。面对我国当前教育水平地域差距较大的基本国情,构建以教师专业发展需求和高等学校所在地为空间原则的教师培养和培训一体化的多模式体系是我国重建教师教育体系的必然选择,[3] 同时也是促进教育戏剧教师培训专业化的必由之路。

随着教师专业化的不断发展,教师这一职业正逐渐由以往的对事先确立的规则进行实施,转向由目标和价值观指导的策略的选择和实现。[4] 教师不再是单纯的教育内容和教学方法的实施者,而转变成为充满创造性和引领性的专业人士。教育戏剧教师的专业化培训就不能仅仅局限于几个戏剧游戏、戏剧习式的单向度传递,而应指导教师通过情境体验、教案撰写辅导来创造性地掌握教育戏剧的本质。教育戏剧的终极目的是使学生摆脱异化的学习而成为有独立思想的个体,因此教育戏剧师资培训的终极目的不是培训出会照搬教育戏剧专家授课方式的"教育机器",而是能够结合教育主题与本土情境创造性地开展教学活动的"教育人"。

---

[1] 钟秉林:《教师教育的发展与师范院校的转型》,《教育研究》2003年第6期。
[2] 顾明远:《我国教师教育改革的反思》,《教师教育研究》2006年第6期。
[3] 朱旭东:《论我国教师教育体系的重建》,《教师教育研究》2009年第6期。
[4] 朱旭东:《国外教师教育模式的转型研究》,《外国教育研究》2001年第5期。

第六章 结语

教育戏剧在我国中小学教师群体中得以初步熟识与广泛运用是近年来的新兴趋势。目前在北京、上海、浙江、江苏、四川等省份的许多学校都在进行探索性尝试,本书初步构建了中小学教师运用教育戏剧的理论基础,并以北京市部分学校教师的教育戏剧探索情况为个案,尝试勾勒出中小学教师教育戏剧运用的实际图景,以期能够为未来其他中小学教师探索开展教育戏剧提供一定的借鉴。与此同时,针对当前最令中小学教师感到困惑的教育戏剧课程与评价标准以及师资培养的问题,本书也在借鉴英美教育戏剧实施经验的基础上,提出了相关的对策建议。

一、研究主要结论

(一)我国中小学教师需要学习运用教育戏剧

教育戏剧作为一种将戏剧引入教育领域的新型教育形式与教学方式正在得到我国越来越多中小学校长与教师的认同。在教育戏剧中,学生可以在一个安全的环境中营造故事情境,在情景体验中去理解这个世界中的人和事,在不断的交流、反思中形成具有独立判断能力的自我,准确地掌握知识,不卑不亢地与他人交往,进而寻求一种审美的生活,诗意地栖居于这个世界之中。为了学生的全方面发展,为了寻求一种更适合学生学习的教育样态,我国中小学教师需要学习运用教育戏剧,教育戏剧也需要被更多的中小学教师所掌握。

（二）中小学教师运用教育戏剧需要外部支持

然而，当前中小学一方面面临教育戏剧师资源头上的匮乏；另一方面在实践过程中也缺乏专业的教育戏剧教学指导、规范的教育戏剧课程与评价标准以及政府在政策与资金等方面的支持，中小学教师在教育戏剧的实践探索中还面临着不少的困难。因此，我国未来需要一方面以师范院校作为主阵地，让更多新培养出的中小学教师掌握教育戏剧的教学方法，具备基本的戏剧素养；另一方面也需要依靠高校以及社会各界力量逐渐探索出适合我国国情的教育戏剧课程与评价标准，通过专业的教育戏剧培训与指导让原有的中小学教师认识教育戏剧，学会运用教育戏剧。

二、研究局限及展望

（一）研究局限

当前，我国多地中小学教师都在锲而不舍地进行教育戏剧的探索实践工作，但是受时间及精力所限，一方面，笔者仅仅选取了北京市海淀区、朝阳区和石景山区的部分学校与教师进行调研，研究内容仅能呈现中小学教师运用教育戏剧的部分特征，研究样本无法代表全国所有的中小学教育戏剧特征。另一方面，对于英美教育戏剧师资的培养也是仅仅选取了英国华威大学与美国纽约大学两所较具有代表性的学校，对于西方教育戏剧师资培养的全局尚未能进行全方位的呈现与探讨。本书的完成并不意味着研究的终结，笔者将在未来的研究中针对上述局限进行深入的探索，以期能够为教育戏剧在我国中小学的发展贡献绵薄之力。

（二）对未来研究的展望

随着2015年以来一系列教育戏剧峰会以及国际教育戏剧大师工作坊的举办，更多的中小学教师认识了教育戏剧，更多的中小学校开始将教育戏剧作为全人教育的重要形式开始进行探索。但在这一过程中还有一系列问题有待厘清与探讨：对于戏剧教学法、校本戏剧课和戏剧社团这三种教育戏剧实践形式，如何让中小学根据自身校情、学情加以有效选择？戏剧教学法如何能够切实提升学科教学质量与学生成绩？校本戏剧课是否适合每一所学校开展？戏剧社团如何进一步走向正规化？教育戏剧中的教育性与表演性如何做到兼顾？我国传统的课本剧、情景教学法是否也可纳入我国的教育戏剧理论体系？我国本土的教育戏剧实践经验如何加以理论提升进而与西方平等对话？这一系列的问题有待笔者和其他对教育戏剧感兴趣的同仁在未来加以进一步的探索。

　　中国教育戏剧的主要推动者李婴宁老师在2018年"世界戏剧日"献词中说道，"只要有人类存在，戏剧就不会消亡。只是戏剧的形态一定是随着人类社会进步和交往方式的变化而不断变化的。任何囿于舞台戏剧观念而不肯迈出探索实验步伐的做法都是保守可笑的。因为有出息的戏剧人是必然要突破前人的创造去努力创造出自己的新形式的。比如应用戏剧、教育戏剧的发展就是这样的探索者、实验者。"希望能以此献词激励笔者与众多为推动教育戏剧在大陆地区发展的同仁不断奋勇前行！

参考文献

[1] 张晓华：《教育戏剧理论与发展》，台北，心理出版社 2004 年版。

[2] 徐俊：《教育戏剧的定义："教育戏剧学"的概念基石》，《湖南师范大学教育科学学报》2014 年第 6 期。

[3] 徐俊：《教育戏剧——基础教育的明日之星》，《基础教育》2011 年第 3 期。

[4] 叶澜：《让课堂焕发出生命活力——论中小学教学改革的深化》，《教育研究》1997 年第 9 期。

[5] [德] 海德格尔：《形而上学导论》，熊伟、王庆节译，北京，商务印书馆，1996 年版。

[6] [德] 加达默尔：《哲学解释学》，夏镇平、宋建平译，上海，上海译文出版社，1994 年版。

[7] 徐俊：《教育戏剧的定义："教育戏剧学"的概念基石》，《湖南师范大学教育科学学报》2014 年第 6 期。

[8] 孙正聿：《哲学通论》，上海：复旦大学出版社 2010 年版。

[9] 黄爱华：《学校戏剧教育基本理念及实践构想》，《中国教育学刊》2009 年第 12 期。

[10] 张生泉：《论"教育戏剧"的理念》，《戏剧艺术》2009 年第 3 期。

[11] 孙惠柱，寇才军：《"练习曲"：让教育戏剧一个学生也不能少的关键》，《美育学刊》2013 年第 3 期。

[12] 吴戈：《戏剧教育与戏剧专业发展的前途》，《艺术教育》2007 年第 12 期。

[13] 吴戈：《戏剧活动与教育活动》，《艺术教育》2009 年第 6 期。

[14] 周斌：《关于推动教育戏剧发展的若干思考》，《复旦教育论坛》2008 年第 5 期。

[15] 马利文，赵小刚：《初中开设教育戏剧活动课程初探》，《中小学心理健康教育》2007 年第 17 期。

[16] 李婴宁：《"教育性戏剧"在中国》，《艺术评论》2013 年第 9 期。

[17] 许卓娅：《创意戏剧教育的理论与实践探索》，《幼儿教育》2011 年第 Z4 期。

[18] 吴颖惠：《戏剧教育：学校德育建设的新途径》，《北京教育 (普教版)》2014 年第 10 期。

[19] 马利文，郑新蓉：《教育戏剧促进教师相互参看、对话与反思》，《中国教师》2011 年 17 期。

[20] 马利文：《以教育戏剧为载体的行动研究：教师自我发展过程案例研究》，《教育学报》2014 年第 1 期。

[21] 欧怡雯：《学习及实践戏剧教学法对教师角色转变的影响》，《教育学报》2014 年第 1 期。

[22] 黄婉圣：《从一次"过程戏剧"培训看"教育戏剧"的魅力》，《上海教育科研》2014 年第 8 期。

[23] 李婴宁：《英国的戏剧教育和剧场教育》，《戏剧艺术》1997 年第 1 期。

[24] 张金梅：《英国儿童教育中的创造性戏剧教育》，《早期教育》2003 年第 10 期。

[25] 张金梅：《戏剧能给儿童教育带来什么——透视西方儿童戏剧教育》，《学前教育研究》2004 年第 Z1 期。

[26] 向蓓莉：《在教育戏剧里"穿越"美国独立战争——记美国加州 Los Altos 学区 Santa Rita 小学五年级社会研究课程中的一次历史课》，《基础教育课程》2013 年第 12 期。

[27] G. Bolton, *Towards a theory of drama in education*, Longman. 1979.

[28] N. McCaslin, *Creative drama in the classroom and beyond*, Longman. 2000.

[29] [英] 乔·温斯顿：《5~11 岁的戏剧、语文与道德教育》，陈韵文译，心理出版社 2008 年版。

[30] D. Davis, Imagining the Real: Towards a New Theory of Drama in Education, *Education Press*, 2014.

[31] R. Courtney, *Drama and intelligence: A cognitive theory*, McGill-Queen's University Press, 1990.

[32] D. Hornbrook, *Education in Drama: Casting the Dramatic Curriculum*, Psychology Press, 1991.

[33] G. Bolton, Drama as education: an argument for placing drama at the centre of the curriculum, *Drama Contact* Vol. 15, 1984, p. 45.

[34] G. Bolton, *A History of Drama Education: A Search for Substance*, International Handbook of Research in Arts Education. 2007, pp. 45-66.

[35] D. Hornbrook, *Education and dramatic art*, Psychology Press. 1998, P. 7.

[36] P. Slade, *An introduction to child drama*, University of London Press. 1958, p. 90.

[37] B. Way, *Development through drama*, Longman. 1967.

[38] G. Bolton, *Theatre form in Drama Teaching// Exploring Theatre and Education*. Heinemann Educational. 1980, pp. 71-87.

[39] National Core Arts Standards[EB/OL].(2016-09-15)[2016-09-15].http://www.nationalarts standards.org

[40] 叶浩生：《有关具身认知思潮的理论心理学思考》，《心理学报》2011 年第 5 期。

[41] 叶浩生：《身体与学习：具身认知及其对传统教育观的挑战》，《教育研究》2015 年第 4 期。

[42] 贾春增:《外国社会学史(第三版)》,中国人民大学出版社 2008 年版。

[43] [美] 乔治·赫伯特·米德:《心灵、自我和社会》,赵月瑟译,上海世纪出版集团 2005 年版。

[44] 陈向明:《质的研究方法与社会科学研究》,教育科学出版社 2000 年版。

[45] 潘薇:《西方戏剧史》,大众文艺出版社 2007 年版,第 3 页。

[46] R. Courtney, *Play, Drama & Thought: The Intellectual Background to Dramatic Education,* Simon & Pierre. 1989, p. 1.

[47] [美] 凯瑟琳·坎普·梅休:《杜威学校》,王承绪等译,教育科学出版社 2007 年版。

[48] P. Slade, *Child Drama*, University of London. 1954.

[49] N. McCaslin, *Children and drama*, David McKay Company. 1975.

[50] G. Siks, "An Appraisal of Creative Dramatics", *Educational Theatre Journal* Vol. 17, 1965, pp. 328-334.

[51] J. Winston, "Theorising Drama as Moral Education", *Journal of Moral Education* Vol. 28, 2010, pp. 459-471.

[52] C. O'Sullivan, *Drama and Autism*,Springer. 2015.

[53] 孙家琇:《关于英国的 TIE》,《外国戏剧》1984 年第 2 期。

[54] 华文:《英国的戏剧教学法》,《语文学习》1990 年第 11 期。

[55] 曹路生:《香港教育戏剧》,《戏剧艺术》2003 年第 6 期。

[56] 张生泉:《教育戏剧的探索与实践》,中国戏剧出版社 2010 年版。

[57] 杨文华:《西方戏剧导论》,大众文艺出版社 1995 年版。

[58] 周贻白:《中国戏剧史长编》,上海书店出版社 2004 年版。

[59] 王廷信:《"二十六史"中的"戏剧"概念略考》,《中华戏曲》2003 年第 1 期。

[60] 王国维,吴梅:《大师的国学课 22:中国戏曲史》,江西教育出版社 2014 年版。

[61] 陈大悲：《戏剧 ABC》，世界书局 1931 年版。

[62] N. McCaslin, *Creative Drama in the Classroom*, Longman. 1990.

[63] 林玫君：《创造性戏剧理论与实务——教室中的行动研究》，心理出版社 2005 年版。

[64] [美] 欧文·戈夫曼：《污名：受损身份管理札记》，宋立宏译商务印书馆 2009 年版。

[65] [英] 大卫·戴维斯·盖文伯顿：《教育戏剧精选文集》，黄婉萍，舒志义译，心理出版社，2014 年版，第 xxiii 页。

[66] 周泉：《元戏剧的起源、意象和结构》，《文艺研究》2010 年第 10 期。

[67] [英] 彼得·布鲁克：《空的空间》，中国戏剧出版社 1988 年版。

[68] 周宪：《布莱希特的叙事剧：对话抑或独白？》，《戏剧》1997 年第 2 期。

[69] 朱旭东：《论教师的全专业属性》，《教育发展研究》2017 年第 37 期。

[70] 霍力岩：《教育的转型与教师角色的转换》，《教育研究》2001 年第 3 期。

[71] [德] 海德格尔：《存在与时间》，陈嘉映，王庆节译，生活·读书·新知三联书店 1987 年版。

[72] 郁振华：《人类知识的默会维度》，北京大学出版社 2012 年版。

[73] 钱穆：《现代中国学术论衡》，生活·读书·新知三联书店 2001 年版。

[74] 杜维明：《体知儒学——儒家当代价值的九次对话》，浙江大学出版社 2012 年版。

[75] Tan L H, Xu M, Chang C Q, et al. "China's language input system in the digital age affects children's reading development", *Proceedings of the National Academy of Sciences of the United States of America* Vol. 110, 2013, pp. 1119-1123.

[76] 李政涛：《教育生活中的表演》，华东师范大学博士学位论文，2003 年。

[77] 张生泉：《戏剧教育新论》，上海教育出版社 2016 年版。

[78] [德] 尼采：《悲剧的诞生》，周国平译，北岳文艺出版社 2004 年版。

[79] 蔡仪:《新美学》,中国社会科学出版社 1985 年版。

[80] 李泽厚:《美学论集》,上海文艺出版社 1994 年版。

[81] 朱光潜:《朱光潜美学文集》,上海文艺出版社 1982 年版。

[82] 叶朗:《美学原理》,北京大学出版社 2009 年版。

[83] [英] 桃乐丝·希斯考特,盖文·伯顿:《戏剧教学:桃乐丝·希斯考特的"专家外衣"教育模式》,郑黛琼,郑黛君译,台湾心理出版社 2006 年版。

[84] 林玫君:《儿童戏剧教育的理论与实务》,复旦大学出版社 2015 年版。

[85] 郑金洲,程亮:《中国教育学研究的发展趋向》,《教育研究》2005 年第 11 期。

[86] 严程莹,李启斌:《戏剧研究:方法与案例》,云南大学出版社 2014 年版。

[87] 朱旭东:《教师教育标准体系的建立:未来教师教育的方向》,《教育研究》2010 年第 6 期。

[88] 钟秉林:《教师教育的发展与师范院校的转型》,《教育研究》2003 年第 6 期。

[89] 顾明远:《我国教师教育改革的反思》,《教师教育研究》2006 年第 6 期。

[90] 朱旭东:《论我国教师教育体系的重建》,《教师教育研究》2009 年第 6 期。

附　录

附录一：美国《国家核心艺术课程标准》戏剧课程标准

表1　落实标准1：生成和概念化艺术理念和作品

创造	落实标准1：生成和概念化艺术理念和作品。 持续理解：戏剧艺术家依赖于直觉、好奇心和批判性探究。 关键问题：当戏剧艺术家运用他们的想象力和/或学到的戏剧技巧进行创造性探索和调查时会发生什么？		
表现标准	想象/概念化		
学前	1.基于引导和支持，使想象和现实在戏剧表演或有指导的戏剧体验中达成转换（例如：过程戏剧、故事戏剧，创造性戏剧）	2.基于引导和支持，使用非具象的物质去创造戏剧表演或有指导的戏剧体验相关的道具、戏偶或服装（例如：过程戏剧、故事戏剧，创造性戏剧）	
幼儿园	1.基于引导和支持，在戏剧表演或有指导的戏剧体验中创造出想象的场景（例如：过程戏剧、故事戏剧，创造性戏剧）	2.基于引导和支持，使用非具象的物质去创造戏剧表演或有指导的戏剧体验中相关的道具、戏偶或服装（例如：过程戏剧、故事戏剧，创造性戏剧）	
1年级	1.在有指导的戏剧体验中提供潜在的可供选择的角色（例如：过程戏剧、故事戏剧，创造性戏剧）	2.与同伴合作将在有指导的戏剧体验中的戏服、戏偶概念化（例如：过程戏剧、故事戏剧，创造性戏剧）	3.在有指导的戏剧体验中，确认可能用于创作或复述故事的姿势或动作的方法（例如：过程戏剧、故事戏剧，创造性戏剧）
2年级	1.对有指导的戏剧体验进行情节设计和讲述时，提出潜在新的细节	2.与同伴合作将有指导的戏剧体验中的场景概念化（例如：过程戏剧、故事戏剧，创造性戏剧）	3.在有指导的戏剧体验中，确认可能用于创作或复述一个故事的嗓音和声音（例如：过程戏剧、故事戏剧，创造性戏剧）
3年级	1.在戏剧作品中创造角色、想象的世界以及即兴故事	2.想象并清楚的描述戏剧作品中的戏服、戏偶以及情境设置和角色的想法	3.合作决定角色在戏剧作品中应如何做动作或讲话来支撑故事和既定情景
4年级	1.用语言清楚地描述想象世界中的视觉细节并即兴创作来支撑戏剧作品中的故事和既定情景	2.设想并设计支撑戏剧作品中故事和既定情境的技术要素	3.设想角色应如何做动作来支撑戏剧作品中的故事的既定情境
5年级	1.确定戏剧作品的想象世界中揭示角色特征的身体特点	2.提出戏剧作品中可以支持故事和已给情境的设计观点	3.在戏剧作品中想象一个角色的内在思想如何对故事以及已给情境产生影响
6年级	1.对戏剧作品中存在的舞台挑战确定可能的方案	2.确定戏剧作品中针对设计挑战的方案	3.在戏剧作品中通过想象既定情境探究剧本中的或者即兴创作的角色
7年级	1.对戏剧作品中存在的舞台挑战探究多元视角和方案	2.对戏剧作品中设计的挑战提出解释及展示方案	3.在戏剧作品中想象或描述一个剧本或即兴创作的角色的内在思想和目标
8年级	1.针对戏剧作品中的问题，想象和探索多元的视角和方案	2.对戏剧作品中表演空间的设计挑战，想象和探索解决方案	3.在戏剧作品中通过清楚的表达角色内在的想法、目标及行动，设计剧本或即兴创作的角色
9~12年级 熟能	1.应用基础研究去构建关于戏剧作品中视觉构图的理念	2.探究科技对戏剧作品中设计选择的影响	3.在戏剧作品中使用剧本分析生成关于角色真实可信的想法
9~12年级 精成	1.探究历史、文化传统以及对戏剧作品中视觉构图的影响	2.理解并运用技术来为戏剧或剧场工作设计解决方案	3.在戏剧作品中凭借个人经验和知识设计可信的真实的角色
9~12年级 优秀	1.从不同的戏剧形式、戏剧传统技术综合知识，去创作戏剧作品中的视觉构图	2.混合所有技术元素来为戏剧作品创造完整的设计	3.在戏剧作品中将文化和历史背景与个人经历整合，设计一个可信的真实的角色

表2 落实标准2：组织和发展艺术理念和作品

创造	落实标准2：组织和发展艺术理念和作品。 持续理解：戏剧艺术家努力发现不同的沟通方式。 关键问题：戏剧艺术家的选择如何、何时以及为何而改变？	
表现标准	发展	
学前	1. 基于引导和支持，通过姿势和语言开展戏剧表演或有指导的戏剧体验（例如：过程戏剧、故事戏剧、创造性戏剧）	2. 基于引导和支持，在戏剧表演或有指导的戏剧体验中表达原创观点（例如：过程戏剧、故事戏剧、创造性戏剧）
幼儿园	1. 基于引导和支持，与同伴相互合作进行戏剧表演或有指导的戏剧体验（例如：过程戏剧、故事戏剧、创造性戏剧）	2. 基于引导和支持，在戏剧表演或有指导的戏剧体验中表达原创观点（例如：创作性戏剧、过程戏剧、故事性戏剧）
1年级	1. 在有指导的戏剧体验中开展按时序发展的情节（例如：过程戏剧、故事戏剧、创造性戏剧）	2. 基于引导和支持，在有指导的戏剧体验中参与制定团队决策（例如：过程戏剧、故事戏剧、创造性戏剧）
2年级	1. 在有指导的戏剧体验中与同伴合作设计有意义的对话（例如：过程戏剧、故事戏剧、创造性戏剧）	2. 在有指导的戏剧体验中贡献想法并制定决策，以小组的形式去进一步完善故事（例如：过程戏剧、故事戏剧、创造性戏剧）
3年级	1. 参与调查来为戏剧作品设计创意	2. 与同伴比较观点并做出能加强、加深团队戏剧作品的选择
4年级	1. 通过对角色和情节提问，合作构思戏剧作品创意	2. 做出小组决策并讨论，确认为同伴演出戏剧作品中的相关责任
5年级	1. 为戏剧作品设计能够反映为角色和既定情境共同探究的创意	2. 参与制定为观众非正式演出戏剧作品中的相关责任
6年级	1. 在构思或编写戏剧作品时运用批判性的分析来改进、改善、发展创意和艺术选择	2. 在准备和构思戏剧作品时，贡献观点并接纳和吸收别人的观点
7年级	1. 基于批判性分析、背景知识和历史文化背景，检查和验证创意和艺术选择	2. 准备或创作在戏剧作品时表现出对自己、他人以及他人角色的相互尊重
8年级	1. 综合运用批判分析、背景知识和历史文化背景为戏剧作品发展创意	2. 在准备或创作在戏剧作品时，轮流领导团队，共同承担责任，发展合作性的目标
9~12年级 熟能	1. 通过对戏剧作品的创意进行批判性的分析，探究历史和文化对发展戏剧观念的功能	2. 探究演员、导演、编剧、设计师之间合作的基础以及在戏剧作品中他们相互依存的角色
9~12年级 精成	1. 提炼戏剧概念以展示历史和文化对戏剧作品中创意的批判性理解	2. 以一个具有创造性的团队的形式合作，为戏剧作品作出解释性的选择
9~12年级 优秀	1. 使用批判性分析、历史和文化背景，研究西方或非西方的戏剧传统，在戏剧作品中发展和综合创意	2. 在设计或编写戏剧作品时，以一个具有创造性的团队的形式合作，发现艺术方案并作出解释性的选择

表 3　落实标准 3：改善并完成艺术作品

创造	落实标准 3：改善并完成艺术作品。 持续理解：戏剧艺术家通过排练来改善他们的作品并练习他们的技艺。 关键问题：戏剧艺术家如何改变和编辑他们的创意？		
表现标准	排练		
学前	1. 基于引导和支持，回答戏剧表演或有指导的戏剧体验中的问题（例如：过程戏剧、故事戏剧、创造性戏剧）		
幼儿园	1. 基于引导和支持，询问并回答戏剧表演或有指导的戏剧体验中的问题（例如：过程戏剧、故事戏剧、创造性戏剧）		
1 年级	1. 在有指导的戏剧体验中促成对情节的改编（例如：过程戏剧、故事戏剧、创造性戏剧）	2. 在有指导的戏剧体验中确认声音和动作的相似性和不同之处（例如：过程戏剧、故事戏剧、创造性戏剧）	3. 在有指导的戏剧体验中合作构想对同一事物的多种表达方式（例如：过程戏剧、故事戏剧、创造性戏剧）
2 年级	1. 在有指导的戏剧体验中促成对话的改编（例如：过程戏剧、故事戏剧、创造性戏剧）	2. 在有指导的戏剧体验中运用和改编声音和动作（例如：过程戏剧、故事戏剧、创造性戏剧）	3. 在有指导的戏剧体验中独立构想对同一事物的多种表达方式（例如：过程戏剧、故事戏剧、创造性戏剧）
3 年级	1. 与同伴合作修改、完善并改编戏剧作品中的想法，使其更符合既定的要素	2. 在即兴创作的或编写的戏剧作品中参与并投入对身体和声音的探究	3. 实践并完善设计和技术选择来为戏剧作品的设计或编写提供支持
4 年级	1. 通过重复的、合作性的评估，修改完善即兴创作或编写的戏剧作品	2. 对即兴创作或编写的戏剧作品开发身体和声音的练习技巧	3. 为在戏剧作品排练中的设计和技术问题合作提出解决方案
5 年级	1. 通过不断地自我评估，修改并完善即兴创作或编写的戏剧作品	2. 在即兴创作或编写的戏剧作品中为角色发展进行身体和声音的探索	3. 为在戏剧作品排练中的设计和技术问题合作提出创造性的解决方案
6 年级	1. 清楚地说明并检查选择，以完善设计或编写的戏剧作品	2. 在即兴创作或编写的戏剧作品中确认有效的角色身体和声音的特征	3. 在设计或编写的戏剧作品排练过程中探究计划性的技术设计
7 年级	1. 在排演过程中表现出注意力和专注力来分析和改进设计或编写的戏剧作品	2. 在即兴创作或编写的戏剧或戏剧工作中发展有效的角色身体和声音的特征	3. 在设计或编写的戏剧作品排练过程中考虑多种计划性的设计元素
8 年级	1. 用复演和分析来修改设计或编写的戏剧作品	2. 在即兴创作或编写的戏剧作品中完善有效的角色身体、声音和心理的特征	3. 在设计或编写的戏剧作品排练过程中用简单技术来实施和改进计划性的技术设计
9~12 年级 熟能	1. 运用戏剧舞台习式来实践并修改设计或编写的戏剧作品	2. 在戏剧作品中探究身体、声音和心理的选择以开展可信、真实、恰当的表演	3. 改进技术设计和选择以支持设计或编写的戏剧作品中故事和情感的影响力
9~12 年级 精练	1. 运用排练过程来分析、设计或编写戏剧作品的戏剧概念及技术设计元素	2. 运用研究和剧本分析来改善影响戏剧作品可信性和真实性的身体、声音和心理的选择	3. 在排练过程中重新构思技术设计选择以加强设计或编写的作品中故事和情感的影响力
9~12 年级 优秀	1. 运用排练过程来改善、改变或重新构思设计或编写的戏剧作品来创造或重塑风格、题材、形式和习式	2. 从研究、剧本分析和背景综合想法来创造可信、真实、适切的戏剧作品	3. 排练过程可以达到较高的技术熟练度来支持设计或编写的作品中故事和情感的影响力

表4 落实标准4：选择、分析和解释所呈现的艺术作品

表演	落实标准4：选择、分析和解释所呈现的艺术作品。 持续理解：戏剧艺术家作出强有力的选择来有效地传达意义。 关键问题：为什么强有力的选择对于演绎戏剧或戏剧片段至关重要？	
表现标准	选择	
学前	1.基于引导和支持，在戏剧表演或有指导的戏剧体验中确认角色（如：过程戏剧，故事戏剧，创造性戏剧）	
幼儿园	1.基于引导和支持，在戏剧表演或有指导的戏剧体验中确认角色和环境（例如：过程戏剧，故事戏剧，创造性戏剧）	
1年级	1.在有指导的戏剧体验中描述一个故事的角色行为和对话（例如：过程戏剧，故事戏剧，创造性戏剧）	2.在有指导的戏剧体验中使用身体、面部、姿势和声音交流角色特征和情感（例如：过程戏剧，故事戏剧，创造性戏剧）
2年级	1.在有指导的戏剧体验中解释戏剧要素（例如：过程戏剧，故事戏剧，创造性戏剧）	2.在有指导的戏剧体验中通过改变声音和身体来扩展来表达戏剧作品中角色的细微差别（例如过程戏剧，故事戏剧，创造性戏剧）
3年级	1.在故事或创造性戏剧作品中运用戏剧结构要素	2.探究戏剧作品中行动和声音如何组合
4年级	1.修改对话和动作来改变戏剧作品中的故事	2.在戏剧作品中通过身体选择来发展角色
5年级	1.描述戏剧作品中创作对话和动作的潜在想法和感情	2.在戏剧作品中通过身体选择来创造意义
6年级	1.在戏剧作品中确认故事或剧本中组成戏剧结构的基本事件	2.在戏剧作品中尝试不同的身体选择来传达角色
7年级	1.考虑不同的舞台选择来完善戏剧作品中故事	2.在戏剧作品中运用多种不同的角色目标
8年级	1.探究不同的节奏来更好地传达戏剧作品中的故事	2.在戏剧作品中使用不同的角色目标和策略来战胜困难
9~12年级 熟能	1.考察角色关系如何在讲述戏剧作品中的故事时起作用	2.使用戏剧作品中既定的情景塑造人物选择
9~12年级 精成	1.发现如何通过独特的选择来塑造可信且持续的戏剧作品	2.在戏剧作品中，确认重要的文本信息，从各种资源和影响角色选择的导演观点中进行探究
9~12年级 优秀	1.通过对导演风格可靠的研究来形成戏剧作品中导演理念的独特选择	2.在戏剧作品中运用多种不同的研究性表演技巧来作为人物选择的途径

表5 落实标准5：发展和改善艺术技巧和演出作品

表演	落实标准5：发展和改善艺术技巧和演出作品。 持续理解：戏剧艺术家个人以及表演或设计的技巧发展的过程。 关键问题：为充分准备一场表演或技术设计我能做什么？	
表现标准	准备	
学前	1.基于引导和支持，懂得想象力是戏剧表演和有指导的戏剧体验的基础（例如：过程戏剧，故事戏剧，创造性戏剧）	2.基于引导和支持，在戏剧表演或有指导的戏剧体验中运用多种技术元素进行探究和实验（例如：过程戏剧，故事戏剧，创造性戏剧）
幼儿园	1.基于引导和支持，懂得嗓音和声音是戏剧和有指导的戏剧体验的基础（例如：过程戏剧，故事戏剧，创造性戏剧）	2.基于引导和支持，在戏剧表演或有指导的戏剧体验中运用多种技术元素进行探究和实验（例如：过程戏剧，故事戏剧，创造性戏剧）
1年级	1.基于引导和支持，确认和理解身体行动是有指导的戏剧体验的基础（例如：过程戏剧，故事戏剧，创造性戏剧）	2.基于引导和支持，确认可以用在有指导的戏剧体验中的技术元素（例如：过程戏剧，故事戏剧，创造性戏剧）
2年级	1.在有指导的戏剧体验中说明身体、声音和内心的关系（例如：过程戏剧，故事戏剧，创造性戏剧）	2.在有指导的戏剧体验中探究技术元素（例如：过程戏剧，故事戏剧，创造性戏剧）
3年级	1.参与多种会用在戏剧作品环境中的身体、声音和认知练习	2.确认可用在戏剧作品中的基本技术元素
4年级	1.开展已选择的在戏剧作品环境中可用的练习	2.促进技术元素在戏剧作品中的使用
5年级	1.选择会被用在戏剧作品中的表演练习	2.说明在戏剧作品中技术元素的使用
6年级	1.认识到表演练习和表演技巧如何被运用在戏剧作品之中	2.清楚的说明技术元素如何融入戏剧作品之中
7年级	1.参与多种可用于戏剧作品排练和演出中的表演练习和表演技巧	2.选择不同的可以用于戏剧作品设计的技术元素
8年级	1.在戏剧排练或表演中使用不同的表演技巧来增长技能	2.使用多种技术元素为戏剧彩排或戏剧制作创作设计
9~12年级 熟能	1.在戏剧排练或表演中实践多种表演技巧来拓展技能	2.使用已研究的技术元素为戏剧制作设计增加影响
9~12年级 精成	1.为构建可信且持续的戏剧表演改善一系列表演技巧	2.运用技术元素和研究去创造传达戏剧制作概念的设计
9~12年级 优秀	1.从可靠的资源中使用和证明一系列表演练习来准备可信且持续的表演	2.解释和证明所选用的技术元素被用于传达戏剧制作概念的设计

表6 落实标准6：通过艺术作品的呈现来传达意义

表演	落实标准6：通过艺术作品的呈现来传达意义。 持续理解：戏剧艺术家通过分享和呈现故事、想法和想象世界来探索人类的经历。 关键问题：当戏剧艺术家和观众分享一种创造的经历时会发生什么？	
表现标准	分享、呈现	
学前	基于引导和支持，从事戏剧表演或有指导的戏剧体验（例如：过程戏剧，故事戏剧，创造性戏剧）	
幼儿园	基于引导和支持，在戏剧表演或有指导的戏剧体验中使用嗓音和声音（例如：过程戏剧，故事戏剧，创造性戏剧）	
1年级	基于引导和支持，在有指导的戏剧体验中使用行动和姿势去表达情感（例如：过程戏剧，故事戏剧，创造性戏剧）	
2年级	投身于有指导的团队戏剧体验并与同伴进行非正式的分享（例如：过程戏剧，故事戏剧，创造性戏剧）	
3年级	实践戏剧作品并以小组的形式分享个体反思	
4年级	与作为观众的同伴分享小组戏剧作品	
5年级	向观众非正式的呈现戏剧作品	
6年级	改编戏剧作品并向观众非正式的呈现	
7年级	参与将向观众分享的戏剧作品的排练	
8年级	向观众呈现戏剧作品的排练	
9~12年级	熟能	向特定的观众表演一出改编的戏剧作品
	精成	用创造性的过程为特定观众呈现一出制作成型的戏剧作品
	优秀	在作者、导演、舞美、编剧的创造性视角中使用研究和背景分析来向特定的观众呈现戏剧产品

表7 落实标准7：感知和分析艺术作品

回应	落实标准7：感知和分析艺术作品。 **持续理解**：戏剧艺术家对戏剧过程和戏剧体验的影响通过反思来理解。 **关键问题**：戏剧艺术家如何理解戏剧过程和戏剧体验的本质？	
表现标准	反馈	
学前	基于引导和支持，在戏剧表演或有指导的戏剧体验中回忆情绪反应（例如：过程戏剧，故事戏剧，创造性戏剧）	
幼儿园	基于引导和支持，在戏剧表演或有指导的戏剧体验中表达对角色的情绪反应（例如：过程戏剧，故事戏剧，创造性戏剧）	
1年级	回忆在有指导的戏剧体验中做出的选择（例如：过程戏剧，故事戏剧，创造性戏剧）	
2年级	在有指导的戏剧体验中确认什么时候进行艺术选择（例如：过程戏剧，故事戏剧，创造性戏剧）	
3年级	在戏剧作品中理解为什么做艺术选择	
4年级	通过参与和观察确认在戏剧作品中做出的艺术选择	
5年级	通过参与和观察解释个人对戏剧作品中艺术选择的反应	
6年级	描述和记录个人对戏剧作品中艺术选择的反应	
7年级	比较所记录的个人和同伴对戏剧作品中艺术选择的反应	
8年级	运用标准去评估戏剧作品中的艺术选择	
9~12年级	熟能	对戏剧作品的所见、所感、所听做出回应以提升艺术选择的标准
	精成	论证对艺术标准多种解读的理解，以及每一种解读可能会如何影响未来的戏剧作品艺术选择
	优秀	使用历史和文化情境去构建和说明个人对戏剧作品的回应

表8 落实标准8：诠释艺术作品的意图和意义

回应	落实标准8：诠释艺术作品的意图和意义。 持续理解：戏剧艺术家对戏剧作品的诠释受个人经验和审美的影响。 关键问题：同一件艺术作品如何向不同的人传达不同的信息？		
表现标准	诠释		
学前	1. 基于引导和支持，在有指导的戏剧体验中探究对戏剧表演或适龄的戏剧演出的偏好。（例如：过程戏剧，故事戏剧，创造性戏剧）	2. 基于引导和支持，为戏剧表演或有指导的戏剧体验中的角色命名并描述（例如：过程戏剧，故事戏剧，创造性戏剧）	
幼儿园	1. 基于引导和支持，在有指导的戏剧体验中探究对戏剧表演或适龄的戏剧演出的偏好。（例如：过程戏剧，故事戏剧，创造性戏剧）	2. 基于引导和支持，为戏剧表演或有指导的戏剧体验中的环境设置命名并描述（例如：过程戏剧，故事戏剧，创造性戏剧）	
1年级	1. 解释在有指导的戏剧体验中或适龄的戏剧演出的偏好和情绪。（例如：过程戏剧，故事戏剧，创造性戏剧）	2. 在有指导的戏剧体验中确认角色行为的原因（例如：过程戏剧，故事戏剧，创造性戏剧）	3. 在有指导的戏剧体验中解释或运用文本和图片描述个人情感和选择与角色的情感和选择如何做比较（例如：过程戏剧，故事戏剧，创造性戏剧）
2年级	1. 解释在有指导的戏剧体验或适龄的戏剧演出中个人的偏好和情感如何影响观众的回应。（例如：过程戏剧，故事戏剧，创造性戏剧）	2. 在有指导的戏剧体验中确认角色行为的原因和结果（例如：过程戏剧，故事戏剧，创造性戏剧）	3. 在有指导的戏剧体验中解释或运用文本和图片描述个人情感和选择与角色的情感和选择如何做比较（例如：过程戏剧，故事戏剧，创造性戏剧）
3年级	1. 参与或观看戏剧作品时考虑多样的个人经历	2. 考虑用戏剧作品中身体特征和道具或反映文化视角的服装设计选择等多种方式来发展角色	3. 检查在戏剧作品中个人和角色之间如何产生联系
4年级	1. 参与或观看戏剧作品时比较和对比多种个人经历	2. 通过身体特征和道具或反映文化视角的服装设计选择来比较和对比戏剧作品中的角色特点	3. 确认和讨论在戏剧作品中与感情相关的生理变化
5年级	1. 参与或观看戏剧作品时证明基于个人经历的反应是正确的	2. 参与或观看戏剧作品时解释对于基于文化视角的角色的回应	3. 调查情绪对于戏剧作品中姿势、姿态、呼吸和声调的影响
6年级	1. 解释艺术家在戏剧作品中如何依据个人经历做出选择	2. 确认可能影响戏剧作品评价的文化视角	3. 通过参与或观看戏剧作品确认个人的审美、偏好和信仰
7年级	1. 在戏剧作品中确认基于个人经历的艺术选择	2. 描述文化视角如何能影响对戏剧作品的评价	3. 解释个人审美、偏好和信仰是如何被用于讨论戏剧作品的
8年级	1. 参与或观看戏剧作品时承认和分享艺术选择	2. 分析文化视角如何影响对于戏剧作品的评价	3. 运用个人审美、偏好和信仰去评价戏剧作品
9~12年级 熟能	1. 分析和比较从多种戏剧作品的个人经验中发展出的艺术选择	2. 确认和比较可能影响对戏剧作品评价的文化视角和情境	3. 通过参与和观看戏剧作品证明个人审美、偏好和信仰
9~12年级 精能	1. 当参与或观看戏剧作品时提升详细的支持性证据和标准以强化艺术选择	2. 将戏剧作品中的概念应用于个人对文化视角和理解的认识	3. 通过参与或观看戏剧作品来讨论和区分多种审美、偏好和信仰
9~12年级 优秀	1. 当参与或观看戏剧作品时运用详细的支持性证据和恰当的标准修订个人作品并解释他人的作品	2. 运用对文化和情境的新理解来形成个人对戏剧作品的回应	3. 支持并解释审美、偏好和信仰为形成戏剧作品中的艺术决定创造了批判性研究的情境

表9 落实标准9：应用标准来评价艺术作品

回应	落实标准9：应用标准来评价艺术作品。 持续理解：戏剧艺术家应用标准来调查、探索和评估戏剧作品。 关键问题：戏剧艺术家的过程和观众的视角如何受到分析和综合的影响？		
表现标准	评价		
学前	1.基于引导和支持，积极参与戏剧表演或有指导的戏剧体验（例如：过程戏剧，故事戏剧，创造性戏剧）		
幼儿园	1.基于引导和支持，与他人共同积极参与戏剧表演或有指导的戏剧体验（例如：过程戏剧，故事戏剧，创造性戏剧）		
1年级	1.在有指导的戏剧体验中以他人的想法为基础（例如：过程戏剧，故事戏剧，创造性戏剧）	2.识别可能被用在有指导的戏剧体验中的道具和戏服（例如：过程戏剧，故事戏剧，创造性戏剧）	3.在有指导的戏剧体验中比较和对比角色的经历（例如：过程戏剧，故事戏剧，创造性戏剧）
2年级	1.在有指导的戏剧体验现场中合作（例如：过程戏剧，故事戏剧，创造性戏剧）	2.使用在有指导的戏剧体验中的道具或戏服（例如：过程戏剧，故事戏剧，创造性戏剧）来描述角色、环境或事件	3.解释角色如何在有指导的戏剧体验中回应挑战（例如：过程戏剧，故事戏剧，创造性戏剧）
3年级	1.理解团队如何以及为什么评价戏剧作品	2.从多种戏剧作品中考虑和分析其中的技术元素	3.从观众的视角评价和分析戏剧作品中的问题和情节
4年级	1.为评价戏剧作品提出计划	2.探究技术元素如何支持戏剧作品中的主题或观点	3.观察在戏剧作品中角色的选择如何影响观众的看法
5年级	1.制订和实施评价戏剧作品的计划	2.评估技术元素如何表现戏剧作品的主题	3.在戏剧作品中确认角色的境遇如何影响观众的看法
6年级	1.运用具有支撑性的证据和标准评价戏剧作品	2.运用戏剧作品中的制作元素来评估审美选择	3.为戏剧作品确认有针对性的观众或目的
7年级	1.解释偏好并运用具有支撑性的证据和标准评价戏剧作品	2.考虑戏剧作品中制作元素的审美	3.确认戏剧作品预期的目的如何对特定观众有吸引力
8年级	1.运用支持性证据、个人美学和艺术标准回应戏剧作品	2.运用戏剧作品中制作元素来评价审美选择	3.评价戏剧作品对特定观众的影响
9~12年级 熟能	1运用支持性证据和标准来检查戏剧作品，同时要考虑艺术形式、历史、文化以及其他原则	2.考虑戏剧作品制作元素的美学	3.通过考虑戏剧作品的具体目的或目标观众，清楚地说明对戏剧作品的深层理解和鉴赏
9~12年级 精熟	1.运用支持性证据和标准，联系戏剧作品的艺术形式、历史、文化其他原则来分析和评价戏剧作品	2.在尊重他人解释的同时，在戏剧作品中构建意义，考虑个人美学和制作元素的知识	3.验证戏剧作品如何传达特定的目的和观众
9~12年级 优秀	1.研究并综合与戏剧作品相关的文化和历史信息来支持或评价艺术选择	2.分析和评价对于同一戏剧作品制作元素不同的审美解释	3.比较和讨论戏剧作品与可能影响观众的当代问题之间的联系

表 10　落实标准 10：综合并联系知识与个人经验来创作艺术

关联	**落实标准 10**：综合并联系知识与个人经验来创作艺术。 **持续理解**：戏剧艺术家让个人与他人之间相互关系意识来影响和渗透他们的作品。 **关键问题**：当戏剧艺术家通过批判意识、社会责任和同理心探索来促进自我和他人之间的理解时会发生什么？	
表现标准	移情	
学前	基于引导和支持，在戏剧表演或有指导的戏剧体验中确认故事和个人经历之间的相似之处（例如：过程戏剧、故事戏剧、创造性戏剧）	
幼儿园	基于引导和支持，在戏剧表演或有指导的戏剧体验中确认故事和个人经历之间的相似之处（例如：过程戏剧、故事戏剧、创造性戏剧）	
1 年级	在有指导的戏剧体验中识别角色情感并将其与个人经历相关联（例如：过程戏剧、故事戏剧、创造性戏剧）	
2 年级	在有指导的戏剧体验中将角色经历与个人经历相联系（例如：过程戏剧、故事戏剧、创造性戏剧）	
3 年级	运用个人经验和知识将戏剧作品中的共同体和文化建立联系	
4 年级	识别戏剧作品反映共同体或文化视角的方式	
5 年级	解释戏剧如何将个人和共同体或文化联系起来	
6 年级	解释戏剧作品中角色的行为和动机如何影响共同体或文化的视角	
7 年级	在戏剧作品中整合多种视角和多种共同体观点	
8 年级	通过戏剧作品中的多种视角来考察共同体的问题	
9~12 年级	熟能	调查文化视角、共同体观点以及个人信仰如何影响戏剧作品
	精成	选择和解释戏剧作品来反映或质疑个人信仰
	优秀	在戏剧作品合作中运用多种个人、团体和文化的视角来审视关键的全球性问题

表 11　落实标准 11：将艺术思想和作品与社会、文化和历史背景相连以加深理解

关联	落实标准 11：将艺术思想和作品与社会、文化和历史背景相连以加深理解。 **持续理解：**戏剧艺术家理解并能交流他们的创作过程作为他们分析这个世界使之可被理解的途径。 **关键问题：**当戏剧艺术家让自身和世界理解他们自己对于戏剧的感知和他们作品的目的时会发生什么？	
表现标准	相互关联	
学前	基于引导和支持，在戏剧表演或有指导的戏剧体验中从其他领域运用技术和知识（例如：过程戏剧、故事戏剧、创造性戏剧）	
幼儿园	基于引导和支持，在戏剧表演或有指导的戏剧体验中从其他领域识别技术和知识（例如：过程戏剧、故事戏剧、创造性戏剧）	
1 年级	在有指导的戏剧体验中从不同的艺术形式和内容领域中应用技术和知识（例如：过程戏剧、故事戏剧、创造性戏剧）	
2 年级	在有指导的戏剧体验中从不同的艺术形式和内容领域中决定适当的技术和知识（例如：过程戏剧、故事戏剧、创造性戏剧）	
3 年级	在戏剧作品中确认共同体、社会问题以及其他内容领域之间的关联	
4 年级	在戏剧作品中对共同体和社会问题作出回应并将其他内容领域纳入其中	
5 年级	调查戏剧作品所表达的历史的、全球的和社会的问题	
6 年级	确定普遍的主题或共同的社会问题，并通过戏剧作品来表达	
7 年级	整合音乐、舞蹈、艺术和/或媒体来加强戏剧作品在特点文化、全球或历史背景下的意义或冲突	
8 年级	运用不同的戏剧作品形式来考察当代的社会、文化或全球的问题	
9–12 年级	熟能	探索文化、全球和历史的信仰体系如何影响戏剧作品中的创造性选择
	精成	整合不同的艺术形式和其他学科的习式和知识来提升跨文化的戏剧作品
	优秀	提升识别和质疑文化、全球和历史的信仰体系的戏剧作品

表12 落实标准12：将艺术思想和作品与社会、文化和历史背景相连以加深理解

关联	落实标准12：将艺术思想和作品与社会、文化和历史背景相连以加深理解。 **持续理解：** 戏剧艺术家批判性地探究他人的思考方式并创造戏剧过程和排演来告知他们自己的作品。 **关键问题：** 对戏剧历史、理论、文学和表演的研究能以何种方式来改变戏剧过程或排演的理解方式？	
表现标准	研究	
学前	1. 基于引导和支持，在戏剧表演或有指导的戏剧体验中识别彼此相似的故事（例如：过程戏剧、故事戏剧、创造性戏剧）	2. 基于引导和支持，在戏剧表演或有指导的戏剧体验中讲述一个简短的故事（例如：过程戏剧、故事戏剧、创造性戏剧）
幼儿园	1. 基于引导和支持，在戏剧表演或有指导的戏剧体验中识别彼此不同的故事（例如：过程戏剧、故事戏剧、创造性戏剧）	2. 基于引导和支持，在戏剧表演或有指导的戏剧体验中讲述一个简短的故事（例如：过程戏剧、故事戏剧、创造性戏剧）
1年级	1. 在有指导的戏剧体验中识别个人所在共同体中故事的相似和不同之处（例如：过程戏剧、故事戏剧、创造性戏剧）	2. 在有指导的戏剧体验中虚构文学资源的基础上合作创作一个简短的场景（例如：过程戏剧、故事戏剧、创造性戏剧）
2年级	1. 在有指导的戏剧体验中识别多种文化故事中的相似和不同之处（例如：过程戏剧、故事戏剧、创造性戏剧）	2. 在有指导的戏剧体验中虚构文学资源的基础上合作创作一个简短的场景（例如：过程戏剧、故事戏剧、创造性戏剧）
3年级	1. 探索故事如何从文学改编为戏剧作品	2. 考察艺术家如何使用不同艺术形式、流派或戏剧习式来基于史实呈现相同故事
4年级	1. 调查戏剧作品中跨文化的故事叙述方式	2. 比较给定时间段的戏剧习式和当前的戏剧习式
5年级	1. 分析不同文化背景下故事环境的共性和差异性	2. 识别解释戏剧术语和习式的历史资料
6年级	1. 研究和分析同一戏剧故事的两种不同版本，以确定每个故事在视觉和听觉上的相似和不同之处	2. 调查戏剧作品的时间和地点背景，以更好的理解表演和设计选择
7年级	1. 研究讨论剧作家如何设计制作戏剧作品	2. 从时间和地理位置来检查手工艺品，以更好的理解戏剧作品的表演和设计选择
8年级	1. 研究舞台戏剧作品的故事元素，并将其与同样作品的另一种制作相比较	2. 确认使用某一时期和地点的手工艺品，以发展戏剧作品的表演和设计选择
9~12年级	熟能	1. 研究其他的戏剧艺术家如何用戏剧研究方法，在设计或编写戏剧作品时采用创造性过程去讲述故事	2. 使用基本的戏剧研究方法来更好的理解戏剧作品的社会和文化背景
	精研	1. 基于所选主题的戏剧研究，为设计或编写的戏剧作品制定创造性选择	2. 解释个人信仰和偏见如何影响对戏剧作品中所运用的研究数据的解释
	优秀	1. 基于对戏剧研究中具体数据的批判性解释，证明在设计或编写的戏剧作品中所做出的创造性选择	2. 基于批判性研究，呈现和支持对于戏剧作品中社会、文化和历史理解的观点

附录二：美国《国家核心艺术课程标准》戏剧课基石评估

表13　2年级戏剧课基石评估模型

2年级	评估简介	艺术过程	创造、展示、回应、关联		
		主题	戏剧机器		
		简要的评估描述	学生会在教师的引导下集体协作地使用身体、声音和想象力来表达故事中主要人物的基本元素。学生在戏剧练习指导下的作品将能利用身体、声音和想象力展现出一种创造性的回应教师指导、质疑和开放式建议的能力。学生对戏剧练习的反思将展现一种将自我、文化和社区联系起来的能力。		
		嵌入式教学策略	1. 开发协作技巧，适当的同伴行为和集中注意力。（创造／排练） 2. 选择最恰当的身体和声音来表示特定的角色。（执行／选择） 3. 准备身体和声音练习和改进角色技巧，以便支撑一个明显与他们自己性格不同的角色。（执行／分享当下） 4. 解释图像、声音和文字来描述人物的情感和选择。（回应／反思） 5. 通过塑造异文化中的人物来研究自己与他人文化的异同。（连接／研究）		
	评估程序	简介	・在使用这个评估基础模型之前，所有学生都应该接受支架式指导，以使他们准备好熟练地进行评估。 ・在评估学生时，务必彻底和全面阅读所有材料，以确保评估按照建议进行。 ・此评估基础模型可以多种方式使用，包括：课程计划，教学，前期或后期评估，形成性，中级或总结性评估，专业发展的数据，或任何老师可能会觉得有用的方式。		
		评估目标	・本评估模型的知识和技能应在课堂教学中教授。 ・所有州、地区和学校的政策和程序都应该严格遵守本模型。 ・基于IEP或504计划的机构应严格遵守相应要求。 ・此评估模型可因应多样性、文化和宗教信仰而修改。 ・学生将依照量表被个别评估。		
		评估过程细则	1. 基于机器的指示，然后玩一回合，或者直至学生能够玩得好。 2. 介绍机器不同主题的概念，包括故事中的主角特征。 3. 通过课外辅导促进学生针对其问题和建议的创造性选择。 4. 运用先前的知识，并且鼓励学生合作技能的发展。 5. 将合作技能转化为合作技能。 6. 创造性戏剧活动后以书面和口头形式反思自己和学生的作品。 7. 评估现在已知的关于所探究人物的所有知识。		
		关键词	学生词汇：性格、艺术选择、文化、姿势、声乐表征 老师词汇：合作者、文化背景、身体表征		
		知识与技能	・通过积极与同伴并肩合作来应用协作技能。 ・通过在创造性活动中增加创意来应用协作技能。 ・通过综合同伴的想法或部分想法来应用协作技能。 ・在回应性辅导中做出认知和创造性的选择。 ・在回应性辅导机器中观察同伴之间的互动。 ・通过身体和声音选择来表现对主要角色的理解。 ・在回应性辅导中夸张、扩展或改变身体和声音选择来展示想象力的运用。 ・关注于机器内声音和身体选择的维持以实现全面协作。 ・关注于机器内声音和身体选择的维持以便在必要时重复机器。 ・讨论在机器中他们基于同伴观察而听到和看到的内容。 ・讨论机器中同伴身体和声音选择的原因和影响。 ・讨论他们在机器中发现的主角的内容。 ・当教师提出讨论文化、社区和环境时，讨论自己与主要人物之间的异同。		
	评估量规		超越标准	达到标准	接近标准	低于标准
		身体和声音选择	学生创造出明显不同的人物所固有的运动，声音和姿势并且明显不同于其他学生的选择。	学生使用表示姿态、手势和声音的运动方式与自己和其他学生不同，并且角色一贯的特征也不同于其自身。	学生的动作与自身有所不同，并且表现出一些对角色的立场、动作和声音与自我不同的理解。	学生很少努力创造出与自己不同的人物。
		回应选择	学生在角色的生活选择和／或自己不同或相似的文化之间建立独特的联系。	学生在角色的生活选择和／或与自己不同或相似的文化之间建立联系。	学生较慢或极少回应关于角色的生活选择和／或与自己不同或相似的文化之间相似性和差别的指导性问题。	学生不会对角色的生活选择和／或文化是如何以及为何与他们自己的生活选择及文化不同或相似表达意见。
		总体选择	学生的反应和选择是以机器练习中的经验，观察或发现为基础的。	学生的反应和选择是以机器练习中的经验或发现为基础的。	学生的反应和选择有些是以机器练习中的经验为基础的。	学生的反应和选择不以机器练习中的经验为基础。

表 14　5 年级戏剧课基石评估模型

5年级						
评估简介	艺术过程	创造、展示、回应				
	主题	将文学或民间故事中的角色改编成一个即兴戏剧				
	简要的评估描述	学生们将用身体和声音通过有计划的即兴演绎来解读文学作品或民间故事的场景。他们将为观众表演即兴表演，并将使用戏剧/剧场的术语对同伴的表演进行反馈。				
	嵌入式教学策略	1. 想象一个故事的世界和给定的情境（创造/发展）。 2. 复习剧情结构，增加创意（创造/发展）。 3. 用身体和声音创造一个角色。（创造/想象）。 4. 探索给定故事中的各种角色。（创造/想象）。 5. 安排空间创建一个环境（创造/发展）。 6. 用故事戏剧的方法将一段文学作品改编成一个场景并有简易对话（展示/分享）。 7. 使用完善的舞台和投影（展示/分享）呈现场景。 8. 展现对观众尊重的行为（回应/反思）。 9. 使用戏剧表演词汇评估同伴的戏。（回应/反思）。				
评估程序	简介	・在使用这个评估基础模型之前，所有学生都应该接受支架式指导，以使他们准备好熟练地进行评估。 ・在评估学生时，务必彻底和全面阅读所有材料，以确保评估按建议进行。 ・此评估基础模型可以多种方式使用，包括：课程计划、教学、前期或后期评估，形成性、中级或总结性评估，专业发展的数据，或任何老师可能会觉得有用的方式。				
	评估目标	・本评估模型的知识和技能应在课堂教学中教授。 ・所有州、地区和学校的政策和程序都应该严格遵守本模型。 ・基于 IEP 或 504 计划的机构应严格遵守相应要求。 ・此评估模型可因应多样性、文化和宗教信仰而修改。 ・教师应该回顾术语表和评分标准以及与学生的口头任务。 ・如果学生对本模型有问题必须进行解释澄清。 ・所有的评估模型可能会为评分、专业发展和存档而被记录。 ・学生将依照量表被个别评估。 ・学生在参与的全过程中应被允许随时完成评估。 ・本次评估不应使用道具和服装。物体/道具应该用哑剧的方式来创建。 ・如果为了随时可以看到表演者而需要在一定标准的空间中进行录像，摄像机必须从观众的角度来放置。上传的最终视频必须采用下列格式之一：.mp4, .mov, .avi, .wmv; 标准长宽比 4∶3 或 16∶9; 帧率 >24fps; 声音为 mp3 或 aac> 44.1kHz。 ・学生可能在面对观众表演时需要老师进行指导。				
	评估过程	1. 作为一个热身，选择一小部分选定的场景发展为叙事哑剧。让学生在个人空间单独工作。由老师从一篇文学/民间故事中描述一段场景，让学生用动作，表情和手势默默地表演。 2. 教练将讲述所选场景的整个故事。列出并公布场景中的角色。为学生显示场景动作的开始，中间和结束。 3. 学生在小组中用对话，声音和身体表征设计一个场景，专注于设计场景的开始，中间和结束。 4. 在课堂展示/分享前让学生有时间计划和排练场景。 5. 分享场景。 6. 让每个小组通过使用戏剧/剧场术语来对另一个小组的表演进行积极性评价。口头或书面的评估均可。				
	关键词	专注/专心、叙事哑剧、身体表征、声音表征、集团合作、批判性评价、哑剧、适应、对话、故事背景、冲突、即兴、形象表现、面部表情、给定情境、内心的想法				
	知识与技能	・随着故事的讲述，积极聆听。 ・接受分派的合作伙伴。 ・回顾协作情节。 ・使用声音和身体表征来排练情境。 ・关注表演/分享情境。		・当老师讲故事时，寻找并待在一个人空间。 ・协作创设场景。 ・探索角色和对话。 ・发展情境并进行改进。 ・使用戏剧/剧场术语评估另一组的作品。			
评估量规			超越标准	达到标准	接近标准	低于标准
	叙述姿势/活动		使用面部表情和身体动作来创建/解释角色，并且身体摆出来的物体具有尺寸，重量和形状。	使用面部表情和身体动作来创建/解释角色，且身体摆出来的物体可识别但不具体。	角色缺乏细节并且身体摆出来的物体难以识别。	需要口头干预来创建/解释一个角色和身体摆出来的物体。
	排练		通过尊重地聆听他人，给予和接受建议及领导小组做决策来支持小组完成所关注的任务。	通过尊重地聆听他人，给予和接受建议及参与小组做决策来支持小组完成所关注的任务。	需要同伴或成人的支持来专注于完成任务，并且被动遵从小组的决定。	不与同伴交流或接受建议，并且被动遵从小组的决定。
	角色		做出原始选择来定义角色的身体特征，声音表达，投影和原始对话。	做出与故事中角色相似的选择，身体特征，声音表达，投影和相似的对话。	做出与故事不符的角色，身体特征，声音表达，投影和有限的对话。	做出不可辨别角色的选择。
	评价		使用戏剧术语做出正面和准确的评论，并能评论细节和独特性。	能用术语做出一些评论，但评论缺乏细节。	评论缺乏支撑性的术语、细节和独特性。	无法评论。

表 15　8 年级 A 戏剧课基石评估模型

<table>
<tr><td rowspan="17">8 年级 A</td><td rowspan="5">评估简介</td><td>艺术过程</td><td colspan="4">创造、展示、回应</td></tr>
<tr><td>主题</td><td colspan="4">通过即兴创建一个原始的情节和人物</td></tr>
<tr><td>简要的评估描述</td><td colspan="4">学生们将在一个角色转折点概念启发下协同创作、排练和演绎一个原创场景。该场景将展现出良好的情节结构包括引子、冲突、上升情节，高潮和解决。每次演展结束后，学生将用戏剧/剧场术语对另一个小组的作品中的具体片段进行特别且准确的评价/批评。</td></tr>
<tr><td>嵌入式教学策略</td><td colspan="4">1. 展示协作和剧团建构的技巧。（创造/开发）
2. 使用即兴的规则和技巧。（创造/想象—概念化）
3. 想象，练习和完善的声音和身体角色技巧来塑造一个可信的角色。（创造/想象—概念化）
4. 探索其他故事和戏剧的转折点。（回应/评估）
5. 识别其他学生场景或一出戏剧中的刺激事件，展现，冲突上升行动，高潮和解决。（回应/评估）
6. 建构有良好情节结构的场景。（创造/发展）
7. 发展排练技巧并完善场景。（创造/排练）
8. 探索适当的观众行为，并练习集中注意力。（回应/评估）
9. 使用戏剧表演术语评价同伴的场景，并举出成功的具体时刻。（回应/评估）</td></tr>
<tr><td>简介</td><td colspan="4">·在使用这个评估基础模型之前，所有学生都应该接受支架式指导，以使他们准备好熟练地进行评估。
·在评估学生时，务必彻底和全面阅读所有材料，以确保评估按照建议进行。
·此评估基础模型可以多种方式使用，包括：课程计划，教学，前期或后期评估，形成性，中级或总结性评估，专业发展的数据，或任何老师可能会觉得有用的方式。</td></tr>
<tr><td rowspan="4">评估程序</td><td>评估目标</td><td colspan="4">·本评估模型的知识和技能应在课堂教学中教授。
·所有州、地区和学校的政策和程序都应该严格遵守本模型。
·基于 IEP 或 504 计划的机构应严格遵守相应要求。
·使用此评估模型应多考虑多样性、文化和宗教信仰。
·教师应该回顾表演任务并要口头和张贴/展示学生评分量规副本。
·如果学生对本模型有问题必须进行解释澄清。
·所有的评估模型可能会为评分、专业发展和存档而被记录。
·学生将依照量表被个别评估。
·学生在参与的全过程中应被允许随时完成评估。</td></tr>
<tr><td>学生任务</td><td colspan="4">学生独自利用自己的想象力创造一个有趣的角色。
学生展演后进行同伴互评。</td></tr>
<tr><td>关键词</td><td colspan="4">舞台调度、形象表现、角色动机、角色目标、身体表征、声音表征、剧团、给定情境、转折点、引子、上升情节、冲突、高潮、解决</td></tr>
<tr><td>知识与技能</td><td colspan="4">·获得知识和应用戏剧技巧和习式。　　·展示如何创造一个可信的，可持续的原创角色的知识。
·理解一个角色生活中转折点的概念。　　·发展舞台上角色之间的关系。
·发展、选择和应用一系列即兴创作策略。　　·了解一个发展良好情节的结构。
·应用彩排规矩和流程。　　·了解演出风格和舞台调度。
·提供和应用反馈来完善/修改。　　·向观众表演应专注且投入。
·作为观众获得观察和分析的技能。　　·展示剧场/戏剧术语素养。
·使用推理和证据来支持推论和观察。</td></tr>
<tr><td rowspan="6">评估量规</td><td></td><td>超越标准</td><td>达到标准</td><td>接近标准</td><td>低于标准</td></tr>
<tr><td>计划/排练</td><td>在团队中处于领导地位，给予原创建议并接受他人建议，并积极投入排练。</td><td>给予建议并接受他人建议，并积极投入排练。</td><td>为场景提供有限的创意贡献，并在彩排中被动地遵从团体决定。</td><td>不配合集体的决定，不提供建设性想法，对排练的贡献微不足道。</td></tr>
<tr><td>角色</td><td>演示用动作、面部表情和赋予表现力且恰当的声音展示创造性，建立创造性的对话，塑造/维护一个可信的角色。</td><td>运用动作、面部表情和声音创造适当的对话，塑造可信的角色。</td><td>运用有限的动作、面部表情和声音以及少少的对话</td><td>无法使用声音或身体进行沟通。</td></tr>
<tr><td>专注和投入</td><td>在整场戏中保持专注和投入。</td><td>在某个次要冲突点中保持专注和投入。</td><td>在某个主要冲突点中保持专注和投入。</td><td>无法持续投入演出。</td></tr>
<tr><td>情节</td><td>以清楚的引子、冲突上升情节、高潮和解决来呈现整场戏。</td><td>以清楚的引子、冲突、高潮和解决来呈现整场戏。</td><td>以一些冲突发展、高潮和解决来呈现整场戏。</td><td>无法呈现连贯的情节。</td></tr>
<tr><td>评价</td><td>使用戏剧/剧场术语对戏中某些具体情节进行深入准确的评论，并肯定表演的优点或提出未来需改进的地方。</td><td>使用戏剧/剧场术语对戏中某些具体情节进行一般的评论。</td><td>对同伴表演进行评价但不会用戏剧/剧场术语。</td><td>无法对同伴表演进行准确反馈。</td></tr>
</table>

表16 8年级B戏剧课基石评估模型

8年级B	**评估简介**	
	艺术过程	创造、展示、回应、关联
	主题	哑剧
	简要的评估描述	学生们将以故事的形式（包括故事的开始、冲突和结尾）创作，排练，修改和呈现一个短剧本，其中包含表达意义，情感和角色的表达。这个哑剧将围绕一个涉及解决社区问题（例如需要一个新的公园，干净的地下水，更健康的自助餐厅食物）的主题以小组形式开展。通过使用面部表情，手势，全身活动（舞台图片），空间活动（舞台调度）和停止运动（定格画面）来展现出熟练程度。虽然分成小组，但评估应该个别进行。
	嵌入式教学策略	1. 研究典型哑剧，并分析什么创造了一个成功的哑剧。（连接/研究） 2. 设想没有道具来模拟一个特定的日常事件。（创造/想象） 3. 只使用身体传达意义来概念化一个故事。（创造/概念化） 4. 发展身体不同部位独立的动作。（创造/发展） 5. 排练空间中的运动和停止来创造，以创造具有意义的画面。（创造/排练） 6. 准备一个故事结构：开始（引子），冲突（中间），结束（解决）。（执行/准备） 7. 感受动作和意义所表达的不同情绪（快乐，悲伤，愤怒等）。（连接/共鸣） 8. 与同伴或班级分享动作的改进。（展示/分享） 9. 反思与他人分享的动作。（回应/反馈） 10. 解释同伴的作品，并反思如何帮助他们修改作品。（回应/解释）
	评估程序	
	简介	·在使用这个评估基础模型之前，所有学生都应该接受支架式指导，以使他们准备好熟练地进行评估。 ·在评估学生时，务必彻底和全面阅读所有材料，以确保评估建议进行。 ·此评估基础模型可以多种方式使用，包括：课程计划，教学，前期或后期评估，形成性，中级或总结性评估，专业发展的数据，或任何老师可能会觉得有用的方式。
	评估目标	·本评估模型的知识和技能应在课堂教学中教授。 ·所有州、地区和学校的政策和程序都应该严格遵守本模型。 ·基于IEP或504计划的机构应严格遵守相应要求。 ·此评估模型可因多样性、文化和宗教信仰而修改。 ·学生必须在参加评估时获得评估模型的内容、术语表和评估量规。 ·学生可以在任务表、术语表和评估量规上做笔记、标记或划重点。 ·教师应该回顾术语表和评分标准以及与学生的口头任务。 ·如果学生对本模型有问题必须进行解释澄清。 ·所有的评估模型可能会为评分、专业发展和存档而被记录。 ·学生将依照量表被个别评估。 ·学生在参与的全过程中应被允许随时完成评估。
	评估过程	·本次评估不应使用道具和服装。椅子可以被用作"坐的道具"。 ·录像设备必须置于规定的空间内，以便随时观看演奏者。摄像机必须从观众的角度来放置。 ·学生表演时需要面对观众，老师此时也可以辅导。表演者的脸必须被看到，以便"面部表情"可以被评估。 ·教师可以安排小组和伙伴关系小组观看放大的表演并提供反馈。 ·表演者应该在开始和结束后有3～5秒的定格，以显示清晰的开始和结束。 ·学生可以选择开始入场或结束退出时的表演区域/相机视野。 ·老师应该把学生任务交给每个学生，让学生静静阅读时大声朗读。
	关键词	舞台调度、面部表情、全身动作、手势、活动的动作、不活动的动作、哑剧、舞台画面、故事结构、定格画面
	知识与技能	·掌握动作词汇和概念方面的知识。 ·剧团发展。 ·展示表达意义和情感的动作。 ·通过动作讲故事。 ·了解通过使用动作来表达故事结构。 ·应用动作概念的知识。 ·使用动作与观众沟通。 ·在故事的背景下发展表达情感的动作。

评估量规

	超越标准	达到标准	接近标准	低于标准
面部表情	学生的面部表情具有深度，并表现出充分反映完整故事情境和内容的意义和情感。	学生的面部表情表现出故事内容的意义和情感。	学生的面部表情有限，并无法表现出完整故事内容的意义和情感。	学生的面部表情极少，并表现的意义和情感与故事内容无关。
姿势	学生的手指，手和手臂的手势在一个完整的故事结构情境中展示了独特的意义和情感。	学生的手指，手和手臂的手势在一个故事结构情境中展示了意义和情感。	学生的手指，手和手臂的手势在一个相对不完整的故事结构情境中展示了有限的意义或情感。	学生的手指，手和手臂的手势极少，并展示了与故事结构无关的意义或情感。
全身动作	学生使用全身动作，包括相对独立的身体部位（腿，臀部，脚，颈部，头部等），以便在完整故事结构背景下展现意义并传达情感。	学生使用全身动作，包括一些相对独立的身体部位，以便在故事结构背景下展现意义并传达情感。	学生运用有限的身体动作来表达意义或情感，但与故事结构背景并不完全相关。	学生运用极少的身体动作来展现与故事结构无关的意义或情感。
空间动作	学生在空间中运用有深度的动作，包括独特的舞台调度，在一个完整的故事结构背景下展示意义并传达情感。	学生在空间中运用动作包括舞台调度来在故事结构背景下展示意义和传达情感。	学生在空间中运用有限的动作展示意义或情感，但动作与故事结构背景并不完全相关。	学生在空间中运用极少的动作来展现与故事结构无关的意义或情感。
静止动作	学生运用有深度的静止动作来创造独特的定格画面，在一个完整的故事结构背景下展示意义或传达情感。	学生运用静止动作来创造定格画面，在一个故事结构背景下展示意义和传达情感。	学生运用有限的静止动作来表达意义或情感，但动作与故事结构背景并不完全相关。	学生运用极少的静止动作来展现与故事结构无关的意义或情感。

资料来源：美国《国家核心艺术课程标准》

附录三：英国《普通中等教育证书》戏剧课程纲要

前言

（1）普通中等教育证书科目标准列出了一个学科的所有普通中等教育证书学科规范的知识、理解、技能和评估目标。

（2）其为考核机构提供了制定规范细节的框架。

学习目标和学习成果

（3）普通中等教育证书戏剧规范必须提供广泛、清晰和严谨的学习课程。课程应该激发学生的创造力。课程应该为学生提供机会来参与和理解戏剧，将戏剧看作一种通过形式、风格和习式的选择将观念和意义传达给观众的实用性艺术形式。课程应该让学生为未来学习和升学机会做出明智的决定提供必要的准备。

（4）普通中等教育证书戏剧规范需使学生能够达到下列标准。

·在制作、演出和回应戏剧时应用知识和理解。

·探索表演文本，了解他们的社会、文化和历史背景，包括创作时期的戏剧习式。

·发展一系列戏剧技巧，并将其应用于创作表演。

·共同合作创编、发展和交流想法。

·发展学生的创造性、高效性、独立性和反思性，使其能在过程和表演中做出明智的选择。

·个体独立参与戏剧表演。

·反思和评估自己和他人的工作。

·在当代专业戏剧实践中发展对其所扮演的角色和过程的认识和理解。

·确保工作实践的安全。

学习内容

（5）普通中等教育证书戏剧规范要求学生必须至少学习一个完整且实质表演的剧本，并从另一个表演剧本中找出至少两处关键情节做比较。这两个都必须经过专业委托或专业制作。必须通过研究文本以获得对戏剧的实际理解。

（6）普通中等教育证书戏剧规范要求学生必须至少参加两场表演，一场是经过精心策划的；另一场是作为课程一部分进行学习的表演文本。

（7）规范要求学生必须体验在一个空间中既作为观众又作为表演者的现场表演。这个现场表演既可以是专业的也可以是业余的，但不能是同伴间的表演。

知识与理解

（8）普通中等教育证书戏剧规范要求学生无论制作、演出或回应戏剧都应知道和理解以下内容。

- 表演剧本和戏剧作品的以下特点。
  - 体裁
  - 结构
  - 角色
  - 形式和风格
  - 语言
  - 舞台指导
  - 社会、历史和文化背景，包括表演剧本创作时期的戏剧习式
- 如何解释和传达意义：
  - 表演习式
  - 运用表演空间和舞台上的空间关系
  - 表演者和观众之间的关系
  - 设计：设备（包括道具）、服装、灯光和声音
  - 演员对角色的声音和身体解释。
  - 戏剧制作人的戏剧和剧场术语，以及如何恰当地使用它

- 当代专业实践中戏剧制作人的角色：
  - 表演者
  - 导演
  - 舞美

技能

（9）根据对第 8 条的认知和理解，普通中等教育证书戏剧规范要求学生获得、发展和应用以下方面的技能。

- 通过以下方式在对观众的现场环境中创造和传播意义和实现艺术设想：
  - 研究
  - 发展创意
  - 解释文本
  - 设计
  - 排练
  - 在过程中改进和修改作品
  - 他们对最终表演的贡献
  - 分析和评估他们自己编创演出戏剧的过程
  - 他人来分析和评估演出戏剧作品

所有这些技能都应该通过表演者和 / 或设计者的规范进行开发和评估

资料来源：英国《普通中等教育证书》纲要。

附录四：访谈提纲

（1）您是什么时候开始接触教育戏剧的？

（2）您接受过哪些教育戏剧培训？

（3）您实践了教育戏剧一段时间之后，对教育戏剧的认识有什么转变？

（4）在您的教学过程中有哪些细节会感到教育戏剧对学生知识的学习有促进作用？

（5）在您的教学过程中有哪些细节会感到教育戏剧对学生的社会性发展有促进作用？

（6）您认为教育戏剧是否适合中小学教育，有什么理由？

（7）您认为教育戏剧对于中小学教学的独特价值有哪些？

（8）您在教育戏剧教学的过程中遇到了哪些困难？

（9）您是如何克服这些困难的？获得了哪些外部帮助？

（10）您能描述一件在您教育戏剧教学过程中给您留下最为深刻印象的事吗？

（11）您对中小学未来开展教育戏剧有哪些建议？

附录五：访谈摘要单（节选）

研究问题	学科教师学习教育戏剧的途径有哪些？如何应用教育戏剧？在应用的过程中有哪些困惑？需要哪些支持？
收集资料焦点	学科教师应用教育戏剧的真实体验
收集方法	访谈
收集者姓名	付钰
被收集者姓名	L 教师
收集场景描述	J 中学心理咨询室沙发卡座，有独立的交流空间，比较安静，偶尔会有电话打给受访者，但持续时间较短
收集地点	J 中学心理咨询室
收集时间	2017 年 7 月 6 日上午 9:00—11:00
1. 本次接触涉及哪些人、事、地点、时间等	北京市石景山区 J 中学，L 教师，提前预约了访谈时间，访谈期间 L 教师没有教学任务，因此能够有较长时间进行深入探讨
2. 资料中让你印象最深的重要概念和主题是什么？	绘本戏剧 学科渗透 学科教师缺乏学科性教育戏剧的专业支持 教师教学方式受教研员影响较大
3. 资料中有给你带来冲击的地方吗？	初中学生十分喜欢教育戏剧 学生学习教育戏剧前后在交流、表达、创造力等方面有显著的变化 由于教师戏剧素养不足，学生会游离于课堂教学之外 教师的评奖评优均掌握在区县教研员手中，即使学校大力推动一种教学方法，但是如果得不到区县教研员的认可也很难激发教师的热情
4. 这些资料与你的研究问题和概念框架中哪些概念或主题有关	具身认知、戏剧教学法、萨提亚沟通模式、想象力、创造力
5. 他们提及了哪些有关研究？问题的新假设、思考、预感	真正激发教师使用戏剧教学法的因素有哪些？学校、区县教研员应该如何配合来推广戏剧教学法？对于戏剧教学法这一新的教学方法应该如何准确评价？
6. 疑问及困惑	教师使用戏剧教学法的决定性因素是什么？促进教师使用戏剧教学法的内因和外因哪个更占主导作用？
7. 反思及其他	基层的教学方法创新如何能够获得区县教研员的认可？戏剧教学法深受学生欢迎与教师缺乏戏剧教学法后续支持的矛盾如何解决？

后　记

教育戏剧是近年来基础教育界的一大热点领域，笔者好友徐俊博士将其称为"基础教育的明日之星"。笔者本科、硕士均就读于教育学专业，内心深处对于教育有着深厚的感情，也是教育学专业的各位老师引领我走向了学术之路。博士阶段的戏剧与影视学专业学习为我打开了一扇新的大门，教育戏剧的研究让我正式走上了独立研究的道路，能够将教育和戏剧这两大直指人心深处最为纯真部分的一级学科进行交叉融合并作为我的研究方向，这既是我的幸运也是我的追求。教育戏剧作为近年来在我国新兴的研究与实践领域，无论从概念、分类这些本体论层面还是对于儿童发展、学科建设这些价值论层面，以及具体的教学方式、教学组织这些方法论层面均未取得广泛的共识。本书对于教育戏剧在理论发展、概念建构、价值探讨、课程建设、教师培养等方面的探索是一个青年学者的一点浅薄的思考，希望能为教育戏剧在中国基础教育界的发展提供一些助益。本书是在我博士论文的基础上修改完成的，有幸得到中国戏剧出版社的支持和北京师范大学教师教育研究中心的资助才得以出版。但是限于学识和阅历的浅薄，自知距离理想目标还相差甚远，内心依然惴惴不安。书中还有一些偏颇和不妥之处，诚恳期盼各位专家批评指正！

本书的付梓得益于求学道路上各位老师对我的培养，才能让我完成本书的研究与撰写。首先，我要感谢山西师范大学戏剧与影视学院这个大家庭。我本科与硕士均就读于教育学专业，正是在导师薛耀文教授的严格要求下，在车文明教授、延保全教授、曹飞教授、张天曦教授、亢西民教授、王星荣教授、范春义教授、姚春敏教授、王志峰副教授、孙俊士副教授等众多戏剧与影视学院老师的熏陶下，我才能初识戏剧这一凝视人类自我的人文艺术学科，才会试图在教育学与戏剧学两大学科之间寻得教育戏剧这一交叉学科研究领域作为自己的博士研究方向。戏剧与影视学院各位老师的学术造诣使我领略到了戏剧学的诸多美好风景，而他们宅心仁厚的君子之风更是让我如沐春风，在教育戏剧研究的道路上踏实前行。在此我还要特别感谢吕文丽教授、郝成文副教授和陈继华副教授，每次与三位老师交流教育戏剧的问题都会令我茅塞顿开，形成更为清晰的研究思路。中国传媒大学的周华斌教授和中央戏剧学院的麻国均教授都对我的论文提出了十分中肯的建设性意见，使本书能够进一步完善，在此同样致以诚挚的谢意。

其次，我还要特别感谢武海顺教授和赵英老师。在山西师范大学硕士三年的求学过程中，两位老师指导我形成了踏实的学风和科学的研究能力，博士阶段又为我提供了去北京师范大学交流学习的机会。我所取得的一点一滴的进步都离不开两位老师的无私帮助与栽培。

再次，我还要特别感谢北京师范大学的朱旭东教授给了我诸多学术方面的指导，让我有机会参与北京师范大学的高端课题，使我的科研能力能够得以精进，眼界得以拓展。朱老师那句"美好生活从学术训练开始"将永远铭记我心。而北京师范大学教师教育研究中心的朱小蔓教授、卢乃桂教授、李琼教授、周钧教授、胡艳教授、宋萑教授、桑国元教授、袁丽副教授、裴淼副教授、叶菊艳副教授、赵萍副教授、张华军副教授等诸多名师的指点也让我掌握了更多的研究方法，能够将教育戏剧研究以一种更为科学规范的样态呈现。侯淑晶老师为我提供了诸多将教育戏剧应用于中小学教师培训的机会，让我在教育戏剧的实践领域能够有所探索。

我还要感谢对我进行教育戏剧指导的众多业界名家。我的教育戏剧研究之路起源于一次聆听上海戏剧学院李婴宁老师的讲座，而之后参加台湾艺术大学张晓华教授及香港明日教育机构王添强老师的工作坊则让我对在中国开展教育戏剧有了更为直观的体验。在参与华威大学乔·温斯顿（Joe Winston）教授和乔纳森·尼兰德斯（Jonothan Neelands）教授的教育戏剧工作坊中我体验到了纯正的英国教育戏剧教学形式，国际青少年及儿童戏剧联盟前秘书长伊维萨·西米奇（Ivica Simic）和爱尔兰都柏林圣三一学院教育学院主任卡梅尔·奥沙利文（Carmel O'Sullivan）的教育戏剧工作坊则使我将眼界扩展到整个欧洲，而与国际戏剧教育联盟主席罗宾·帕斯科（Robin Pascoe）教授和教育戏剧先驱大卫·戴维斯（David Davis）教授的交流则更令我反思教育戏剧的目的究竟为何？香港教育剧场论坛总监欧怡雯老师让我关注到教育戏剧如何应对校园欺凌等具体的教育问题，并且指导我如何撰写教育戏剧教案。台湾的张镫尹老师给我提供了很多台湾地区教育戏剧相关的原版书籍。上海师范大学的徐俊老师更是无私地为我提供了很多教育戏剧的相关研究资料，在与徐老师的探讨中我更加明晰了教育戏剧的相关概念，并且也纠正了自己很多有关教育戏剧的错误认知。北京师范大学的马利文副教授向我介绍了英国教育戏剧师资的培养过程，北京大学的周笑莉教授向我阐述了她自己对于教育戏剧的本土化探索，以及她自己的"P.L.A.Y. 计划"课堂戏剧理论成果。此外，在与林喜杰、曹曦、张迪、梁紫雯、林航、张硕、陈志君、刘晓琼、韩萱、丁丽、方颖、林丽、牛晓肆、张国强、满春燕、裴凤娟、王群熹、许雪梅、汪鹿鸣、武蕴等众多大陆地区教育戏剧探索者交流与学习的过程中，我看到了大陆地区中小学教育戏剧的星星之火，更加坚定了探索中小学教育戏剧的信心。

中国戏剧出版社常务副总经理武云博士的支持为这本书的出版提供了可能，郭峰老师细致入微的审稿意见和辛勤的工作大大提高了本书的出版质量，中国戏剧出版社其他老师共同的辛劳才保证了本书顺利出版，在此一并致以诚挚的感谢。

博士三年的时间中，我常常往返于临汾和北京两地，山西师范大学和北京师范大学的众多同窗给了我莫大的鼓励与无私的帮助。我要特别感谢赵丹荣班长，在山西师范大学六年的友谊让我们成为无话不谈的兄弟。赵丹荣在学习与生活中给了我诸多细致的照顾与帮助。宫文华、钱海鹏、王潞伟、赵文国、吉俊虎、孙学虎、段金龙、段飞翔、李言实、刘文华、张华等师兄师姐经常会照顾我这个年轻的师弟，而我同颜伟、景徐媛、薛婧、张裕涵、窦金启这几个年轻的博士则更是在互相鼓励中共同进步。在北京师范大学交流学习期间，马永全、陈思颖、高鸾、刘翠航、沈晓燕、史志乐、茶世俊等师兄师姐莫不在学业上给了我帮助，我更是在与闫予沨、邵婷、王坤、王恒、靳伟、陈林、赵荻、李秀云、董秋瑾、郭珺等学友的交流中获得了成长与发展。

最后我要感谢我的家人，正是这份最纯正的爱给了我不断前行的勇气和动力。唯愿学术日益精进，不负韶华时光！

付钰
2020年3月于北京师范大学英东教育楼